区域协同发展：机制与政策

侯永志　张永生　刘培林　等著

中国发展出版社
CHINA DEVELOPMENT PRESS

图书在版编目（CIP）数据

区域协同发展：机制与政策/侯永志等著．—北京：中国发展出版社，2016. 10

（国务院发展研究中心研究丛书．2016／李伟主编）

ISBN 978－7－5177－0533－8

Ⅰ．①区…　Ⅱ．①侯…　Ⅲ．①区域经济发展—协调发展—研究—中国　Ⅳ．①F127

中国版本图书馆 CIP 数据核字（2016）第 156452 号

书　　名：区域协同发展：机制与政策
著作责任者：侯永志　等
出 版 发 行：中国发展出版社
（北京市西城区百万庄大街 16 号 8 层　100037）
标 准 书 号：ISBN 978－7－5177－0533－8
经　销　者：各地新华书店
印　刷　者：北京科信印刷有限公司
开　　本：710mm×1000mm　1/16
印　　张：17. 75
字　　数：213 千字
版　　次：2016 年 10 月第 1 版
印　　次：2016 年 10 月第 1 次印刷
定　　价：50. 00 元

联 系 电 话：（010）88919581　68990692
购 书 热 线：（010）68990682　68990686
网 络 订 购：http：//zgfzcbs. tmall. com
网 购 电 话：（010）68990639　88333349
本 社 网 址：http：//www. develpress. com. cn
电 子 邮 件：370118561@ qq. com

DRC

2016

国务院发展研究中心研究丛书

编　委　会

"区域协同发展：机制与政策"
课题组

课题顾问

张军扩　侯云春　李泊溪　李善同

课题负责人

侯永志　张永生　刘培林

课题协调人

孙志燕

总报告负责人：侯永志　张永生　刘培林　孙志燕
专题一负责人：何建武
专题二负责人：刘　勇
专题三负责人：刘云中
专题四负责人：贾　珅
专题五负责人：孙志燕
专题六负责人：宣晓伟
案例研究一负责人：兰宗敏
案例研究二负责人：赵俊超
案例研究三负责人：龙海波
案例研究四负责人：卓　贤　贾　珅　施戍杰
案例研究五负责人：施戍杰
案例研究六负责人：黄　斌
其他课题组成员：陶平生　陈　波
余尚贵（贵州省贵安新区）
贾发扬（四川省乐至县）
徐韵涵（上海理工大学硕士）
王静丽（上海理工大学硕士）

总 序

践行五大发展理念 发挥高端智库作用
努力推动中国经济转型升级

2016年是“十三五”开局之年。“十三五”时期是塑造中国未来的关键五年，到2020年能否实现全面建成小康社会的目标，不仅是发展速度快慢的问题，更是决定中国能否抓住转型发展的历史窗口期，跨越“中等收入陷阱”、顺利实现现代化的问题。

2015年10月，党的十八届五中全会通过的《中共中央关于制定国民经济和社会发展第十三个五年规划的建议》确立了“创新、协调、绿色、开放、共享”五大发展理念。2016年3月，十二届全国人大四次会议通过的《国民经济和社会发展第十三个五年规划纲要》明确了新时期发展的总体思路，提出了应对国内外严峻挑战的战略性安排。

毋庸讳言，我国经济社会发展确实面临着一些前所未遇的困难和挑战，诸如：劳动年龄人口绝对量下降，老龄化问题日益显现，传统产业和低附加值生产环节的产能严重过剩，粗放式发展产生的生态环境问题逐渐暴露，以创新为驱动力的新增长动力尚未形成，社会对公平正义的诉求日益增强，等等。但与此同时，也应该客观地看到，我国的发展依然有着巨大的潜力和韧性。城镇化远未完成，欠发达地区与发达地区间存在明显的发展差距。这意味着，在当前和未来相当长的时期内，投资和消费都有很大的增长空间。我国产业体系完备、人力资本丰富、创新能力正在增强，有支撑未来发展的雄厚基础和良好条件。目前经济增长速度呈现的下降态势，只是经济结构转型过程中必然出现的暂时现象，而且这一态势是趋缓的、可控的、可承受的。随着结构调整、经济转型不断取得进展，我国经济将在新的发展平台上实现稳定、持续的中高速增长。

正是基于各种有利因素和不利因素复杂交织、相互影响的大背景，我们认为，中国的现代化已经进入转型发展重要的历史性窗口期，如果不能在窗口期内完成发展的转型，我们就迈不过“中等收入陷阱”这道坎，现代化进程就有可能中断。

中央十分清醒地认识到这一点，并对转型发展进行了周密部署。概言之，未来五年，为了推动经济转型、释放发展潜力，我们将以新的发展理念为统领，依照“十三五”规划描绘的蓝图，通过持续不断地深化改革和扩大开放，建立新的发展方式，形成创新驱动发展、协调平衡发展、人与自然和谐发展、中国经济和世界经济深度融合、全体人民共享发展成果的发展新格局。

推动经济转型升级，形成发展新格局，需要从供给和需求这两侧采取综合措施，在适度扩大总需求的同时，着力加强供给侧结构性改革，转变发展方式，促进经济转型。我国经济发展正处于“三期叠加”的历史性转折阶段，摆在面前的既有周期性、总量性问题，但更突出的是结构性问题。在供给与需求这对主要矛盾体中，当前矛盾的主要方面是在供给侧。比如，在传统的增长动力趋弱的同时，新的增长动力尚难以支撑中高速增长；产业结构资源密集型特征明显，对生态环境不够友好；要素在空间上的流动还不够顺畅，制约了城乡、区域协调发展；对外经济体制不能完全适应国际贸易投资规则变化的新趋势等。因此，去年以来，中央大力推进供给侧结构性改革，重点落实“三去一降一补”五大任务，用改革的办法推进结构调整，提高供给结构对需求结构变化的适应性，努力提升经济发展的质量和效益。“十三五”规划亦把供给侧结构性改革作为重大战略和主线，旨在通过转变政府职能、发展混合所有制经济、增强市场的统一性和开放性、健全经济监管体系等，促进资源得到更合理的配置和更高效的利用，提高生产效率，优化供给结构，为形成发展新格局奠定坚实的物质基础。当然，这里要强调的是，注重供给侧结构性改革，并非不要进行需求管理。我们还将采取完善收入分配格局、健全公共服务体制等措施，推动社会实现公平、正义，并为国内需求的增长提供强力支撑，使需求和供给在更高水平上实现良性互动。

当前，国务院发展研究中心正在按照中央的要求和部署，积极推进国家高端智库建设的试点工作，努力打造世界一流的中国特色新型智库。作为直接为党中央、国务院提供决策咨询服务的高端智库，我们将坚持“唯真求实、守正出新”的价值理念，扎实做好政策研究、政策解读、政策评估、国际交流与合作等四位一体的工作，为促进中国经济转型升级及迈向中高端水平、实现全面建成小康社会的宏伟目标做出应有的贡献。

这套“国务院发展研究中心研究丛书 2016”，集中反映了过去一年我们的主要研究成果，包括 19 种（20 册）著作。其中：《新兴大国的竞争力升级战略》（上、下册）和《从“数量追赶”到“质量追赶”》是中心的重大研究课题报告；《新形势下完善宏观调控理论与机制研究》《区域协同发展：机制与政策》等9部著作，是中心各研究部（所）的重点研究课题报告；还有8部著作是中心资深专家学者或青年研究人员的优秀招标研究课题报告。

“国务院发展研究中心研究丛书”自2010年首次面世至今，已是连续第七年出版。七年来，我们获得了广大读者的认可与厚爱，也受到中央和地方各级领导同志的肯定和鼓励。我们对此表示衷心感谢。同时，真诚欢迎各界读者一如既往地关心、支持、帮助我们，对这套丛书以及我们的工作不吝批评指正，使我们在建设国家高端智库、服务中央决策和工作大局、推动经济发展和社会进步的道路上，走得更稳、更快、更好。

国务院发展研究中心主任、研究员 李伟

2016年8月

内容摘要

随着经济社会发展阶段的转变、新技术的快速发展以及现代交通体系的不断完善，我国区域经济发展出现了一些新特点、新问题和新趋势，大都市区、城市群等正成为经济活动的主要空间组织形态，“大城市病”“空心村”、跨区域环境治理等新的区域问题日渐突出。同时，区域之间产业同构、恶性竞争、土地无序开发、发展差距过大等长期问题也亟需加快解决。在此背景下，我们需要探索新的发展路径，采取更科学、更精准的区域政策，推动东中西协调发展，实现全面建成小康社会的总体目标。本项研究在综合有关协同学理论和美国、德国等国家区域发展经验的基础上，对区域协同发展的实现路径和政策机制进行了全面论述。

“协同”既是对区域系统中各区域之间关系状态的一种描述，也是区域经济发展的阶段性目标，同时又是实现更加包容、更加均衡、更加协调发展的新思路、新路径。与传统区域发展思路相比，区域协同发展是一种更加注重系统性、整体性的发展思路，它更强调不同地区发展路径的多元化、差异化，不同地区之间的动态平衡及地区之间的深度合作。

以GDP为核心的地方竞争激励机制、不完善的资源统筹利用机制，以及要素在跨区域流动过程中存在的各种形式的壁垒，是目前制约我国地区之间形成更加有效的分工合作、协同发展的重要因素。鉴于此，区域协同的重点应集中在政策协同、创新协同、产业协同和规划协同等四个方面。

本研究构建了由协同决策、协同动力、协同规制等三大机制和激励性、协调性、约束性等三类政策工具所组成的综合性的协同发展政策体系框架。其中，协同决策机制是针对不同行政区发展目标、发展利益的协调平衡，以及重要跨区域事务的协商沟通和综合决策。协同动力机制侧重于利用市场机制促进社会资源空间配置的合理化，促进区域之间产业链和价值链的分工耦合。协同规制机制主要是为了矫正市场机制在区域发展中的失灵，解决区域发展主体信息不对称、促进区域公平等问题。实现区域协同发展还需要新的政策工具组合，本研究重点从财税政策、规划政策、创新政策、环境政策、金融政策和法律保障等六个方面提出了优化调整的方向和对策建议。

目录

总报告

区域协同发展的机制与政策研究

专题一

区域协同发展中政府与市场的关系

专题二

区域协同发展的国际经验

案例研究六

长江经济带区域协同发展

总报告

区域协同发展的机制与政策研究

随着我国进入新常态，区域经济发展出现了一些新特点、新问题和新趋势。如大都市区、城市群等空间形态正在快速发展，跨区域治理的问题和矛盾日渐突出，区域再分化的趋势有所增强等。除此之外，人口结构变化、气候变化、资源环境、全球化等诸多因素对不同类型地区的发展也产生了不同影响。区域之间的关系越来越复杂，每个地区的发展都可能对其他地区的发展产生直接或间接的影响。传统促进区域协调发展的路径和政策思路已难以适应发展要求，需要及时调整优化，适应新的发展阶段和区域经济发展环境的变化。本报告基于上述背景，对区域协同发展的实现路径和落实机制进行了深入研究，并重点讨论了基于“协同”的区域政策调整的方向和相关的对策措施。

一、区域协同发展的内涵以及重要意义

（一）如何认识协同与区域协同发展

“协同”一词起源于我国《汉书·律历志上》：“咸得其实，靡不

协同。”含义是谐调一致，和合共同。1971 年，德国物理学家哈肯从系统工程学的角度提出了“协同理论”（synergetics），认为自然界和人类社会的各种事物普遍存在有序、无序的现象。一定条件下，有序和无序之间会相互转化，无序就是混沌，有序就是协同。协同效应是协同作用而产生的结果，是指复杂开放系统中大量子系统相互作用而产生的整体结构效应或集体效应。①

20 世纪 90 年代中后期，“协同”的发展理念开始在欧美一些发达国家的区域发展中应用。如德国在 1999 年区域规划政策调整中强调要加强基于城市分工网络的区域合作，创造发展的协同效应。② 美国在 2000 年针对落后地区和萧条地区的发展政策中也改变了传统的政策思路，强调要以整体系统性的方法促进上述地区的发展，建立与知识经济相适应，通过产业的协同、组织的协同促进区域发展。③

综合有关协同学理论和各国区域协同发展的实践经验，可以从三个维度理解区域协同的内涵。

1. “协同”是区域系统中各子系统之间的一种关系状态

从区域经济社会发展整个大系统来看，它是具有多维性的（如图 1 所示），包括空间维度（国家→区域→行政区）、关系维度（交换→合作→协同→一体化）、功能维度（经济→社会→生态环境）、社会再生产维度（生产→分配→消费）等。作为子系统的不同地区分布于多维网络系统之中。在经济社会发展的初级阶段，各子系统之间更多的是信息、资源的简单交换，随着经济复杂程度的提高，子系统之间的关系逐渐向协同、一体化等高级形态演变。区域协同不仅包括空间层

① ［德］哈肯，《协同学导论》，西北大学科研处 1981 年版。
② Thorsten Wiechmann, Regional Competitions in Germany, 2006.
③ David A. Wolfe, Placed – based developmentpolicy: Implications for North America, 2011。

面的协同，也包含其他维度层面的协同。空间层面的协同又包括地理邻近地区的协同和非毗邻地区的协同。本报告重点讨论的是国家层面的协同。

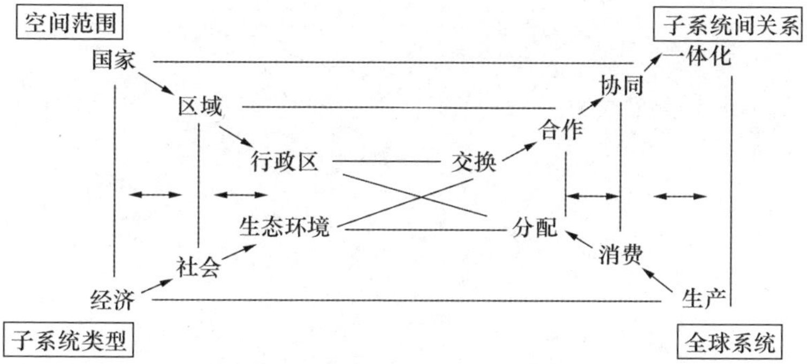

图1　区域经济社会系统示意图

2. “协同”是区域经济发展的目标状态之一

从系统进化理论来看，每个系统都处在由简单向复杂、无序向有序、封闭向开放、简单组合向聚合进化的过程。[①]“协同”是区域经济系统向更“稳定”、更“健康”状态演化进程中的目标状态。处于协同状态的区域经济系统具有整体性、结构平衡性、关联性、开放性等基本特征。整体性表示区域系统是由各区域（子系统）基于一定的规范关系形成的有机组合，不可能通过单一区域实现整个系统的目标。结构平衡性是指各区域的平衡，区域差距过大、功能无差异等都是结构失衡的表现，会影响系统整体运行的效率。关联性强调各区域之间是彼此影响、相互促进的。开放性强调的是协同的区域经济系统是一个开放的系统，相对于低水平封闭的系统[②]而言，开放性的系统可以通过与外界系统的资源与能量交换实现可持续的有序发展。具体见图2。

---

① 王慧炯：《社会系统工程方法论》，中国发展出版社2015年版。

② 封闭系统随着发展熵值将增大，无序化状态加剧。

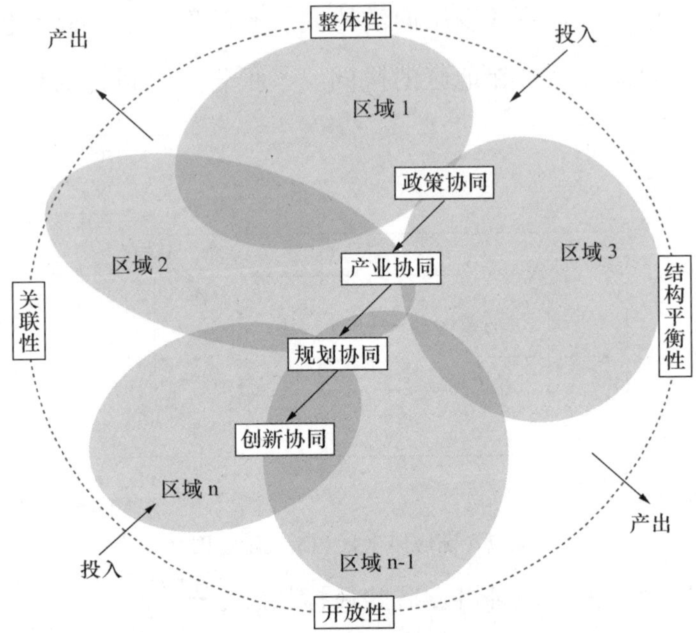

图 2　协同状态的区域系统属性示意图

3. “协同”是实现区域协调发展总体战略目标的新路径

从国际经验来看，“协同”不仅是区域发展的一种状态，也被作为实现更加包容、更加均衡、更加协调的区域发展的新思路或者新路径。即通过对不同子系统（地区）功能结构的优化，以及子系统之间更加精细化、差异化的分工协作，形成 1 +1 >2 的协同效应。与传统区域经济发展思路相比，区域协同发展更强调以下三个方面。

一是更强调不同类型地区发展路径的多元化、差异化。在复杂开放式的区域系统中，每个地区发展的初始条件和最终状态都存在显著的差异，初始条件和最终状态也并非直线对应的因果关系。因此，不同地区的发展路径不具有普遍适用性。每个地区都需要根据自身的条件选择差异化的发展路径。

二是更强调不同地区之间的动态平衡。区域经济系统是一个多层级多维度的系统，低层级的子系统可能是更高层级子系统的构成要素，每个子系统本身又可能是另一个维度子系统的组成部分。整个系统既有系统性目标，也有子系统（地区）目标；既有单个子系统自身的运行，也有不同子系统之间的组织调节。因此，为了实现整体系统的动态稳定，必须强调系统结构的平衡性。失衡的结构将影响整个系统的运行效率。例如，某个地区与周边地区的发展差距过大，就会引发一些区域问题，如大城市病、环境问题、大都市区周边的贫困问题等。

三是更强调不同地区之间的深度合作。如上文所述，区域系统是由相互依赖的区域子系统构成，不同区域之间都在以某种方式或路线进行着投入—产出的转换，任何区域的功能和内在的结构都与其他区域存在着直接或间接的联系。因此，在协同的过程中，需要加强不同地区之间的深度合作，确保整个系统的运行不出现偏离目标的过大波动，实现更高层级的有序化发展。

需要明确的是，区域协同发展是以一种更加系统性、整体性的思维，更强调整体协同效应的新思路来实现区域协调发展，实质上是对区域自身发展路径的优化，以及区域和区域之间关系的重塑，是基于区域协调发展总体战略目标之下的一种发展路径创新。

（二）如何认识区域协同发展的必要性

区域协同发展是根据现阶段我国区域经济发展所面临的内外环境条件变化，以及国家重大战略实施的新要求而提出的，是推动地区自身经济社会发展转型的必然选择，也是实现全面建成小康社会，提高国家国际竞争力的战略要求。

1. 区域协同发展是新常态下解决区域发展问题的重要途径

目前，我国区域发展中不平衡、不协调、不可持续的问题依然突出，具体表现在三个方面。

一是区域之间产业同构、低水平产能重复建设、土地无序开发的问题亟需解决。由于发展理念、发展能力、制度不完善等因素的限制，各地区在发展过程中缺乏基于本地区资源优势的有效分工合作，在发展路径上缺乏地区特色，相互复制，无论是钢铁、建材、汽车等传统行业还是信息、电子、生物制药等新兴产业，在不同地区都呈现“运动式”地发展。如在新近各省（市、自治区）公布的“十三五”规划建议中，只有湖南和辽宁没有提出要建设大数据中心、发展大数据产业。这种发展方式势必造成区域之间同质化的“零和竞争”，使资源要素在整个国土空间范围内的配置效率降低。

二是我国地区之间经济发展水平的相对差距有所缩小，但绝对差距仍在扩大。如图3所示，2014年我国人均GDP最高和最低省份的绝对差距为78798元，大约是2004年省级绝对差距的1.5倍。不同地区的居民收入也存在显著差距，2014年，我国城镇居民人均可支配收入最高（上海市）为48841元，最低（甘肃省）为21803元；农村居民人均可支配收入最高（上海市）为21191元，最低（甘肃省）为6276元。区域差距扩大的趋势并没有得到根本性的扭转。进入新的发展阶段之后，由于资源条件、发展基础、产业结构的不同，应对经济社会转型的能力存在显著差异，又出现了新的区域分化，有些地区正面临着财政、就业、社会、金融等多重风险的叠加影响，如果不采取有效的政策措施，部分地区可能陷入发展困境，影响全面建成小康社会目标的实现。因此，需要推动区域之间的协同发展来有效缓解区域差距问题。

三是伴随着工业化城市化的快速推进，新的区域问题也在不断出现，如“大城市病”“空心村”“城市贫民窟”等。这些问题的产生

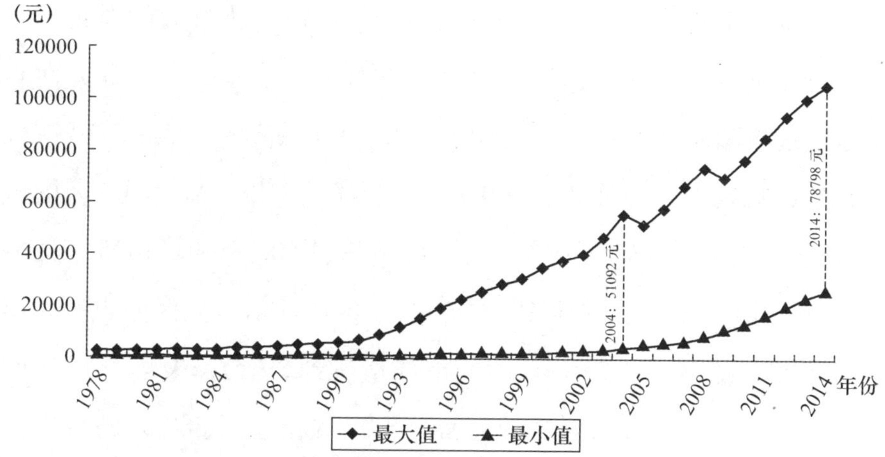

图3　1978～2014我国人均GDP绝对差距的变化

实际上反映了我国传统区域发展方式以及区域政策存在的弊端，如果得不到有效地缓解和治理，会影响整个工业化、城市化发展的质量和可持续性。此外，由于区域一体化的不断深化，不同地区之间的联系越来越紧密，经济距离越来越短，资源要素跨区域流动越来越频繁，由此产生了更多跨行政区的合作，也相应产生了跨区域交通网络的连接、生态环境跨区域治理、公共服务跨区域供给等新问题，传统上基于行政区的区域政策显然不合时宜，需要及时调整。

2. 区域协同发展是适应新技术条件下区域经济发展新趋势的必然选择

在新一代技术革命的推动下，高铁、航空、高速公路、信息通讯等现代基础设施体系日趋发达，物联网、云计算等技术推动下的新产业、新业态加速发展，传统产业发展的组织模式出现深刻变化，经济活动的空间布局在新的技术发展条件下呈现诸多新趋势，主要体现在以下方面。

一是现代交通、信息等技术的快速发展进一步提高了经济活动在空间上的集聚程度。由于交通条件的不断改善，地区和地区之间的互联互通程度日益提高，再加上以互联网和智能制造为核心的新技术本质上具有较强的网络积聚效应，大城市在技术、资本、人才等方面具有明显的规模集聚优势，将会吸引更多要素资源流入。从全球城市人口分布的趋势来看（见图4），2015 年，全球人口规模超过 100 万的城市所聚集的人口比重为 41.0%，人口规模超过 500 万的城市所聚集的人口比重为 19.7%，分别比 1950 年提高了 16 和 12 个百分点。2015 年，全球人口规模超过 1000 万的城市数量达到 29 个，聚集了 12% 的城市人口。我国也呈现出同样的趋势，人口规模超过 500 万的城市所聚集的人口比重由 1980 年的 5.9% 提高至 2015 年的 24.7%，相比之下，人口规模低于 100 万的城市所聚集的人口比重由 1980 年的 76.3% 降至 2015 年的 50.6%（见图5）。

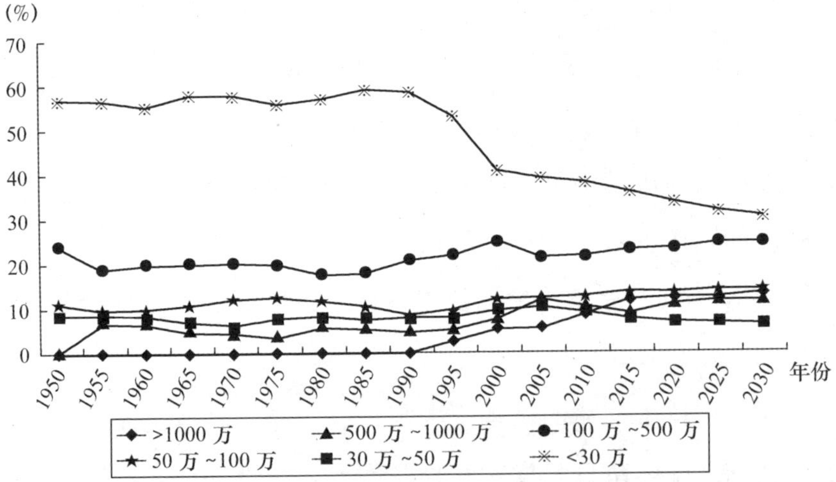

图4　1950 ~ 2030 全球不同规模城市聚集的人口比重

资料来源：联合国《world urbanization prospect，2014》。

二是现代产业技术的变革使得区域比较优势的内涵发生显著变化。在上一个发展阶段，经济活动的区位选择更多由一个地区的劳动力、土地、能源资源等因素主导，区域之间的产业竞争更多是依靠要素投入的大规模生产技术，降低生产制造成本，获取一定的规模收益。

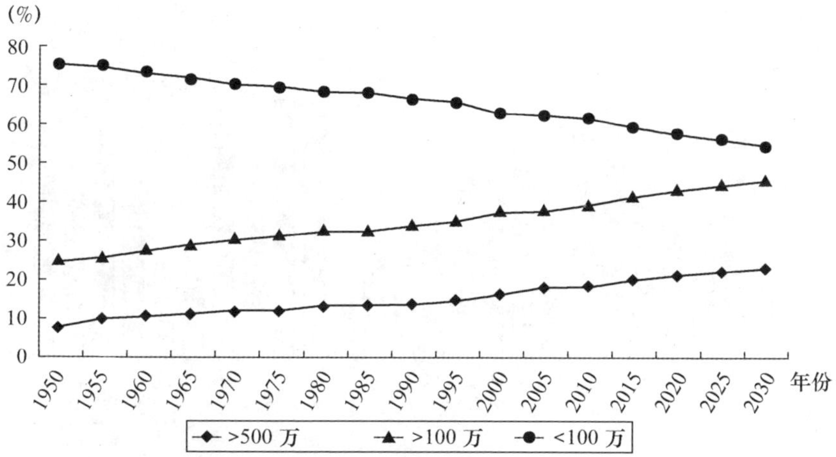

图5 1950～2030年中国不同规模城市聚集人口比重

资料来源：联合国《world urbanization prospect，2014》。

随着智能制造技术、组织管理技术的进步，生产活动模块化、数字化、智能化程度和组织的扁平化程度显著提高，以往低技能、重复性的生产活动逐步被机器替代，劳动力、土地等自然要素的成本优势随着新一代制造技术的发展而明显减弱。

根据波士顿咨询公司（BCG）2014年发布的报告，机器人的使用使美国劳动力成本下降22%，韩国下降33%，日本下降25%。[①] 该报告还指出，我国制造业成本的优势相对于美国已降至5%以下（如图6所示）。区域之间的竞争已演变为高效生产率的竞争，要素的知识性、不可替代性和不可复制性成为决定一个地区竞争优势的重要因素。

三是新技术革命背景下，全球价值链分工体系日益深化。贸易条件和产业技术的进步使得国际分工的范围越来越广，分工的细化程度越来越高，逐步由产业间分工发展为产业内分工，进而演进为产品内分工，即相同产业不同产品之间和相同产品内不同工序、不同增值环

① 资料来源：BCG，The Shifting Economics of Global Manufacturing，2014.8。

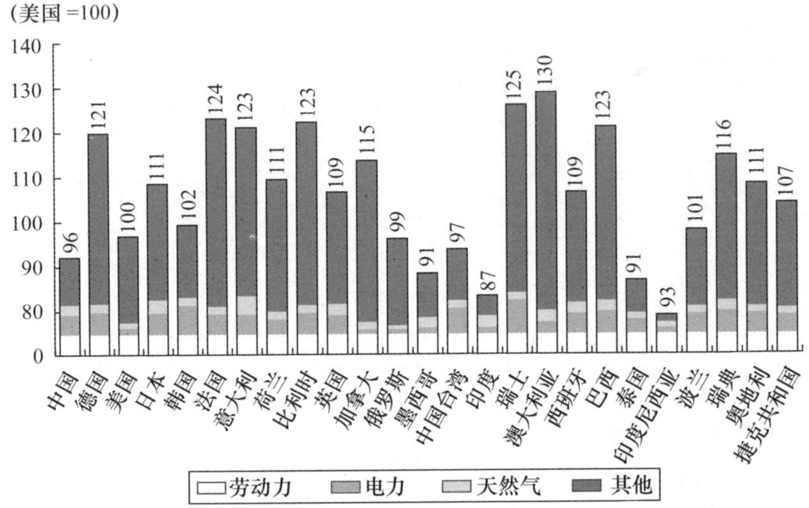

图 6　2014 年全球出口规模前 25 名国家制造业成本指数

资料来源：BCG《The Shifting Economics of Global Manufacturing》（工业 4.0 研究院翻译版）。

节之间的多层次国际分工。在开放的条件下，每个地区的发展都处于全球价值链分工体系之中，有些地区由于竞争能力不足可能面临着被低端锁定的风险，有些地区在全球价值链传导效应的影响下可能出现更大的经济波动，进而影响国内区域经济的稳定的可持续发展。因此，需要增强国内不同地区发展的协同性，共同应对新的国际竞争与挑战。

3. 区域协同发展是新常态下实现向创新发展转型的内在要求

2014 年，我国人均 GDP 为 7380 美元，最低的省份（甘肃）为 4303 美元，均超过了中高收入国家下线的门槛值（2014 年世界银行中高收入国家的人均 GNI 水平为 4126 ~ 12735 美元）。这表明各地区的发展总体上都进入了由要素驱动向创新驱动发展转型的效率提升阶段，即各地区经济增长的动力都要从大规模资源开发、要素投入、规模扩张向以创新为核心、更高效的发展方式转变。但推动不同类型地区向创新发展的转型是一个复杂艰巨的过程。

一是各地区在经济下行压力不断加大的情况下，创新所面临的资本约束都明显加剧。受经济转型的影响，2014 年我国多数地区财政收入增长减缓，山西、辽宁等地区甚至出现了绝对量的下降。相比 2004 年，各地方财政收入与支出的差距占 GDP 的比重只有北京、天津、上海、江苏、广东、内蒙古等省（市、自治区）出现了小幅下降，其他地区都出现了不同程度的上升，云南、贵州、新疆等七个地区上升幅度都超过了 20%（见图 7）。但随着人口结构的变化、以及社会保障水平的提高，社会保障、医疗等刚性支出又在快速增加，而“创新”也需要高资本投入来支撑，这就意味着区域创新的推动面临着更严峻的资本约束，尤其是一些落后地区的创新，遇到的资本瓶颈将会更突出。

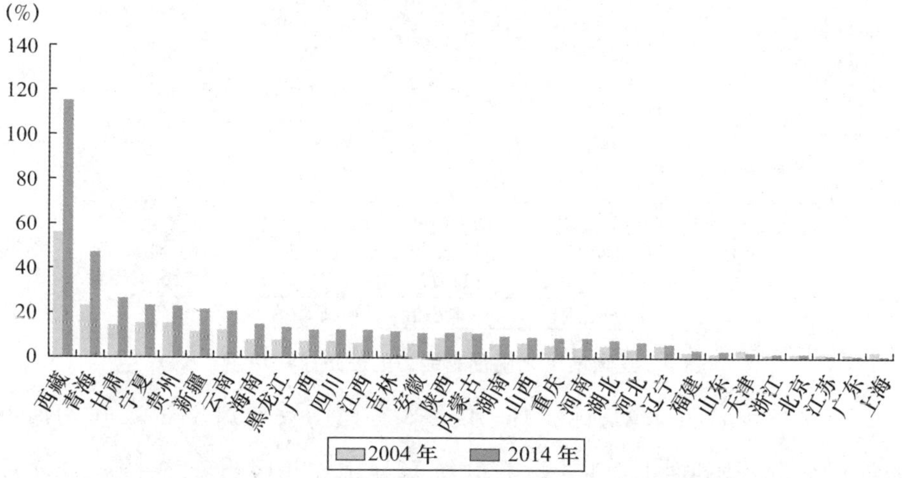

图 7　2004 年和 2014 年地方财政收入与支出差距占其 GDP 的比重

资料来源：根据国家统计局网站相关数据计算。

二是区域创新能力的差距将导致转型时期区域差距的进一步扩大。“创新”是一项高资本投入、高风险、高不确定性的活动，对一个地区的公共服务水平、制度环境、人力资本、基础设施质量等方面都有比较高的要求。而我国创新资源在空间上的分布非常不平衡，无论是创新的投入、还是支撑创新的人力资本都存在着显著差距。2014 年，我国地方财政科技支出最高省份（江苏）是最低省份（青海）的

31 倍，R&D 经费支出[1]最高省份（江苏）是最低省份（青海）的 115 倍。[2] 在向创新转型的过程中，各地区所面临的创新机会和受到的瓶颈制约因素都不尽相同，创新能力建设的节奏也不一致。创新能力较弱地区的转型就会相对滞后，不采取有效的应对措施，区域之间再次出现两极分化将不可避免。因此，需要加强区域之间的协同创新，促进各类地区都能以更加科学的创新路径、更加科学的创新模式融入到国家整个创新网络之中，顺利实现向创新发展的转型。

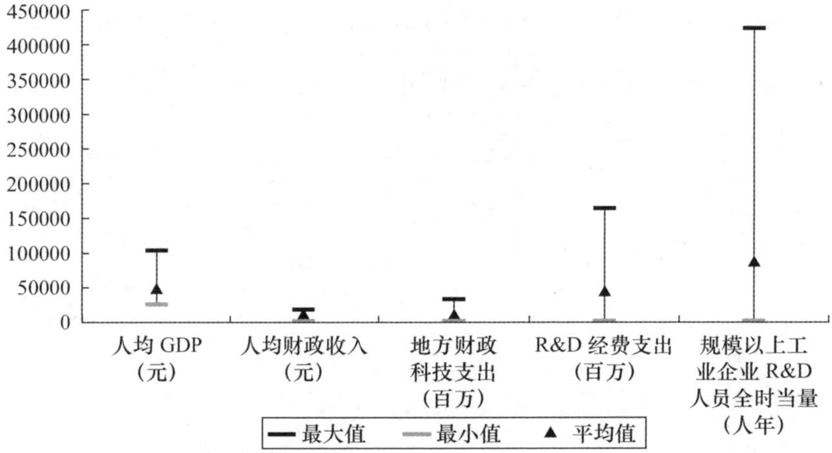

图 8　我国地区之间创新能力的差距（2014 年）

三是从提升国家创新能力的角度来看，需要通过地区之间的协同加强对分散于不同地区创新资源的统筹利用。2014 年，德国大众集团研发投入 131. 2 亿欧元，与北京全市的研发投入相当（2014 年北京研发投入为 1268. 8 亿元）。研发投入排名前 250 位的跨国公司的投入总和相当于全球研发投入的 70%，拥有超过全球 80% 的与 ICT 技术相关的专利，而这些公司的总部和分支机构多数在美国和日本。由此可见，参与国际创新的竞争很难再依靠单个地区单个企业，需要加强地区之

① R&D 经费支出，即全社会研究与试验发展经费。
② 数据不包括西藏。

间的协同创新，形成创新合力，提高创新资源的利用效率，更高效地推动国家创新能力的提升。

二、推动区域协同发展面临的制约因素分析

区域协同的关键是“分工合作”，既涉及单个地区发展路径的优化，也涉及地区和地区之间关系的调整。从实现区域协同发展的内在要求来看，目前面临的制约因素包括多个层面，有协同发展的基础条件、区域发展理念等非制度性因素，也有财税、规划、中央地方权责关系等制度性因素。

（一）与发展阶段不相适应的地区竞争激励机制

在上一个发展阶段，由于国家经济发展水平总体较低，各地区基本上都处在工业化和城市化的初级阶段。为加快发展，我国建立了以“经济增长”为核心的激励机制，目的是充分发挥地方的积极性和主动性。在这样的激励机制导向下，各地区的经济利益和政治利益都与本地区的经济增长密切相关。为此，无论是发达地区还是欠发达地区，都存在着加快本地经济发展的强烈愿望，都要不断扩大本地的经济规模。经济规模的扩大就意味着地方可以获取更多的财政收入，争取到更多的政策资源。为了扩大经济规模，各地就要为各种项目投资落地在本地区而竞争，而在经济发展水平较低时，由于创新能力较低，只能进行低水平的同质化竞争，即各地为了获取更多税收，都要发展高税收的制造业；为了做大经济总量，都要引进高资本投入、投资规模大的工业企业。各地发展路径高度相似、相互复制，在资源有限的条件下，地区和地区的发展就陷入了非此即彼的“零和”竞争。在这样

的区域竞争环境下，各地区之间很难寻找到地方利益的共同点，自然也就难以形成分工合作、协同发展的动力。

（二）要素跨地区流动存在制度性壁垒

实现区域协同，前提条件是各种要素能够在地区之间自由流动，但由于体制、政策等方面的影响，地区之间仍存在着各种形式的要素流动壁垒。第一类是由于地区之间的政策不兼容而形成的。如各地区高新技术企业认定的政策不一致，适用范围局限于行政区域内，无法跨地区延伸至企业在其他地区设立的分公司或分支机构。各地新技术、新产品的政府采购政策也存在着差异，影响要素的跨区域配置。第二类是由于现行政策与要素跨区域流动的需求不一致而形成的。如社会保障、养老保险、医疗保险的跨地区转移政策，入学、高考、就业等相关的教育政策、住房政策等与人口跨区域流动的趋势不相适宜。一些投融资政策也制约资本跨区域的配置，如本地金融机构不能跨地区提供金融服务。第三类是当前区域竞争机制下形成的隐形壁垒。如对不同属地企业的税收监管不一致，政府采购信息的公开程度、获取政策信息的渠道、不同地区对知识产权的保护力度不一致等都会在资本、人才等要素跨区域流动过程中形成隐性壁垒，制约区域之间的协同。

（三）资源统筹利用机制不完善

区域协同是基于国家整体层面或者更大区域层面的资源优化配置，是通过更高层面的统筹，发挥协同效应，实现区域和国家整体资源利用效率的最大化。从我国目前的情况来看，对于公共资源，基本上以行政区为单元，按照部门、自上至下的纵向配置，在配置过程中更强调各种利益的平衡，并没有充分考虑到不同地区在国家整个空间体系中的功能分工与定位，以及不同地区的资源优势，再加上部门之间和区域之间缺少横向的协调机制，资源利用过程中很难实现“协同”。对于社会资源，更强调发挥市场竞争机制的配置作用，对于分散在各主体之中的资源更是缺乏整合利用的机制，如各地区的创新基本上是各自单独推进，创新效率被显著降低。我国研发投入的总规模仅次于美国，已超过了德国和日本。但根据《全球竞争力报告2015－2016》的排名，我国创新能力排名第31位，而美国、德国、日本分别为第4位、第5位和第6位。

三、推动区域协同发展的机制和政策框架

区域协同发展是基于一种新的发展理念而形成的区域发展方式。“协同”是对传统区域协调发展路径的一种优化，不仅需要对资源要素配置的方式、区域问题的治理方式、区域发展的思路进行全面调整，还需要对区域政策工具进行全面系统地优化组合，构建更适宜于区域“协同发展”的政策体系和激励约束机制。

（一）区域协同发展的主要内容

从国际经验来看，加强不同区域之间的“协同”在各国的区域发展中越来越受到重视，但由于各国区域发展的主要问题不同，“协同”的重点也有所不同。如美国区域协同的重点集中在“创新”，德国区域协同的重点集中在“规划”等。我国区域问题相对复杂，经济规模、人口规模相对较大，在新常态下不仅面临着要保持一定的经济增长缩小地区差距的问题，还要更重视社会公平、共享发展、可持续发展等问题的解决。因此，区域协同发展的重点应集中在四大领域：政

策协同、创新协同、产业协同和规划协同。

1. 政策协同

政策协同是实现所有协同的基本条件，包括两个维度。一是地区与地区之间的政策协同。基于“协同”发展的统一目标，对各地区的产业政策、创新政策、财税政策、土地政策、环保政策进行分类专项清理，尽快改革有碍于资源要素跨地区流动，不利于地区之间公平竞争的政策。二是国家各类区域政策的协同。目前我国多个部门都具有制定和实施区域政策的权限，政策和政策之间有时还存在冲突，造成政策落实不到位，政策作用得不到有效发挥，也不利于推动区域的协同发展。

2. 创新协同

“创新”是解决我国现阶段发展问题的关键，并且“创新能力”已成为各地区发展的瓶颈因素，是各地区实现转型的核心。但由于创新复杂度的提高，以往推动区域创新的思路难以适应新时期创新发展的要求。需要通过不同地区“创新”的协同，使各类地区都能够通过不同的创新路径提升区域创新能力，国家有限创新资源的整体利用效率也能得到最优化的利用。

3. 产业协同

区域之间的“产业协同”就是要建立有效合理的区域产业分工格局，通过政策引导和相应的激励机制，引导各地区在产业发展方面能够根据自身优势进行差异化选择、错位发展，通过区域间的产业分工合作促进不同地区在产业链纵向和横向的贯通连接，构建多中心、网络式的产业分工体系，改变我国各地产业趋同、产能过剩的发展状况。

4. 规划协同

“规划”是实现区域协同发展的重要政策工具，是政府推动区域形成合理分工格局的重要手段。规划的协同是实现区域协同的基本保障。一方面要通过规划建立相应的约束机制，引导各地区的发展能够遵循协同发展的总体目标；另一方面通过对区域之间发展规划、土地利用、公共服务设施等规划的协同，促进各类资源要素在空间上的优化配置，实现协同发展的目标。

（二）区域协同发展的机制和政策框架

基于区域协同发展的内涵和主要内容，本书提出了促进区域协同发展的机制和政策总体框架（如图9所示），主要包括协同决策、协同动力、协同规制等三大机制和激励性、协调性、约束性等三类政策工具体系。

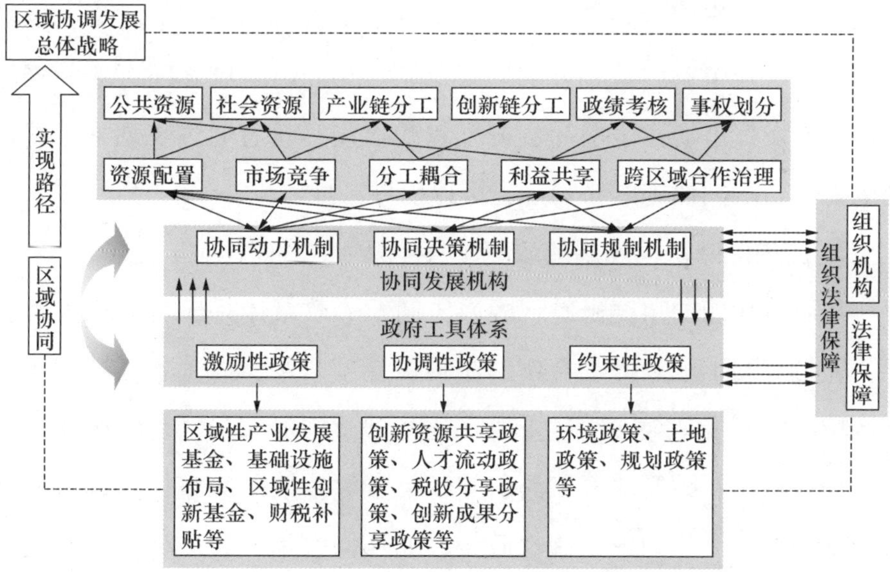

图9　促进区域协同发展的机制和政策总体框架

1. 促进区域协同发展的三大机制

促进区域协同发展的机制包括三个方面。①协同决策机制，目标是减少系统性冲突，重点是针对不同行政区发展目标、发展利益的协调平衡，以及重要跨区域事务的协商沟通和综合决策。②协同动力机制，目标是激发不同地区协同发展的内在动力，重点包括通过公共资源的配置引导区域发展的方向，充分利用市场机制促进社会资源空间配置的合理化，按照整体效率最大化的目标实现区域之间产业链和价值链的分工耦合。③协同规制机制，目标是调节和矫正系统运行中的波动和偏离，重点包括通过财政资金主导的公共资源配置促进不同地区实现资源共享、利益分享，完善政绩考核制度加强不同行政区政府之间针对生态环境、基础设施等跨区域问题的合作治理。

需要强调的是，这三大机制是从其对协同发展发生作用的原理和承担的功能两个角度提出的，边界并非完全分隔，在应用中也存在交叉重叠和交互作用。如利益分享机制既是促进协同发展的动力，也是协同发展过程中对利益各方的约束机制。再如，区域之间有效分工的形成需要发挥市场竞争引导资源配置的作用，政府通过规划、公共资源的配置、基础设施的布局等也可以引导区域分工。

2. 促进区域协同发展的政策工具体系

从政策功能的角度来看，区域协同发展政策体系应包括三大类政策。一是有利于地区分工合作的激励引导型政策，如基于区域优势设立区域产业发展基金，通过重要交通基础设施的布局、公共服务设施的布局、财税补贴等政策工具引导各类资源按照国家整体布局优化的方向来调整。二是约束控制性政策，如环保政策、技术标准、土地指标、规划政策等促进各地区能够主动调整发展路径，实现与协同发展总体目标相一致的发展。三是区域协调性政策，这是协同发展政策中要着重完善的，包括创新资源的共享、人才流动政策、税收分享等，这也是建立区域合作机制的重要政策保障。

四、促进区域协同发展的对策措施

区域协同是基于我国现阶段区域发展存在的突出问题和未来一定时期的发展趋势而提出的一种新发展思路。重点是要解决市场机制在我国区域发展和资源空间配置中的失灵问题，如区域差距扩大、区域产业发展的负外部性、区域发展主体的信息不对称等。在推动区域协同发展的过程中最为重要的是要树立整体、系统性的思维，通过政策工具的优化组合，以一种新的发展范式实现区域发展战略的总体目标。具体建议如下。

（一）促进区域协同发展的财税政策

“税源之争”是制约区域协同发展的核心，更是区域之间能否实现真正“协同”的关键环节。因此，首先要加快理顺中央和各级地方政府的事权、财政支出责任，依据税种的基本属性和经济效率最大化的基本原则，统筹兼顾各地区之间的利益分配关系，分类推进改革。适度减少共享税，尽可能避免税源跨地区的转移所造成的区域之间分配的不公平。尽快在国家层面出台企业注册地、经营地、生产地、研发总部等分离以及异地纳税带来的税收、税源背离的系统性解决方案，为促进企业跨区域流动创造更有利的条件。允许地方政府在不违反国家政策统一性的前提下，结合本地的实际，开征部分地方性税种（物业税、环境税），建立以生态补偿为主体的横向转移支付制度，使地方政府财政收入得到合理保障，为区域之间形成新的产业分工和跨区域事务的治理奠定财政制度基础。取消“即征即退、财政返还”等明显有碍区域之间公平竞争的地方财税政策，加强地区之间税收征管协作，推进税收凭证的互认、减少异地经营企业税收清算环节，逐步统一区域之间纳税信用、税收执法等标准，为人才、资本、企业等跨区域流动营造更便利化、更规范的政策环境。

（二）促进区域协同发展的规划政策

“规划”既是政府引导区域分工的政策工具，也是促进区域协同发展的约束性工具。因此，规划政策改革的重点应集中在以下方面。一是选取若干重点区域、重点领域，加强以“经济区”为基本单元的跨区域发展规划，更有效地加强区域之间发展的协同性。如针对主要流域、主要交通干线或综合性运输通道（高铁、水运等）的区域规划，针对一些重要同质区域（或问题区）的区域规划，包括如贫困区、沙化区、采矿区、污染联动区等地区的区域规划；针对重要的科技产业协同创新区域的规划等。二是加强各地区规划、专项规划之间的协同。建立人口、产业、基础设施、公共服务设施、资源环境等重要规划信息的共享与沟通机制，加强规划制定过程中部门之间和地区之间的协调，促进各类专项规划能够有效对接和相互兼容。完善区域规划编制、审批、实施、监督的程序，加快探索建立地方规划的横向平衡、约束机制，有效引导地区之间错位发展、分工协作。三是增强发展规划的法律效力。发展规划是区域协同发展的重要工具，但目前我国发展规划的编制程序、运作机制尚不完善。为增强规划的权威性和一致性，促进规划编制的科学化、制度化和规范化，应将规划的编制、审议、实施、调整、监督各环节纳入法治轨道。

（三）促进区域协同发展的创新政策

协同创新是促进区域协同发展的重要环节，政策调整的着力点在于要加强不同地区在创新过程中的分工合作和资源的统筹利用，以形成区域创新的协同效应。加强各地创新政策的协同性，尽快消除那些不利于创新要素流动、影响创新成果转化和技术扩散的政策壁垒，为贯通区域之间的创新链、构建更有效的区域创新网络创造更有利的政策环境。建立差别化的区域创新支持政策，对于创新能力较弱的地区，重点要加强其可获得创新资源和承接创新的能力，而对于创新能力较强的地区，重点是要加强其创新的扩散能力。将创新资源的优化布局纳入国家区域发展总体战略，结合各地区优势资源和产业基础，建立与城市体系中核心城市和节点城市功能分工相适应的空间格局。改变传统上将创新指标按地区或部门进行分解的考核办法，对不同层次、不同功能的创新主体建立分类创新评估体系，要有利于激励引导不同地区积极主动地参与创新分工。尽快解决不同地区之间在协同创新过程中，涉及的诸如资产所有权的调整、知识产权的归属、技术、数据信息等无形资产产权的界定、成果转化过程中的利益分配等问题，推动更高效更深层次的区域分工合作和协同创新。

（四）促进区域协同发展的环境政策

促进区域协同发展的环境政策重点是要发挥两个方面的作用：第一，从环境的角度有效约束地方发展路径的选择，引导各地区协同发展；第二，要为跨区域生态环境问题建立长效治理机制。为此，环境政策调整的着力点应集中在以下三方面。一是环境标准的协同。针对协同发展、污染联合防治的重点区域，在完善利益补偿机制的基础上进行区域统一立法，并逐步推进统一规划、统一标准、统一监测和统一防治措施，防止各地区利用标准的差异寻租，引发更大范围的环境问题。二是环境监管的协同。加快推进跨地区环境监测网络的一体化建设，构建跨区域环境执法的协同机制。建立跨区域的环境监察执法体系，提升区域环境监测预警与应急能力。可设立跨行政区划的人民检察院以提起相关的环境公益诉讼；建立诉前保护、案件相关费用承担等机制，切实解决环境诉讼立案难、取证难、审理难和执行难等问题。在审理领域探索建立与行政区划适当分离的司法管辖制度，确立与环境污染案件审理相适合的司法管辖权划分，可以考虑在最高人民法院设立“巡回法庭”和“环境资源法庭”的基础上，充分结合并发挥两者优势，加强环境污染治理中跨区域案件审理中的司法权中央化。三是环境治理的协同。明确中央政府和地方各级政府在生态环境治理中的权责划分，以此为基础建立生态补偿机制和环境治理、生态建设的筹融资机制，形成相关各方责权对等、激励相容的协调机制。

（五）促进区域协同发展的金融政策

传统的货币政策（如利率政策、汇率政策等）注重总量调节，并不关注区域、产业等结构性目标，对区域协同发展的支持力度不足。可从以下三个方面完善促进区域协同发展的金融政策。一是设立政策性的区域发展银行。连接跨行政区域的交通、通信、环境等基础设施，具有融资规模大、还款周期长、融资主体不明确等特点，商业性金融机构往往不愿意涉足。建立跨省级的区域发展银行，以地方政府联合信用发行长期建设债券资金，有利于向跨区域建设项目提供大规模、低成本和长期限的融资。二是规范发展政府引导基金。中央政府已经在国家层面设立了战略性新兴产业引导母基金和中小企业发展引导母基金，地方政府应创新财政资金使用方式，建立与中央政府引导母基金对接的引导基金。政府引导基金要引入专业化的管理团队，政府只对投资方向等重大事项负责，避免对项目的直接干预，以此吸引更多社会资本进入，加大财政资金的杠杆效应，优化引导基金的投向，提高财政资金的投资收益。三是探索结构化的货币政策。当前的货币政策中，有支持三农和小微企业的结构化工具，例如定向存款准备金率等。未来可探索创新区域性货币政策工具，对特定区域（如京津冀地区、东北老工业区）贷款比重达到一定标准的金融企业，实施有区别的货币政策工具。

（六）促进区域协同发展的法律保障

法律不仅会直接影响资源配置，还会通过影响其他政策工具的实施效果间接影响资源配置。因此，区域协同的法律保障包括两个方面。一是通过法律的协调统一促进区域协同发展。协调统一的法律体系可以保持政策的一贯性和连续性，有效约束地方政府追求本地利益的失范行为，实现市场秩序规则的融通，满足市场竞争对于稳定、有序、公平的竞争环境以及区域经济协作的要求。这包括以下三点。第一，地方协同立法。区域公共事务需要各地共同且同步制定相关法律。在立法前，制定区域立法规划，实现信息共享，达成立法共识；在立法中，制定论证、协调、审议等议事规则，建立联合立法程序；在立法后，备案并评估区域法律，设置协调与争端解决机制。第二，地方法律清理。随着协同发展的推进，各地现有法律法规的内在冲突将愈加明显，需要及时清理。应审查现存的规范性文件，修改与经济社会发展不适应、与协同发展要求相背离的法律制度。可成立区域立法协调委员会收集、整理区域内地方立法，提出废止或修改建议。第三，地方协同执法。地方的各自为政可能导致执法尺度不一、缺乏协同配合，需要加强区域执法合作，避免执法留白、提高执法效率。这要求统一各地执法标准；明确地方执法部门的分工与责任，尤其是交叉区域的执法责任；建立执法信息共享平台，实现执法结果相互确认。二是通过政策工具的法治化促进区域协同发展。我国主要按照行政区划制定地方规章的立法体制，跨行政区边界问题较难寻找法律依据，弱化了区域协同发展中政策工具的效能。应加强政策工具的法治化建设，建立地方合作的法律框架。区域协同发展需要地方政府的横向协作，这要求建立稳定的合作机制，如签订政府间的行政协议。但我国法律尚无对地区间行政协议的明确规定。同时，应建立地方政府合作的法律框架，就行政协议的签订、修改、退出与效力做出法律规范。

执笔人：侯永志　孙志燕

参考文献

[1] 王慧炯．社会系统工程方法论．北京：中国发展出版社，2015

[2] 储建国，朱成燕．基于区域发展困境的政府间合作机制构建——以武汉城市圈为例．湖北社会科学，2015（10）

[3] 刘华军，张耀，孙亚男．中国区域发展的空间网络结构及其影响因素——基于2000~2013年省际地区发展与民生指数．经济评论，2015（5）

[4] 李爱民．优化区域发展总体格局的政策措施．宏观经济管理，2015（8）

[5] 隋心，张琛．关于规范区域发展规划的政策思考．经济研究参考，2015（31）

[6] 杨国才．平衡区域发展的三种路径比较及其整合．经济纵横，2015（5）

[7] Andrea Ascani，Riccardo Crescenzi，Simona Iammarino，Regional Economic Development：A Review，WP1/03 search working paper，2012.

[8] Philip McCann† and Raquel Ortega－Argilés. Smart Specialisation，Regional Growth and Applications to EU Cohesion Policy. Economic Geography working paper 2011 ：Faculty of spatial sciences，University of Groningen.

专题一

区域协同发展中政府与市场的关系

一、政府与市场关系的理论演变

虽然市场经济体制日渐成为世界各国普遍采用的经济发展体制，但是围绕政府与市场关系的争论却从未停止，也尚未形成统一的理论认识。

（一）宏观视角下的政府与市场关系

在市场经济发展的早期，以亚当·斯密为代表的古典经济学家信奉自由放任的理念，认为市场这只“看不见的手”能有效配置社会资源，引导生产者制造消费者需要的商品，经济可以通过商业周期实现自我调整；政府则只发挥“守夜人”的作用，其主要职责是为市场经济的有序运行提供一个可靠的环境。这种建立在自由主义基础上的政府与市场的关系支配着资本主义经济100多年的发展。

19世纪中后期，马克思等人指出资本主义经济危机的根源在于生产社会化和生产资料私人占有之间的矛盾，倡导政府在经济运行中发挥主导作用。他们认为未来社会将有计划地组织社会生产，消除资本主义市场经济运行中的无序竞争状态。与此同时，过度崇尚自由的市场经济体制的内在缺陷不断暴露，经济发展的周期性愈发明显，经济危机愈演愈烈。1929～1933年全球经济的大萧条引发了社会各界对政府与市场作用的重新思考和认识。英国经济学家约翰·梅纳德·凯恩斯提出有别于古典主义的政府干预理论，强调要发挥政府这只“看得见的手”的职能，倡导政府通过财政政策和货币政策对经济运行进行调节，从而规避市场机制的缺陷。第二次世界大战之后，西方发达市场经济国家普遍采用了凯恩斯主义的主张，加强了政府对经济活动的干预，对于战后资本主义世界的经济繁荣发挥了重要作用。

20世纪60年代后期以来，凯恩斯主义的弊端不断显现，西方国家纷纷出现高通胀与高失业并存的“滞胀”现象，这促使人们重新思考政府与市场在经济运行中的关系。西方经济学家开始怀疑凯恩斯主义的理论与政策，出现回归自由市场经济制度的趋势，各种新自由主义学派开始涌现，如弗里德曼为代表的新货币主义，以卢卡斯、华莱士等为代表的理性预期学派等。这些学派继承了亚当·斯密“看不见的手”的理论，主张依赖市场而不是政府干预调节经济。1990年之后，随着“华盛顿共识”的形成与推行，新自由主义的影响更加广泛。

2008年以来金融危机的爆发表明全球化时代的宏观经济震荡更加剧烈，危机一旦发生，就会更加深刻而持久。这引发人们对“新自由主义”的反思，也说明尽管“新自由主义”提出了许多解决“市场失灵”的对策，如科斯定理、可竞争市场理论等，但市场本身的缺陷仍未真正得到解决。2013年弗朗西斯·福山在《政治秩序的起源》中重新思考了“历史的终结”，总结一个成功的政治模式是“国家构建（政府能力）”“法治”和“问责”三者的平衡，强调指出“过度宣扬经济上的放任主义是对历史和现实的不负责任”。

从历史的梳理中可以看到，政府与市场的关系至今仍在激烈论争之中，并不存在一种普适的模式。尤其应该看到的是政府与市场都存在缺陷，这也是主张政府干预和主张市场自由的两派之间矛盾的焦点。主张政府干预的认为市场并不是万能，市场本身存在失灵的情形，其中有三个主要表现：公共物品、外部性和垄断①。主张市场自由的则认为政府也存在失灵，如公共政策失误、公共产品供给的低效与浪费、政府机构效率低下、内部性与政府扩张、寻租及腐败等。

（二）区域视角下的政府与市场关系

在区域发展过程中政府与市场的关系整体上还是遵循前面提到的宏观理论，其核心也通过政府与市场关系的调整来解决区域发展过程中面临的问题，其中最为核心的问题就是如何促进增长和缩小差距。在这一过程中，这种调整除了受前面提到的宏观理论的影响外，还受到了许多关于区域发展理论的影响。其中主要涉及以下几方面的理论（见表1－1）。

1. 基于传统贸易的区域分工理论

区域分工源于国际贸易理论。从亚当·斯密倡导的古典贸易理论到赫克歇尔和俄林提出的要素禀赋理论，都在强调自由贸易对区域经济发展的促进作用。基于传统贸易的区域分工理论崇尚自由贸易，在区域发展过程中强调政府需要加强统一市场的建设，促进区域间的贸易，通过市场来推动区域间分工，从而推动区域经济的发展。

2. 新贸易理论

20 世纪 70 年代末 80 年代初，克鲁格曼（Krugman）、布兰德

---

① 公共物品因为不具有排他性，其收益难以归属于提供者，因而市场无法保证有效的供给；外部性导致个体成本或收益与全社会成本或收益的不匹配，使得市场难以保障供给实现全社会的最优；垄断则由于有效竞争不足致使资源配置缺乏效率。

表 1-1　　贸易和经济地理学理论的演变

理论名称	前提假设	代表性文献	主要结论	简要评价
古典区位理论	一个区域、区域均质、区位是外生变量、不考虑企业组织、完全竞争、规模报酬不变	Thunen（1826）；Launhardt（1882）；Launhardt（1885）；Weber（1909）	农业生产与经营方式的首要决定因素是距离；将网络规划应用于运输最优化和厂商成本最小化的定位问题；工业区位决定是区域性因素和集聚因素共同作用的结果	1. 这些理论对经济地理的研究产生了重要影响，奠定了经济地理研究的基础； 2. 在完全竞争和规模报酬不变的条件下分析，没有分析收益递增的市场结构； 3. 在方法上偏重静态分析，缺乏全视角的动态分析，不能很好地解释经济动态
新古典区位理论	区域均质、区位选择受竞争者的影响、不考虑企业组织、完全竞争、规模报酬不变	Christaller（1933）；August Losch（1939）；Ohlin（1933）	创建了静态的新古典框架；从局部均衡转向一般均衡分析区域结构；将贸易与区域问题结合，证实国际贸易仅是一般布局理论的一部分	1. 引入垄断竞争和规模报酬递增，分析市场结构差异与贸易； 2. 无法从微观层面分析企业参与贸易的问题
新贸易理论	对称区位、同质企业、垄断竞争、规模报酬递增	Krugman（1979）；Krugman（1980）	本地市场效应；价格效应；竞争效应	1. 强调历史和偶然事件对经济区位选择的重要影响； 2. 企业同质性假设掩盖了集聚经济的微观机制
新经济地理学理论	对称区位、同质企业、垄断竞争、规模报酬递增	Krugman（1979）；Krugman（1991）	中心—外围结构；价格效应；竞争效应；内生的非对称性是突发性聚集、区位的黏性	1. 强调历史和偶然事件对经济区位选择的重要影响； 2. 企业同质性假设掩盖了集聚经济的微观机制

续表

理论名称	前提假设	代表性文献	主要结论	简要评价
“新”新贸易理论	非对称区位、异质企业、垄断竞争、规模报酬递增	Melitz（2003）；BEJK（2003）	自选择效应；资源重置效应	异质性理论的引入为理解不同企业的投资和贸易模式提供了微观视角
“新”新经济地理学理论	非对称区位、异质企业、垄断竞争、规模报酬递增	Baldwin 和 Okubo（2006）；Melitz 和 Ottaviano（2008）	产业集聚效应；人才归类效应；市场选择效应	1. 异质性理论的引入提供了分析集聚经济的微观机制； 2. 对集聚经济的测定提出挑战

转引自：陈勇兵；康吉红；王艳（2013）。

(Brander)、斯宾塞（Spencer）以及迪克西特（Dixit）等人通过引入新产业组织理论分析方法，逐渐发展成为以规模经济、不完全竞争市场、产品差异化为基础的新贸易理论体系。新贸易理论主要涉及行业内贸易理论、战略性贸易理论和新贸易政治经济学。其中从政府与市场的关系来看，影响最大的是战略性贸易理论，该理论为政府干预提供了理论支持。该理论认为，在不完全竞争和规模经济的条件下，利用生产补贴、出口补贴以及保护国内市场的各种措施来扶植本国战略性产业的成长，增强其在国际市场上的竞争力，占领他国市场，获取规模报酬和垄断利润的贸易政策。在现实中战略性贸易政策也存在许多弊病①。

3. 新经济地理学

克鲁格曼等人整合了经济学界在国际贸易和经济地理学方面的研究，形成了一套关于经济活动的地理结构和空间分布的理论，即新经济地理学理论。新经济地理学理论解释了多种空间尺度下的经济集聚现象，如经济全球化与区域化、世界制造业基地的成长、跨国公司的区位选择以及城市化发展等。从政府与市场的关系角度来看，新经济地理学从一个侧面为政府通过优惠政策促进某一地区的发展提供了理论支持。

4. “新”新经济地理学

梅里兹（Melitz，2003）首先将企业异质性纳入到克鲁格曼的产业内贸易模型中，发展形成了以分析企业异质性影响的“新”新经济地理学。该理论分析指出，由于异质性企业的区位选择存在分类效应与选择效应，低成本企业离开大市场的损失较之高成本企业更大，所

---

① 战略性贸易政策在理论上具有一定的合理性和说服力，但是也存在一些局限性，比如难以准确选择战略性产业、容易导致出台以邻为壑的贸易政策等。

以大市场区域对于效率最高的企业更具吸引力（即选择效应），贸易成本持续下降会导致高、低效率的企业分别定位于大、小市场（即分类效应）。梁琦等（2012）运用异质性理论探讨了中国政府为缩小地区经济差异而对小市场区域企业采取补贴政策的微观效应，研究指出，异质性企业的定位选择行为会加剧地区之间的不平衡，并对地区生产率差异产生重要影响，这在一定程度上解释了为什么中国旨在缩小地区差距的区域政策效果不甚理想。同时该研究还指出，推动区域协调发展，除了要推动市场一体化外，还需要发挥政府的作用，加大基础建设水平，改革公共基础设施管理体制和流通体制，重视欠发达地区本地人力资本积累和创新能力的培育。

5. 新古典增长理论和威廉姆森的倒 U 型曲线

新古典增长理论认为由于资本的边际回报递减，人均资本较低的经济体的资本收益率和增长率也较高，因而存在所谓的增长收敛。鲍莫尔（Baumol，1986）对 OECD（即经济合作与发展组织）国家 1870～1979 年间的收敛性问题的考察，开启了经济增长收敛性的局部实证检验，并得出了收敛的结论。随后，西方学者的研究对象逐渐从国家之间转移到国家内部各区域之间。巴罗（Barro）和萨拉－伊－马丁（Sala－i－Martin，1992）发现，1880～1988 年间，美国各州存在着绝对收敛，并且美国本土三大区域（东部、南部、西部）内部也存在着收敛，各州以每年约 2 个百分点的速度趋于收敛。

与新古典增长理论不同的是，威廉姆森提出了区域经济的“倒 U 型”收敛过程。1965 年，美国经济学家威廉姆森（Jeffery G. Willamson）发表《区域不平衡与国家发展过程》一文，通过对经济增长的实证资料数据进行横向比较和纵向分析，提出了区域经济差距的倒 U 型曲线理论，即，随着国家经济发展，区域间增长差异呈倒

U 型变化。在国家经济发展的初期阶段，区域差异逐渐扩大，然后区域差异保持稳定，但是经济进入成熟增长阶段后，区域差异将随着总体经济增长而逐渐下降。

无论是新古典增长理论，还是“倒 U 型”理论，都认为区域经济最终会趋于收敛。因而在政府与市场的关系中，更强调市场推动经济增长趋同的作用。

6. 循环累积因果论

循环累积因果论是由瑞典经济学家缪尔达尔（Myrdal）提出。缪尔达尔认为经济社会发展中的各种影响因素是相互联系、相互影响、互为因果的。这些因素的相互作用最终导致经济增长呈累积增长正反馈或累积下降的负反馈趋势。并以此来解释国家之间发展的差异：如果任由市场力的作用，一个在生产力和收入上都占优的国家将变得更好，而处于较低水平的国家则可能维持在现有的水平上甚至恶化。因而缪尔达尔指出，市场的力量通常倾向于增加而不是减小区域之间的差异。缪尔达尔的循环累积因果论一方面指出了社会、制度、文化和政治上的因素同样也影响着区域经济的发展；另一方面也在促进区域协调发展方面不能依靠市场的力量，而应该发挥政府的干预作用。

7. “增长极”理论

佩鲁（Perroux）认为，不同部门、行业或地区的经济增长往往是不平衡的。某些主导产业或有创新能力的企业在一些地区或城市集聚并优先发展，从而会形成“增长极”。佩鲁把这种极化效应归结为技术的创新和扩散、资本的集中和输出、规模经济效益和集聚经济效益。“增长极”理论为政府通过干预促进落后地区的发展提供了理论支撑。

就现有的各种理论来看，与宏观理论层面一样，在区域维度上对于政府与市场的关系同样也未形成统一的认识，既有认为区域发展会自动依靠市场的力量趋向收敛的理论，也有认为市场倾向于扩大区域差距的理论；既有崇尚自由贸易的理论，也有推崇政府干预的战略性贸易理论；既有认为市场会自发形成增长极的理论，也有可以通过政府干预推动形成增长极的理论。这也再次说明在区域协同发展过程中，不能简单的划定政府与市场的作用边界，而需要更多的针对具体问题、具体地区进行分析。

二、改革开放以来我国政府与市场关系演变及其在区域发展中的体现

改革开放以来政府与市场的关系经历了多次转型，下面将从国家整体和区域两个层面进行简单的梳理。

（一）政府与市场关系的历史变化

1978 年以来的经济改革，经历了以下几次重大的变化。

1. “计划经济为主、市场调节为辅”

党的十一届三中全会明确提出：“应该坚决实行按经济规律办事，重视价值规律的作用，……，让地方和工农企业在国家统一计划的指导下有更多的经营管理自主权。”自此原有计划经济条件下的政府与市场的关系开始发生变化，市场化改革开始起步。1982 年 9 月，党的十二大明确指出：“正确贯彻计划经济为主、市场调节为辅的原则，是经济体制改革中的一个根本性问题。”

2. 商品经济条件下计划与市场内在统一

1984 年，党的十二届三中全会通过《中共中央关于经济体制改革的决定》，明确提出发展公有制基础上的有计划的商品经济，正式开

启了经济体制改革的进程。1987 年，党的十三大进一步提出："社会主义有计划商品经济的体制，应该是计划与市场内在统一的体制。"并指出，"新的经济运行机制，总体上来说应当是'国家调节市场，市场引导企业'的机制"，开始赋予政府与市场关系以新的形式和内涵。

3. 市场在社会主义国家宏观调控下对资源配置起基础性作用

1992 年初，邓小平同志在南方谈话中指出："计划经济不等于社会主义，资本主义也有计划；市场经济不等于资本主义，社会主义也有市场。"在此基础上，1992 年 10 月，党的十四大明确提出建立社会主义市场经济体制，"就是要使市场在社会主义国家宏观调控下对资源配置起基础性作用"。自此"计划"和"市场"的关系得以重新定位。

4. 使市场在资源配置中起决定性作用和更好发挥政府作用

2013 年，党的十八届三中全会进一步提出："经济体制改革是全面深化改革的重点，核心问题是处理好政府与市场的关系，使市场在资源配置中起决定性作用和更好发挥政府作用。"把以往市场起"基础性"作用改为"决定性"作用，同时也强调"更好发挥政府作用"。政府与市场关系又一次得到了新的界定。

从社会主义计划经济向市场经济的转型过程中，政府与市场的关系经历了多次转变。一方面是政府由计划经济条件下的全能型政府向市场经济条件下的效能型政府转变；另一方面，则是市场力量由小到大，由弱到强，经历了由"辅助""补充"作用到基础性作用，再到决定性作用的转变。需要指出的是，改革开放以来政府与市场关系并不是固定和一成不变的，它是动态的，因时、因地、因事、因发展水平而变动。

（二）我国区域发展中的政府与市场关系

在区域发展方面，中央政府主要通过制定倾斜式政策推动特定目标区域的快速发展，来应对区域发展不平衡和各地因此而不断提出的政策诉求，较为忽视从体制机制上来解决区域发展问题。在这一背景下，形成了地方政府主导经济增长的模式。在这种模式下，地方政府向“公司化”方向转型，形成了以“全员招商”为核心的“动员—压力—运动治理”的发展逻辑，并且采用了“领导挂帅、部门联动、对外驻点、目标倒逼、强化考核、责任管理、合力招商”的行动方针（刘志彪等，2015）。这种由地方政府与企业结合而形成的“公司化”地方政府成为推动中国工业化和区域经济增长的主体。由于经济基础、历史文化等方面的差异，区域发展过程中形成了不同模式的政府与市场的关系，如强政府的“苏南模式”、强市场的“浙江模式”等。

1. 苏南模式

受发展基础等因素的影响，江苏的发展具有明显的政府主导的特征。在20世纪八九十年代的江苏乡镇企业发展过程中，政府就扮演了十分重要的角色。政府出面组织各种生产资料，并出资办企业、指派企业负责人。这种模式具有速度快、成本低等优势，也在一定程度上避免了产权纠纷。苏、锡、常地区通过这种模式很快实现了经济起飞。20世纪90年代末，针对这种模式的一些弊端，政府再次主动推动改革，发起了多次“乡镇企业改制”浪潮，推动乡镇集体企业的股份制改革。再后来，在政府的大力推动下，“工业园区”“开发区”等外向型经济成为江苏经济发展的重要支柱。具备高效管理能力的苏南政府更是成为许多地区学习的典范。

2. 浙江模式

与江苏不同的是，浙江的发展更多得益于民营经济的发展。浙江政府在推动经济发展方面更多地着力于放松对民营经济的管制，如浙江较早降低了对自营进出口权的审批门槛，由原先多级审批改为登记备案制。在对外开放的大趋势下，义乌小商品市场、绍兴轻纺城、海宁皮革城等建立在传统家庭工商业基础上的专业化市场逐步形成，并开始占领国际市场。在浙江的发展过程中，政府更多的是推动政府制度改革、放松对民营经济的管制、发挥企业家的首创精神。

三、新时期区域协同发展存在的问题及其背后反映的政府与市场的失灵

改革开放30多年来，随着一系列区域发展政策的实施，区域发展取得了许多成就，如2007年以来区域差距开始呈现缩小趋势。但是也需要认识到区域协同发展仍然存在着不少突出问题。

（一）资源的错配

随着市场化改革的推进，资源的配置效率得到了显著提升。不过从区域的层面来看，目前仍然存在显著资源错配的现象。其中突出的表现有以下几个方面。

1. 区域发展水平和区域间要素边际产出差距仍然很大

图1－1给出了不同国家的地区差距的变化趋势。从图1－1可以看出，虽然近年来国内的区域差距在不断缩小，但是与发达国家相比仍然较大。这些发达国家的市场化程度相对较高，市场配置资源的效率也更高，这也是这些国家区域差距相对较小的一个重要原因。因此，从这个角度来看，我国在市场区域资源配置方面仍然存在可以改进的

空间。另外，从区域之间要素边际产出来看，劳动边际产出价值最高的上海是劳动边际产出价值最低的贵州的5.4倍。这充分说明国内区域间要素的配置存在错配。

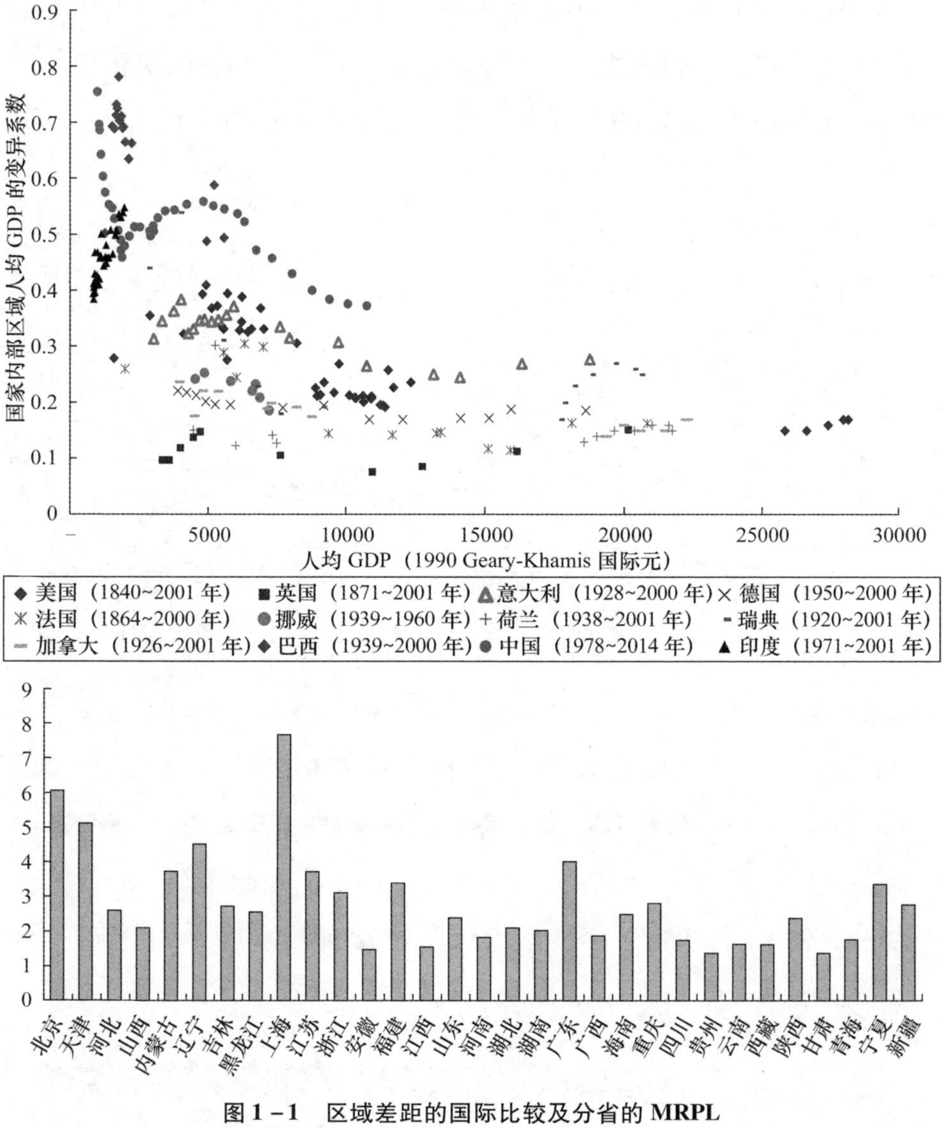

图1－1　区域差距的国际比较及分省的MRPL

2. 产业同构和产能过剩严重

目前去产能已成为加快经济转型的重要任务。从区域层面来看，产能过剩的表现就是区域产业的同构。图 1－2 显示 30 多年来区域产业同构的变化趋势，可以看出近年来区域同构状况存在加重的趋势。从区域竞争的角度来看，这与地方政府的过度扶持存在很大关系。图 1－2 显示出各地区“十二五”规划确定的重点产业，可以看出几乎所有的地区都将金融和新能源作为重点发展产业，汽车、钢铁和新一代信息技术等产业也同时作为重点产业出现在多个地区的“十二五”规划之中。

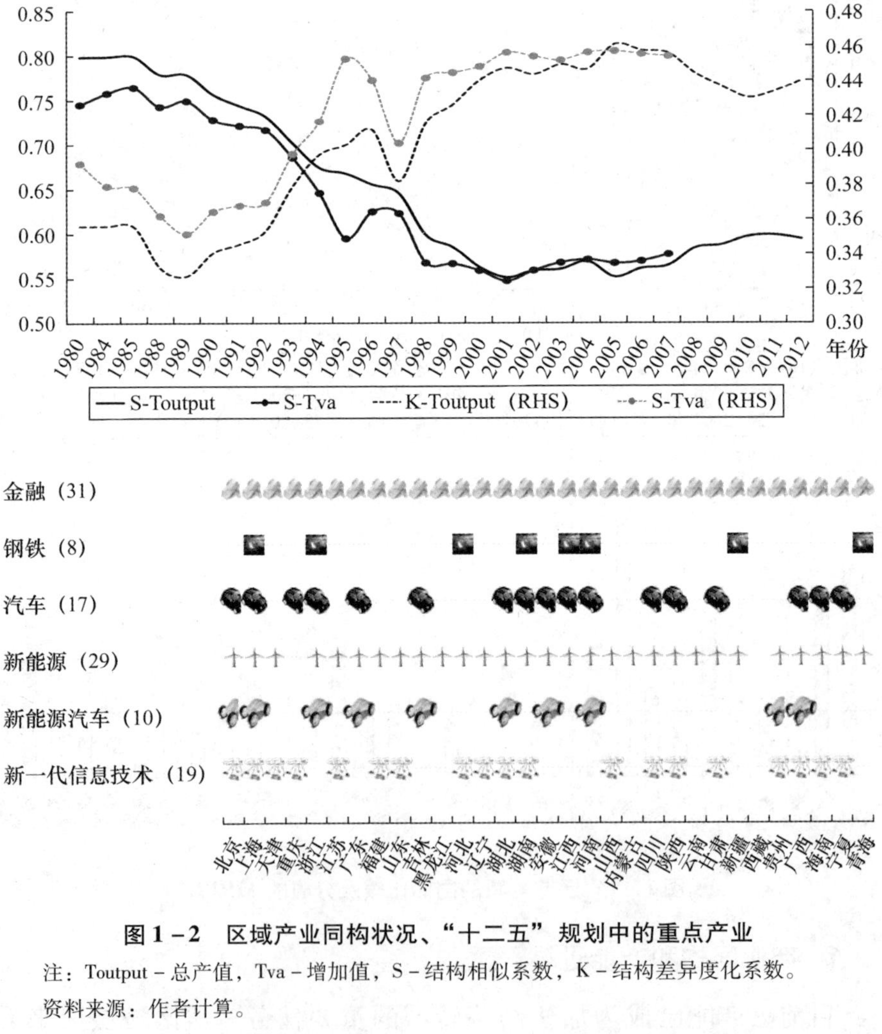

图 1－2　区域产业同构状况、“十二五”规划中的重点产业

注：Toutput－总产值，Tva－增加值，S－结构相似系数，K－结构差异度化系数。

资料来源：作者计算。

3. “大城市病”问题突出和城市结构和层级不够合理、城市规模效率不高

以北京为代表的一些特大型和大型城市存在人口过度集聚的问题，由此带来交通挤塞、环境污染、楼价高企、资源紧张等一系列社会问题。解决北京的大城市病问题也是中央政府提出京津冀协同发展的初衷。大城市病问题的出现也在一定程度反映了城市之间、城市与乡村之间资源的错配。另外，我国城市的结构和层级仍然存在不合理之处，城市规模效率仍然不高（见图1－3）。对比中美的城市结构可以发现，对于人口数量500万以上的超大城市来说，中美人口比重已经比较接近；对于人口数量为100万~500万的大城市比重明显偏低，要比美国低10个百分点，而人口数量为100万以下的城市则比重偏高。部分特大城市主城区人口压力偏大，生态、社会成本增加；中小城市集聚产业和人口功能不足；小城镇数量多、规模小、服务功能弱。实证研究表明100万以下的城市要比100万~500万的城市效率更低，其ICOR（即Incremental Capital-output Ratio，增量资本产出率）要高10%~30%。除了人口规模结构外还存在城市行政层级结构的不合理，特别是按照行政层级配置的基础设施、公共服务以及相应的城市管理能力难以满足人口规模的要求。如目前东中部地区一些镇的常住人口规模超过了20万，但由于受行政区划调整限制仍为镇的建制，城市管理能力明显欠缺。

（二）公平性不足

虽然区域发展水平都存在很大程度的提高，但区域间的公平性仍然存在不足。这种不足不仅体现在经济增长方面的差距，更体现在发展质量和基本公共服务等方面。

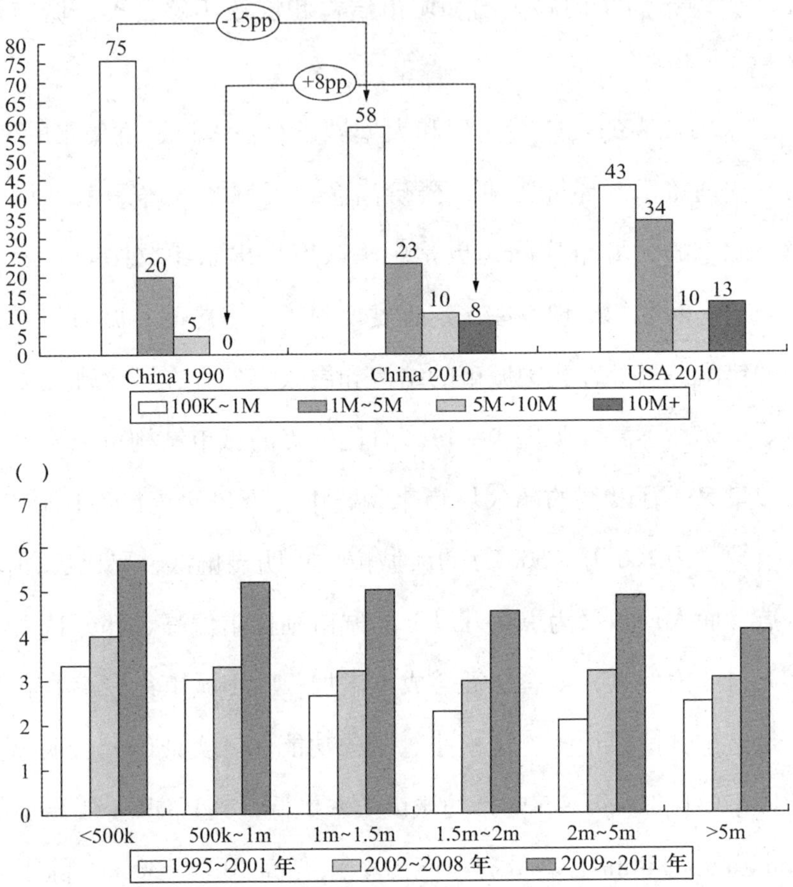

图 1－3　城市结构以及城市效率的比较

资料来源：国务院发展研究中心、世界银行，《中国：推进高效、包容、可持续的城镇化》，中国发展出版社 2014 年版。

1. 区域间公共服务支出存在较大差异

资金是公共服务水平提高的重要保障。区域之间在公共服务支出方面差异十分明显。以地方预算教育、医疗卫生、社会保障和就业三项公共服务方面支出为例，2014 年人均公共服务支出最高西藏达到 8721 元，而最低的河北只有 2575 元，前者是后者的 3.4 倍（见图 1－4）。

2. 区域间发展基础条件存在较大差异

除了这些发展成果分享方面的差异，区域之间在诸如基础设施等

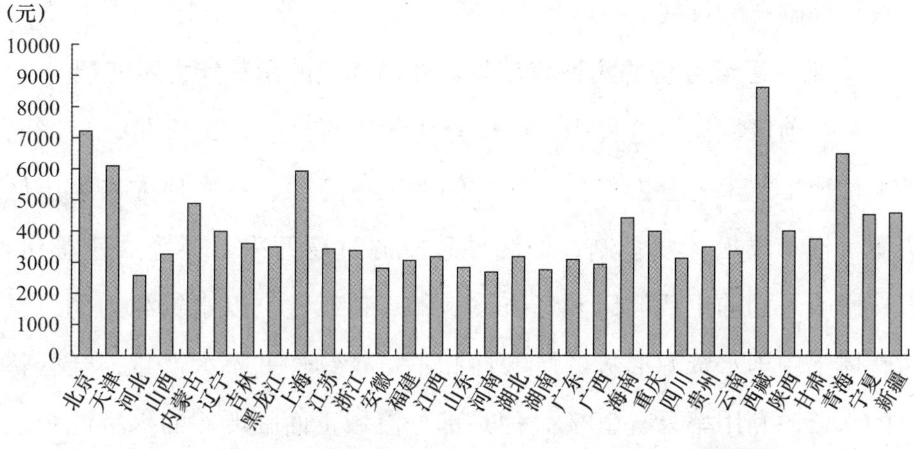

图 1－4　2014 年各省市人均地方预算三项公共服务支出情况

发展基础条件方面的差异同样十分明显。2010 年，东部地区的公路密度达到 1.04 公里/平方公里，远远高于中部和西部地区的 0.82 和 0.24 公里/平方公里。

3. 区域间发展质量存在较大差异

根据《中国人类发展指数 2013》中公布的各省人类发展指标 可以看出区域间发展质量存在较大差异。2010 年人类发展指数最高的省份是北京，达到 0.821；而最低的省份是西藏，只有 0.569，比前者低了 30%。从反映发展质量的教育和健康分项指标来看，区域之间表现出了较大的差距。2010 年东部地区平均受教育年限已经接近 9 年，而西部地区则只有 7.5 年；东部地区平均预期寿命已经超过 77 岁，而西部地区则只有 72 岁左右。教育和健康差异背后凸显的则是基本公共服务的差异。

（三）可持续性不足

资源和环境是人类生存的根本条件，也是经济发展的基础要素。随着经济社会的发展，资源和环境压力日益凸显，经济社会发展的可持续性面临严峻挑战。

1. 部分区域经济的集聚程度与其资源环境的承载能力不匹配

在当前区域发展过程中，由于资源没有得到合理的定价、环境的外部性成本并未完全内部化、区域间的无序竞争，一些地方人为压低资源价格和放松环境管制，最终导致资源过度开采、环境加速恶化，直接影响人们的生活健康和经济发展的可持续性。以水资源为例，虽然整体上中国水资源形势的严峻性和不可持续性并不太严重，全国整体的水资源利用率只有20%，但是部分流域正面临严峻的水资源短缺问题，如海河流域的水资源利用率超过100%，属于严重的水资源过度利用地区（见图1－5）。另外目前在全国600个最大的城市中，其中100个城市水资源严重短缺。

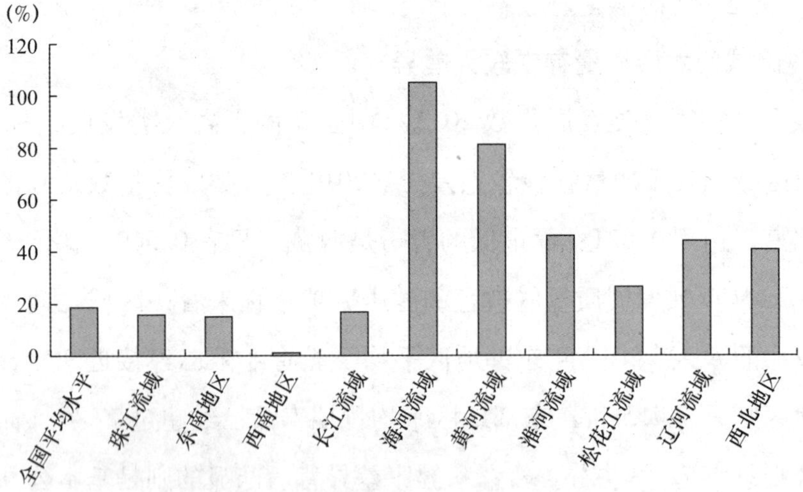

图1－5　不同流域水资源利用率

2. 资源环境问题面临跨区域治理难题和邻避困境

资源环境问题往往存在很强的外部性，而且常常跨越多个行政区域，这给资源环境问题的解决带来较大的难度。上下游的水资源分配、水污染、空气污染等问题往往由于区域间缺乏有效协调补偿机制难以得到解决。最为典型的例子就是京津冀环境污染问题，这也是中央提出京津冀协同发展的一个重要原因。另外，近些年来，居民或当地单位因担心建设项目（如垃圾场、核电厂、殡仪馆等邻避设施）对身体健康、环境质量和资产价值等带来诸多负面影响，各地频频出现“以邻为壑”的现象。如2014年5月10日上午，浙江省杭州市余杭区中泰乡及附近地区人员因反对垃圾焚烧项目选址，发起了规模性聚集抵制活动。

以上这些区域发展过程面临的问题，既有市场的失灵，也有政府的失灵。具体来讲，当前区域协同发展面临的“市场失灵”主要表现为三方面。一是区域市场分割和垄断，导致了市场难以有效地配置资源，区域资源的利用效率较低，规模经济的效应难以发挥，比如前文提到的产能过剩、城市规模结构的不合理问题。二是由于资源环境问题存在很强的外部性，在缺乏强有力的权责界定的情况下，市场难以起到解决资源环境问题的作用，比如前文提到跨区域资源环境问题的治理困难。三是公共服务由于存在公共物品的特性，市场的供给往往存在明显不足。另外，“政府失灵”则主要表现为：由于政府信息的不对称，政府的部分战略和规划可能存在决策的失误；由于政府的过度干预影响了市场对资源的配置，如部分产能过剩问题；由于政府公信力的不足和决策过程的不透明导致了很多公共决策难以推行，如前面提到的“邻避困境”；由于行政性的分割和不合理政绩考核机制，导致区域之间重竞争、轻合作。

四、新时期区域协同发展中政府与市场的关系

新时期，区域协同发展越来越重要。在推动区域协同发展的过程

中，除了强调要发挥市场在资源配置中起决定性作用和更好发挥政府作用外，还需要重点处理好以下三个协同关系。

（一）政府与市场的协同关系

从前文的分析可以看出，对于政府与市场的关系，历史上的争议一直没有停止过，政府与市场各有优势，也各有缺陷。20 世纪 90 年代后直到经济全球化的今天，市场自由与政府干预具有相互融合的趋势。单纯分析政府与市场两种机制的各自特点与功能，由此来确立它们各自发挥作用的范围及相互关系的模式，是难以解决经济发展过程中面临的问题。在区域协同发展过程中，要防止把政府与市场割裂开来、对立起来，需要加强政府与市场之间的互相促进和有机融合。针对前文提出的几方面问题，政府与市场需要着重在以下几个方面发挥协同效应。

1. 把促进经济的合理集聚和解决问题区域结合起来

一方面，要进一步清理和废除妨碍全国统一市场和公平竞争的各种规定和制度，严禁和惩处各类违法出台、实施优惠政策的行为，确保各地政府在坚持公平非歧视性的原则下制定行业准入、行业退出、环保、质量等方面的标准。反对地方保护、垄断和不正当竞争，促进要素、产品和服务在地区间自由流动，让市场更好发挥配置资源的决定性作用，促进经济活动的合理集聚，提高资源的配置效率。另一方面，考虑到中短期内经济发展往往趋于极化，因此需要发挥政府在解决一些处于落后、衰退状态的问题区域的发展问题中的主动作用，通过政策和资金的支持和引导，培育区域性的增长极和加强问题区域的发展基础和条件，促进经济发展在空间上的相对均衡。

2. 把促进公共服务的均等化和提高公共服务的供给效率结合起来

地区发展水平往往决定着人们的发展机会，要实现区域协同发展应尽可能缩小地区差距，特别是地区间公共服务的差距。一方面，需要发挥政府在促进公共服务均等化方面的主导作用，要切实保障落后地区的基本公共服务的供给能力，提高欠发达地区的人力资本水平，增强劳动力跨区域流动的能力，不断提高基本公共服务的均等化程度和公共服务水平，最终使各地区居民的公共福利大体相当。另一方面，在公共服务资源的供给方面要引入市场的手段，发挥市场提高公共服务资源供给效率方面的积极作用。

3. 把加强资源环境保护和降低污染治理的成本结合起来

一方面，考虑到资源环境问题存在很强的外部性，需要发挥政府在资源保护和环境治理方面的主导作用，做好相应的规划，明确区域之间在跨流域、跨区域的资源环境问题方面的权责关系，制定相应准入标准、排放标准，建立监测、监督和惩罚机制。另一方面，也要发挥市场在降低污染治理成本和提高污染治理效率方面的积极作用，在资源环境保护过程中引入市场化的手段，如征收资源税和污染税、开展碳排放权交易和污染权交易等。

（二）中央和地方的协同关系

在区域协同发展过程中，需要注重中央政府和地方政府的协同，形成目标一致、激励相容的中央地方关系。一是要改变区域发展战略的制定模式。中央政府要对国家区域发展要有全局考虑；从注重营造差异化的发展环境转向创造公平的竞争环境；在明确国家区域发展总体布局的前提下，增强各种战略和政策之间的衔接性和政策实施的协调性，以提高区域战略和政策的整体效力。二是要推进行政管理体制改革，改变以往的政绩考核机制，引导各地从国家整体利益谋划地区的发展，跳出过去那种“一亩三分地”的思维框框，把实现区域协同发展为各地发展的落脚点。三是要合理调整中央地方事权和支出责任，建立健全事权与支出责任相适应的制度，强化地方政府在区域内的基本公共服务职责。

（三）地区之间的协同关系

另外，在区域协同发展过程中，需要注重做好地区之间的协同，形成积极主动、互利共赢的地区合作和竞争关系。在政府层面，我国区域合作依然处于比较低的水平，合作倡议比较多，实质性内容较少；暂时性安排较多，机制化的合作比较少。今后应在合理发挥地方积极性的同时，更加注重推动各地区之间合作的实质化和机制化，真正把优势互补、互利共赢作为开展合作的基本目标，以开放的思维创新区域合作形式、拓展合作内容。在市场层面，区域之间企业分工合作的价值链较短，价值链水平较低。今后需要消除区域壁垒、提高区域间物理连通性，为跨区域企业的成长创造更好的环境，促进区域间的产业的分工合作，提升区域分工合作的广度和深度，提升区域价值链水平。

执笔人：何建武

参考文献

[1] 刘志彪，陈柳．东部地区基本现代化的政府推动与制度安排．审计与经济研究，2014（1）
[2] 弗朗西斯·福山．毛俊杰译．政治秩序的起源．桂林：广西师范大学出版社，2012
[3] 梁琦，李晓萍，吕大国．市场一体化、企业异质性与地区补贴——一个解释中国地区差距的新视角．中国工业经济，2012（2）

[4] 陈勇兵，康吉红，王艳．“新”新经济地理学研究脉络梳理与展望．中南财经政法大学学报，2013（2）

[5] 国务院发展研究中心，世界银行．中国：推进高效、包容、可持续的城镇化．北京：中国发展出版社，2014

[6] Melitz M. J：“The Impact of Trade on Intra – industry Reallocations and Aggregate Industry Productivity”，Econometrica，2003，71（6）

[7] Baumol W J：“Productivity growth，convergence and welfare：What the long – run data show”，American Economic Review，1986，76（5）

[8] Barro R J，Sala – i – Martin X.“Convergence”，Journal of Political Economy，1992，100

专题二

区域协同发展的国际经验

区域协同发展的基本内涵，就是通过有效地推进空间市场一体化条件下的区域分工与合作的形成和发展，实现地表资源的合理利用、区域经济效益的最大化和地区差距的可控化，以确保区域经济健康、快速和可持续发展。区域协同发展是未来世界区域经济发展的基本趋势，也是经济全球化的核心内容。

一、世界区域经济发展差距演变基本态势

世界区域经济发展不平衡是一个基本的经济规律，区域差距始终存在，需要政府有效干预才能控制在合理范围内。工业化革命以来，全球区域经济逐步形成的“北高南低”的格局始终没有变，各国区域差距与其经济总体发展水平呈现倒“U”型的规律也始终没有变。当前，世界经济总体上已经进入“中等收入”发展阶段，是区域差距最大的时期，也是区域差距由扩大转向缩小的关键时期。因此，构建有效的全球区域经济治理体系，促进世界区域经济协同发展，对解决当前世界经济面临的一系列困难和问题，保证世界经济能健康顺利地迈

入发展的更高阶段至关重要。

（一）世界金融危机以来，全球经济发展水平的不平衡问题继续深化，并仍然呈相对差距缩小、绝对差距扩大的基本趋势

2008 年世界金融危机不仅是全球经济和金融发展的危机，也是一场世界区域经济发展差距过大所造成的社会治理危机。金融危机后，国际社会和各国政府所采取的治理对策和协同行动，在一定程度上昭示了人们对世界经济社会发展严重不平衡问题的担忧和调控意愿，但世界区域经济发展的绝对差距仍然在扩大。

1. 世界区域经济发展水平依然呈现“北高南低”的基本格局

世界银行最新数据表明（参见表 2 – 1），2014 年世界高收入国家和地区（非 OECD）人均 GDP 在 1.8591 万美元/人左右及以上（GNI 达 1.2276 万美元/人以上），这些国家和地区大多数分布在北半球，如北美和欧洲地区，少数零星分布在东亚和中东石油出产国；低收入国家和地区人均 GDP 在 641 美元/人（GNI 低于 1005 美元/人以下），这些国家和地区主要分布在南半球，如南部非洲、亚洲南部以及南美洲等。总之，世界经济发展水平仍然呈现出“北高南低”的总体态势；世界金融危机以来，高收入国家和地区与低收入国家和地区的发展差距，也是世界经济的北南差距表现为绝对差距扩大、相对差距缩小的基本趋势。

表 2 – 1　世界高收入与低收入国家和地区发展差距演变单位：美元/人（当年价）

不同收入的国家和地区	2008 年	2009 年	2010 年	2011 年	2012 年	2013 年	2014 年
世界平均	9331	8737	9472	10369	10460	10626	10721
高收入国家和地区，OECD	41673	38975	40460	43198	42915	43147	43654
高收入国家和地区	35676	32987	34638	37310	37321	37579	37756

续表

不同收入的国家和地区	2008 年	2009 年	2010 年	2011 年	2012 年	2013 年	2014 年
高收入国家和地区，非 OECD	15730	13134	15444	17994	19099	19531	18591
上中等收入国家和地区	4962	4892	5860	6925	7304	7751	8000
中等收入国家和地区	3003	2972	3589	4159	4348	4565	4707
低收入和中等收入国家和地区	2755	2725	3280	3792	3960	4151	4276
较低中等收入国家和地区	1321	1338	1672	1840	1887	1930	2003
低收入国家和地区	467	478	504	551	581	614	641
高收入与低收入绝对差	35210	32509	34134	36759	36740	36965	37115
高收入与低收入相对差（倍）	76.5	69.1	68.7	67.8	64.2	61.2	58.9

注：世界银行最新的国家收入划分标准是人均 GNI 等于及高于 12276 美元/人，中等偏上收入国家和地区人均 GNI 在 12275 ~ 3976 美元/人之间，中等偏下收入国家和地区人均 GNI 在 2675 ~ 1006 美元/人之间，低收入国家和地区人均 GNI 等于或低于 1005 美元/人。

资料来源：世界银行。

2. 世界各国区域经济发展差距处于扩大向缩小转变的关键时期

从世界各国经济发展水平看（见表 2 – 2），2014 年世界人均 GDP 已经达 1.0804 万美元，各国人均 GDP 最高的国家是（仅限于表 2 – 2，不包括石油高收入国家）澳大利亚，人均 GDP 达 6.1887 万美元，人均 GDP 最低的是柬埔寨，仅为 1084 美元。从多区域差距计算结果看，2014 年世界各国绝对差距已经扩大到 2.4068 万美元，而相对差距则缩小到 8.3 倍，保持了世界金融危机以来，世界区域经济发展差距变化的基本态势。总体看，世界区域经济发展差距无论是相对差距，还是绝对差距都仍然较大，但发展趋势已经开始向全面缩小的方向发展。根据西方发达国家的经验，当人均 GDP 达到 1.0000 万美元的时候，区域经济发展的差距将会逐步出现相对差距和绝对差距均缩小的“双缩”态势。因此，世界各国区域经济发展相对差距和绝对差距正处于扩大向缩小转变的关键时期。

表 2－2　　世界各国经济发展差距表（人均国内生产总值）　单位：美元/人

国家或地区	2000 年	2005 年	2010 年	2012 年	2013 年	2014 年
世　界	5453	7247	9513	10513	10684	10804
中　国	955	1740	4515	6265	6992	7594
中国香港	25757	26650	32550	36708	38364	40170
中国澳门	14128	25190	53046	77215	90600	96444
孟加拉国	403	485	763	862	958	1097
文　莱	18087	25914	30882	41127	38563	40776
柬埔寨	299	471	783	946	1006	1084
印　度	457	740	1417	1481	1487	1631
印度尼西亚	790	1273	3137	3718	3644	3515
以色列	20902	20378	30551	32514	36051	37032
日　本	37300	35781	42909	46679	38634	36194
哈萨克斯坦	1229	3771	9071	12120	13612	12276
韩　国	11948	18658	22151	24454	25998	27970
老　挝	321	472	1123	1408	1653	1708
马来西亚	4005	5554	8754	10429	10538	10830
蒙　古	474	999	2650	4396	4419	4170
巴基斯坦	514	693	1025	1254	1275	1334
菲律宾	1043	1201	2136	2588	2765	2843
新加坡	23793	29870	46570	54578	55980	56287
斯里兰卡	855	1242	2400	2922	3281	3631
泰　国	1969	2690	4803	5480	5779	5561
越　南	433	700	1334	1755	1909	2052
埃　及	1510	1249	2804	3256	3314	3436
尼日利亚	378	804	2311	2730	2966	3185
南　非	3099	5444	7390	7592	6886	6478
加拿大	24032	36028	47464	52733	52305	50271
墨西哥	6582	7824	8916	9819	10318	10361
美　国	36450	44308	48374	51457	52980	54630
阿根廷	7701	5768	11464	14791	15009	12922
巴　西	3766	4793	11318	12148	11939	11613

续表

国家或地区	2000 年	2005 年	2010 年	2012 年	2013 年	2014 年
委内瑞拉	4800	5445	13559	12729	12213	16530
捷　克	5995	13318	19764	19670	19858	19554
法　国	22466	34881	40709	40853	42631	42736
德　国	23685	34651	41726	43932	46255	47627
意大利	20059	31974	35878	34854	35477	34960
荷　兰	25958	41200	50341	49128	50793	51590
波　兰	4493	7976	12530	13036	13829	14423
俄罗斯	1772	5323	10675	14079	14487	12736
西班牙	14788	26511	30738	28985	29881	30262
土耳其	4220	7130	10136	10661	10986	10543
乌克兰	636	1829	2974	3855	4030	3082
英　国	26296	39935	38362	41051	41777	45603
澳大利亚	21667	33996	51801	67512	67473	61887
新西兰	13641	27834	33394	39574	42409	
绝对差（Mda）	11921	16192	20146	23031	23807	24068
相对差（Mdc）	15.0	13.4	9.4	8.9	8.6	8.3

注：多地区差距一般公式。

①多区域绝对差（MDa）：为各地区间所有两两组合按大值减小值计算的差值的平均值。设：xi 为 i 地区经济指标，不失一般地假设：x1≥x2≥…≥xi…≥xn。有公式：

MDa（多区域绝对差）=［∑（n+1-2i）xi］/n/（n-1）×2，（i=1～n，n≥2，下同）。

②多区域相对差（MDc）：为各地区间所有两两组合按大值比小值的倍数的平均值。公式为：

MDc（多区域相对差）=［∑（∑xi）/xi］-1］/n/（n-1）×2。

资料来源：世界银行 WDI 数据库。

3. 各国区域经济差距遵循倒“U”型演变规律

最近，世界银行发表了 2014 年世界各国贫富差距的最新地图和数据（见图 2-1 和表 2-2），从图 2-1 中可以看出，绿色部分是贫富差距较小的国家与地区，主要分布在欧洲、北美、亚洲次大陆以及北非部分地区。显然，分布这些地域的国家和地区有两种情况，一类是发达的富裕国家，如欧洲各国、加拿大等；另一类是发展比较落后的国家，如北非国家、印度、孟加拉、巴基斯坦等国家和地区。这说明，发达国家和欠发达国家及地区经济发展差距相对较低，符合倒“U”型曲线两端所描绘的情形。图中红色和浅红色部分是贫富差距较大的国家和地区，主要分布在亚洲东部、美洲南部、非洲南部等地区，这些国家和地区主要是中等收入国家，面临着严峻的贫富差距的考验，这也是所谓“中等收入”陷阱的最直接的理论依据和原因。

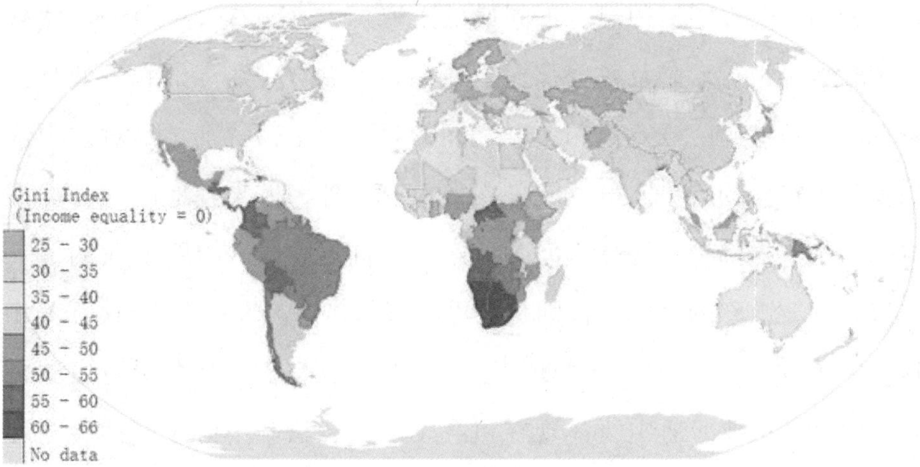

图 2-1　2014 年世界各国的基尼系数图

由此可见，各国区域经济发展的贫富差距遵循着倒“U”型演变的基本规律。目前世界经济正处于收入结构调整和转型的深刻变化之中，对处于“中等收入”阶段的国家和地区而言既是挑战也是机遇。

（二）人们对区域差距和其他经济差距的容忍度在缩小

主要表现在以下几方面。

一是贫困线不断提高，但社会矛盾依然越来越大。联合国和世界银行已经多次调高世界贫困线水平，最近一次是将全球极端贫困线标准提高到 1.9 美元/人日。按照这个新标准，2015 年世界极端贫困人口（所谓赤贫人口）占全球人口的比重已从1990年的37.1%下降到9.6%，这被认为是去年世界经济取得的最大成就，为到2030年彻底消除世界极端贫困人口打下了良好的基础。据最新估算，目前世界极端贫困人口总数为7.02亿人（按1.9美元/人日标准计算），主要分布在撒哈拉沙漠以南非洲地区和南亚地区。世界多数国家也都在用法律规定最低工资标准，并根据经济状况定期或不定期调整和提高标准。据分析，在规定最低工资的国家中，60%的国家只规定一个标准，40%的国家对不同工种规定不同最低工资标准（见表2-3）。虽然联合国和世界银行，以及各国都在不断调高各类贫困线标准和最低月工资标准，但世界区域差距和人群之间的收入差距，特别是绝对差距依然呈现出扩大的趋势。虽然除极少数情况之外，世界各地区和各类人群的经济收入都有所提高，但是地区和人群之间收入差距扩大的势头也进入比较敏感的时期，特别是世界经济总体进入人均1.0000万美元这样中等收入水平的关键时期。这个时期，也是各类社会矛盾集中爆发的时期，主要矛盾主要体现在机会不均等、法制不健全、社会纠纷和治安问题突出、公共服务不足、社保体系不完善（有些甚至出现逆向调节）、可持续发展问题严重等方面。这些问题处理不好，就有可能长期陷入“中等收入陷阱”。

表2-3　　世界各国最新最低月工资表　　单位：人民币元/人月

高收入国家和地区		中等收入国家和地区		低收入国家和地区	
国家和地区	最低月工资	国家和地区	最低月工资	国家和地区	最低月工资
卢森堡	16420	马耳他	6300	伊　朗	1518
冰　岛	14993	斯洛文尼亚	5890	阿尔及利亚	1500
比利时	14407	葡萄牙	5250	秘　鲁	1298
荷　兰	13820	捷　克	3060	保加利亚	1230
奥地利	10000	斯洛伐克	2960	加　蓬	1200

续表

高收入国家和地区		中等收入国家和地区		低收入国家和地区	
国家和地区	最低月工资	国家和地区	最低月工资	国家和地区	最低月工资
安道尔	8979	土耳其	2860	科威特	960
塞浦路斯	7890	波　兰	2810	刚　果	810
希　腊	7400	爱沙尼亚	2780	巴基斯坦	486
西班牙	7280	匈牙利	2700	利比里亚	442
以色列	6853	拉托维亚	2540	喀麦隆	424
		立陶宛	2320	柬埔寨	392
		智　利	2310	越　南	320
		阿根廷	2232		
		俄罗斯	1921		
		巴　西	1790		
		罗马尼亚	1530		

资料来源：世界银行、国际货币基金组织、亚洲银行、非洲银行、国际劳联、欧盟、经合组织、各国统计局及劳工部。引用数据除注明外均为最新数据，货币均换算成人民币元。

二是中产阶级严重不满。世界任何国家和地区的中产阶级都是社会稳定的根基，有了一个强大的中产阶级，即使其他因素仍有所缺失，也不会出现大规模的不稳定状态。2015 年年初，美国总统奥巴马向国会提交了一份近 4 万亿美元的 2016 财年联邦政府预算案，其中最重要的内容就是推动 21 世纪中产阶级经济发展的理念。习近平总书记提出的“四个全面”的第一项，就是“全面建成小康社会”，“小康社会”的概念实际上就是促进“中产阶级”的形成和发展。然而，目前世界各国中产阶级面临着巨大的压力。首先，经济增长下滑、通货膨胀严重，导致中产阶级财富大量缩水，成就感和幸福感严重受挫。其次，社会动荡加剧，如占领华尔街运动、恐怖活动增加、极左和极右等极端行为和思潮时有出现等，都会直接冲击中产阶级对社会的稳定感和责任感。再次，最为重要的是社会上升通道不断缩小使中产阶级失去了前进的方向、动力和活力，社会精英政治正逐步被僵化和固态体制机制所破坏。

三是富裕阶层对社会失控不满，不安全感增加。世界各国，无论是发达国家，还是发展中国家，都出现了富人阶层的躁动不安。他们都担心政府大幅度增加他们的纳税金额（只有少数最富有的人群对此持高度支持态度），如大幅度提高遗产税和馈赠税等。这些都引起了富人阶层的强烈不满，他们纷纷转移财产、移居海外，影响了他们投资的积极性和进一步发展的动力。应该说，按照世界上多数国家和地区实施的各类累进税收体系（除少数市场经济体系还不完善的国家外），富裕阶层的税收已经远高于中低收入阶层，对各国税收的贡献已经不小，如果要继续加大他们对社会的贡献，进一步提高累进税税率一定要有度，否则经济活动最活跃的富裕阶层的消失，将对整个经济社会健康发展带来极为不利的影响。

（三）世界区域经济差距已经严重到影响全球经济正常发展的程度

世界经济发展的“新常态”，在很大程度上就是经济发展过程中地区差距、行业差距和居民收入差距等各类经济社会方方面面的差距影响的结果。一般认为，人类发展不平衡是一个十分正常的现象，而且在一定程度上是经济社会发展的动力之一。但是，发展的不平衡，无论是经济上的、还是社会上的，或其他方面的，都不应该超过某种界线和程度，都有一个不可逾越的底线，超过了底线，很可能就会出现经济社会发展系统的崩溃，阻碍经济社会继续正常的发展。目前，世界经济社会发展正处于新一轮“新常态”的发展转型阶段，适应“新常态”，将各种经济社会发展差距控制在能够容忍的范围之内，是当前世界各国经济社会发展需要认真解决和对待的问题。只有那些能够有效解决这个问题的国家和地区，才能成功地进入下一个新的发展阶段。

世界经济循环出现薄弱环节，生产与消费脱节难以解决，都在一定程度上与世界区域经济发展差距扩大有关。目前，世界经济发展模式，可以用以下三句话来概括：一是发达国家的先进技术和资金与欠发达国家的劳动力和资源有效配置，促进了世界经济长达20多年（从冷战结束到世界金融危机爆发）的高速增长；二是在这个过程中，发达国家积累了巨大的金融财富和消费能力，而欠发达国家则积累了巨大的外汇和生产能力；三是这种全球化生产、消费和分配模式是不可持续的，发达国家和欠发达国家都需要加强结构调整，发达国家需要解决消费过度问题，而欠发达国家需要解决产能过剩问题，使世界经济进入各国生产和消费并在更高层次上重新实现新的平衡，这里面将包括多方面的各类经济社会发展差距的调控与平衡，特别是世界区域经济发展的差距和不平衡的调控与引导。

美国金融危机和占领华尔街运动，以及随后的欧盟主权债务危机、日本经济陷入长期低迷状态等，以及以中国、巴西、俄罗斯、南非、印度等为代表的新兴国家和地区经济也多出现徘徊，都是世界经济全球化模式不可持续带来的结果。

二、世界各国国家区域政策最新的发展方向

（一）欧盟实施的一体化战略新动态

欧盟仍然是国际上区域一体化的典范，继贸易一体化、投资一体化、关税一体化和货币一体化之后，财政金融政策的一体化和经济社

会政策的统一（包括农业政策、高新产业政策和统一的对外经济政策等）都在继续推进。欧盟货币一体化后，欧元的地位经历了多次动荡的考验，充分反映出货币体系的健康运行离不开财政金融体系与政策的有力支持和配合，因此欧盟正不断加大各成员国财政金融政策协调和统一的步伐。美国“次贷”危机爆发后，欧元的地位再次受到巨大冲击，特别是希腊主权债务危机，直接对欧元的稳定性造成了威胁。这次冲击不仅继续暴露了财政金融政策一体化的紧迫性，同时还暴露出其他经济社会政策一体化，包括各成员国区域政策一体化的重要性和必要性。

事实上，从20世纪80年代后期以来，欧盟开始制定旨在缩小地区差距的区域协调发展政策，先后出台了三期指导和资助落后地区和其他经济结构存在问题地区发展的“结构政策”，有力地促进了欧盟区域经济的协同发展。经过多年的努力，目前，欧盟统一的区域政策已经基本形成，其本质上是各国区域政策的相互确认和整合，主要体现为包括德国的纵横区域均衡政策和英国法国的落后地区扶持政策在内的区域协调和协同政策的大综合。其重点目标和任务是巩固空间市场一体化和对欠发达地区和结构老化地区的扶持政策。

目前，欧盟区域经济已经形成合理的空间市场一体化的网络结构其框架大体如下。一是首都和大都市经济圈的形成。如大伦敦地区、大巴黎地区、大布鲁塞尔地区、大阿姆斯特丹地区、大哥本哈根地区、德国法兰克福大都市圈、斯图加特大都市圈、慕尼黑大都市圈等，形成大都市辐射带动周边地区（近外围地区）共同发展的典型模式。二是老工业基地的衰退与振兴。如德国的鲁尔地区、英国的曼切斯特地区、荷兰和比利时的马斯河谷地区等。这些老工业基地通过全面的经济结构调整，大力发展信息技术等高新技术产业，淘汰和改造传统工业产业，积极发展金融、技术咨询和房地产等现代服务业，努力改善生态环境创造宜居城市，焕发了青春和活力，再次成为区域性，甚至欧洲性的经济中心。三是新兴的中距离外围地区的崛起。如爱尔兰地区、西班牙的巴塞罗那地区等，还有欧洲外的美国的北卡州、印度的班加罗尔等。随着信息化时代的到来，远离大都市圈已不再成为这些地区经济发展的障碍，技术的大变革带来了赶超发达地区的机遇。这里也是欧盟创新区或创新城市集中分布的地区。四是远距离的外围地区，如边远的岛屿、海边的渔村等。在信息化时代，这些地区也有机会参与经济全球化进程，通过发展现代交通和旅游业，摆脱了被遗忘角落的地位。

在上述区域协同发展政策指导下，进入21世纪后欧盟地区发展差距总体呈现缩小趋势。2015年欧盟人均收入基尼系数估计已降至0.29左右，收入差距最小的国家是挪威，最大的是拉脱维亚。

（二）美国促进区域经济协同发展的主要做法和相关的政策措施

美国高度重视全国空间市场一体化的建设和维护。1864年南北战争之后，美国开始了工业化和现代化进程。伴随着工业化进程的发展，美国空间市场一体化不断得到加强，先后掀起了运河网络建设高潮、铁路建设高潮、高速公路建设高潮和机场体系建设高潮等，有力地促进了美国区域经济一体化的形成和发展。

在区域政策上，美国早在19世纪初就出台了统一全国铁路运价的洲际法案。1929年经济大危机时期的《复兴法案》开启了对落后的田纳西河流域的开发与整治。第二次世界大战后，美国区域政策开始关注所谓“问题区域”，如过度开发地区，包括新英格兰；资源开发枯竭地区，包括阿巴拉契亚地区；欠发达地区，包括欧扎克区。20世纪

70年后，美国开始重视全国统一的国土整治和区域协调发展立法，先后制定了《地区再开发法案》《公共工程与经济开发法案》和1993年克林顿政府制定的《受援区与受援社区法案》，逐步形成了以联邦政府直接补贴和赠款给落后地区和社区的区域政策体系。

奥巴马执政以来，美国区域政策主要围绕重整地区公共基础设施和推行全民医保展开。前者主要包括高速铁路项目的推进、现有高速公路的维护以及城市内部和城市间轨道交通网络的维护和更新。由于次贷危机的影响，该项工程进展十分缓慢，有些甚至因种种原因招致停工和退款（将联邦政府对基础设施建设的地方拨款退回）。全民医保经奥巴马总统的强力推进，目前进展良好，但也有可能面临总统换届的强烈影响或反弹。

（三）新兴市场国家以及其他国家区域经济发展动态

1. 俄罗斯

近年来，俄罗斯高度重视区域协同发展，出台了新的联邦区域规划。2000年5月，普京总统发布命令，决定成立7个联邦区，包括中央区、西北区、南部区、伏尔加河沿岸区、乌拉尔区、西伯利亚区和远东区等，形成了“5+2”的区域经济体系（5个俄罗斯欧洲联邦区和2各俄罗斯亚洲联邦区）。新的联邦区区划体系加强了俄罗斯联邦政府对区域经济的控制力和协调发展能力，进一步整合了各新联邦区内自然和经济资源，促进了俄罗斯区域经济一体化发展。

目前，俄罗斯区域收入差距和居民收入差距较大，在高收入国家中收入差距和地区发展差距较大，与处于中等收入国家行列的中国相似。这与俄罗斯区域政策比较强调区域增长极或区域重点增长聚合体（growth cluster），以及鼓励地方政府发展优先经济有关。随着中央集权水平的提高，俄罗斯联邦政府正在逐步加强完善财政转移支付制度。2004年俄罗斯颁布了《俄罗斯联邦税法典》，提出俄罗斯的转移支付要按照各联邦主体在联邦财政面前平等的原则，尽量在各地区实行合理的财政政策。与此相适应，俄罗斯还不断调整各级财政之间的收支划分，消除中央和地区之间在税收及财政关系方面存在的随意性以及“个别问题个别处理”的不正常现象。这些都将有利于改善俄罗斯区域发展相对严重的不平衡现象。

2. 巴西

巴西属于中等收入国家，是世界上收入差距比较大的国家之一。进入21世纪以来，巴西政府实施了一系列以推动社会发展为核心的发展政策和措施，通过降低利率、税制改革、增加出口、加大基础设施投资等措施恢复经济增长，减少对外资的依赖，成功地促进了缩小了地区差距和居民收入差距，促进了巴西经济的可持续发展。这些政策和措施包括四个方面。一是“第一次就业计划”，以解决青年失业问题。创造各种机会，鼓励青年人第一次就业。如“易拉罐就业”就是巴西政府提倡的捡拾易拉罐促进就业的生动实例。巴西人口众多，就业压力大，2003年巴西政府实施了以加速经济增长和提高就业为目标制定经济和社会政策，收到良好效果。二是提供家庭补助金普及教育，防止低收入就业。“家庭补助金”计划是有巴西特色的著名扶贫措施。该计划把贫困家庭分为两种。即，赤贫，指人均月收入低于50雷亚尔的家庭；贫困家庭，指人均月收入在50~100雷亚尔的家庭。政府按人数不同向他们发放每月15~95雷亚尔的现金补助。要领到补助金，先决条件就是必须保证让家里的孩子上学（6~15岁的学生到校率须在85%以上），并定期接受健康检查。目前全国已有1100万个贫困家庭享受这种政府补贴，惠及全巴西1.83亿人口的将近1/4。三是实施

“零饥饿计划”解决温饱问题，保障穷人基本生活。巴西专门成立社会发展与反饥饿部，主要职责包括家庭救助金计划，对贫困家庭实施救助；社会救助，给65岁以上老人和残疾人提供社会救济和最低生活保障；反饥饿，向所有贫困人口提供食品，在农村鼓励小农进行种植。2011年该部预算达到120亿美元。四是扶贫教育帮助穷人掌握劳动知识和技能。缩小贫富差距的根本是加强教育，在法定增加最低工资标准和继续深化家庭补助的基础上，巴西政府将大幅增加教育投入，提高基础教育质量，加强培训，将扶贫的重点从救助转向帮助穷人掌握劳动知识和技能。

通过以上政策和措施，到2008年巴西有2000万~3000万人脱离贫困线，另有3100万人进入中产阶层，巴西基尼指数已从2001年的0.594降至2008年的0.515。

世界金融危机爆发，在一定的程度上打乱了巴西消除发展差距，努力进入现代化国家的进程。到2013年巴西基尼系数虽然继续降低到0.498，但也结束了自2001以来的缩小趋势。其中，东北部地区的贫富差距最大0.528，皮奥伊州以0.566的基尼系数居全国之首。南部地区贫富差距最小0.463，圣卡塔琳娜州的基尼系数为全国最小0.438。未来巴西政府如何选择发展道路，人们正拭目以待。

3. 印度

印度发展水平相对较低，收入差距也不太高（与人们普遍的印象有所出入）。自1991年印度经济开始被迫推行经济自由化以来，这几年发展较快，据预测2015年印度经济增长速度可能达7.5%（2016年可能达8.0%），经济总量有可能超过巴西，成为世界第7大经济体。

在区域协调发展方面，印度作为低收入国家虽然地区差距没有中等收入国家那么大，但相对而言也是不小的。许多人认为，下一步印度改革的重点任务应该是缩小兴旺的中产阶级与数百万贫困者之间的差距，以继续保持经济快速增长的势头。在一定程度上，这个看法是有道理的，特别是比较了巴西在金融世界金融危机以后的表现后，更是如此。但从目前印度政府的政策和发展战略还看不出对缩小地区差距和收入差距的控制意图。许多人认为，印度独特的种姓文化、气候条件以及殖民经历，使印度在缩小地区发展差距和居民收入差距方面的努力需要付出更大的努力，而且成效究竟如何也是难以预料的，这也是有待今后人们给予密切关注的问题。

三、对中国的启示

（一）进一步提高对缩小区域差距重要性的认识

区域差距不仅是公平问题，也涉及效率问题。世界各国经济发展的经验表明，处于“中等收入”水平的国家，区域差距和居民收入差距最大。事实还表明，大多数处于“中等收入”水平的国家，之所以未能顺利地进入“高收入国家”行列，其中一个重要原因，就是没有处理好各类收入差距问题。其理念根源可能是对各类发展差距不仅是公平问题，也涉及效率问题的认识不足，没有认识到收入差距的过大和过小都会影响经济发展的公平和效率，收入差距控制在合理区间应当是政府的基本责任。例如，在调控收入差距中，全民社会保障体系应该是一个十分有效和有力的工具，但目前在中国，社会保障体系还十分不完善。甚至有一些人认为，我国现行社保体系不仅没有起到缩小差距的作用，反而存在所谓“逆向调节”的现象，也就是越富有的人群，获得的社会保障水平反而越高，这显然不利于促进区域经济协同和社会和谐发展。如何建立符合国际惯例的，所谓分享型社保体系将是未来我国调控收入差距的应该采取的重要措施之一（据报道，中国富人可以不参加社保，这显然是不能接受的，税收的法定性和强制性是不能违背的）。

（二）采取更加有力的措施促使区域绝对差距缩小转折点的到来

近年来，在西部大开发和中部崛起等区域协调发展战略指导下，我国区域经济改变了地区相对差距扩大的趋势，已经开始了区域经济协调和协同发展的初步进程，这一趋势是符合区域经济发展的一般规律的。按照区域经济发展的倒“U”型理论，当经济发展水平，也就是人均 GDP 达 5000 美元（2010 年价）时，在适当的区域政策的干预下，地区相对差距将出现缩小的态势，也就是达到地区相对差距变化倒“U”的顶点，或称为地区相对差距开始缩小的“转折点”。2014 年我国人均 GDP 达 4.6531 万元，已经超过 7000 美元，表明我国区域经济已进入地区相对差距逐步缩小的新的发展阶段。

区域经济协调和协同发展转折性的新阶段，对构建我国完整的区域经济新体系提出了更加迫切的要求。首先，是全面建设小康社会的目标和适应“新常态”要求的需要。全面小康不能有掉队的区域，完整的区域经济体系可以确保区域协调协同政策的全覆盖，让所有的不同区域都获得发展的机会，都能享受发展的成果，而且能达到一定程度的有底线的共同的平均水平；稳增长、调结构、增效益，在很大程度上靠我国巨大的国土空间和完整的区域经济体系，其巨大韧性和回旋余地为我国经济长期的中高速增长提供了基础条件，为不断发现和培育新的区域增长极提供了依据。其次，是空间市场一体化和区域经济进一步合理分工合作的要求。空间市场一体化是区域分工协作的必要前提，其目的在于为各产业和各企业提供更大的市场空间，为其规模扩张创造必要的条件；区域分工合作的不断深化是区域经济发展的不竭动力之一，在空间市场一体化程度不断完善的条件下，区域分工协作体系越完整，区域发展的潜力就越大，以前的区域体系层次不多，难以适应不断深化的区域分工合作的要求。再次，是进一步缩小地区差距与区域生态环境可持续发展的要求。地区差距具有明显的方向性，那不同的区域划分方案会得出不同的地区差距的结果。目前，我国地区相对差距开始缩小，地区绝对差距还在扩大，只有构建合理完善的我国区域经济体系，才能正确反映和指导未来我国区域经济发展差距调控的方向和力度。不同地区生态环境和资源条件不一样，区域经济发展的方向和水平也不一样，实现区域经济与其生态环境可持续发展，必须因地制宜，按照不同区域体系的要求，采取不同的发展模式，才能获得事半功倍的效果。

（三）全面深化改革，构建区域经济新体系

新一届中央领导集体高度重视我国区域经济协调和协同发展问题，先后提出了许多新认识、新观点和新举措，概括起来就是未来我国区域经济协同协调发展顶层设计的“四三三”总体战略部署。其中，“四”是指“四大板块”，即指东北、东部、中部和西部，其作用是显示和调控区域差距。第一个“三”是指“三个支撑带”，即长三角支撑长江经济带，环渤海支撑东北、华北和西北经济带，以及泛珠三角支撑西南和中南经济带，其作用是促进区域合作和互助（2014 年政府工作报告提出了构建我国区域经济协调发展的“新棋局”，2015 年政府工作报告进一步总结为拓展我国区域发展的“新空间”，即统筹实施“四大板块”和“三个支撑带”战略组合）。第二个“三”是指众所周知的“一二三号”重点区域工程。一号工程是指京津冀协同

发展，其主要目的是解决遍及华北（包括华东乃至全国其他地区）的严重的大气雾霾污染，以及越来越严重的大城市病；二号工程长江流域经济带，其主要目的是探索东西部协调发展路径和新的城乡区域增长点；三号工程陆地“丝绸之路”经济带和海上“丝绸之路”，主要目的是建立全球一体化开放体系，重视中华民族往日的辉煌。

我国区域协调和协同发展顶层设计的“四三三”战略是个大方向，需要进一步细化和具体化，才能形成我国空间市场一体化条件下的完整的区域经济分工与合作新体系，即所谓的区域经济新体系。

1. 我国空间市场一体化的基本框架——“四纵四横”

按照“四沿战略”和构建纵横交错经济轴带的要求，未来我国空间市场一体化的基本框架将形成以城乡居民点体系为支点、以交通网络线路为连接的“四纵四横”格局（见图2－2）。

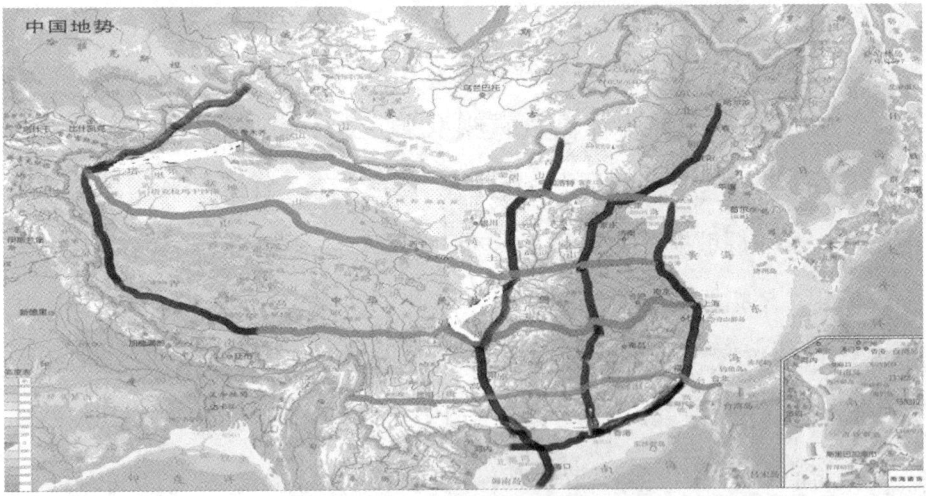

图2－2　未来我国空间市场一体化“四纵四横”基本框架

（1）“四纵”包括沿海纵线、京哈—京九线、二（连浩特）三（亚或沙）线和西部沿边线。

——沿海纵线走向：大连、威海、青岛、连云港、上海、福州、汕头、广州、北海等。这是我国经济最发达的东部沿海地区，这条纵向轴线将我国沿海三大核心经济区连接了起来，未来将发挥更大的区域带头和支撑带的作用。目前该轴线建设的难点是大连到威海的跨渤海湾海底隧道或超长跨海大桥的规划与建设。与沿海轴线有关的重要支线或连接线有哈（尔滨）—大（连）线、沪昆线、青岛—济南—石家庄—太原—银川线以及广州沿西江到梧州—南宁—昆明线等。

——京哈—京九线走向：京哈线、京九线（包括京广线）。我国近海最重要的基本成熟的沿线开发轴线，连接了东北、华北、华中和华南等四大综合经济区，是我国经济增长潜力仅次于长江流域的沿线地区。目前面临的一个重要的任务是进一步提升这条线上动车的运行速度，进一步提升我国南北地区间经济沟通效率。与京哈—京九线轴线有关的重要支线或连接线有绥（芬河）—满（洲里）线、哈（尔滨）—同（江）线等。

——二（连浩特）三（亚或沙）线走向：二连浩特—呼和浩特—包（头）西（安）线—西安重庆线—重庆贵阳南宁线—南宁湛江海口线—海口三（亚或沙）线。该纵向轴线将内蒙西部、陕甘宁地区、成渝地区、南贵昆地区和海南及南海诸岛连接了起来，是我国内陆地区沟通南北的又一条重要的联络通道，具有内地南北沟通、陆地向北和海洋向东南开放，以及我国南海海洋领域保护等功能。目前，主要面临的任务是进一步强化通道功能，做好湛江海峡工程前期规划工作和三亚通往南海诸岛的交通工程的设计规划工作。与二（连浩特）三（亚或沙）线轴线有关的重要支线或连接线有二（连浩特）—满（洲里）草原铁路线、渝怀（化）—怀化—广州线以及环海南岛交通线等。

——西部沿边线走向：阿尔泰—伊犁—喀什—阿里—拉萨线。该纵向轴线连接了我国西部陆地沿边境线的主要口岸和城市，是一条尚处于规划中的重要的具有国防和对外开放多种功能的交通通道线路。目前主要任务是尽快将其纳入有关规划，并积极筹备实施。与西部沿边线轴线有关的重要支线或连接线有阿尔泰—乌鲁木齐线、喀什—红其拉莆—瓜达尔港（中巴走廊）线以及拉萨—亚东线等。

除上述“四纵”外，未来还可以将巴彦淖尔—银川—兰州—宝成线—成昆线—昆河（口）线、以及阿尔泰—乌鲁木齐—吐鲁番—若羌—格尔木—拉萨—亚东线上升为主纵线，形成“六纵”的格局。

（2）“四横”包括大连—北方捷道、陇海—喀什线、沿长江线和台湾—大陆线。

——大连—北方捷道线走向：大连、京津线、包头、巴彦淖尔、额济纳旗、哈密、乌鲁木齐、阿拉山口口岸（霍尔果斯）等。这是一条重要的环渤海地区向西北地区辐射的支撑带，该横向轴线直接穿过内蒙古西部的戈壁沙漠，进入新疆，大大缩短了进疆线路长度。目前主要面临的问题是从内蒙古临河到新疆哈密的铁路高速公路交通线路的建设，以及大连到唐山的跨海交通工程的规划与建设。与大连—北方捷道线轴线有关的重要支线或连接线有大连—丹东—通化—延吉—绥芬河—扶远的东北地区的所谓“东边道”、北京—满洲里草原交通线；乌鲁木齐—阿尔泰线、乌鲁木齐—喀什线、乌鲁木齐—格尔木线等。

——陇海—喀什线走向：陇海线—兰（州）西（宁）线—西（宁）格（尔木）—格（尔木）喀（什）线。这条纵向轴线首次将兰州到西宁、西宁进一步通往格尔木、格尔木通往南疆、直到喀什上升为国家级主交通轴线，适应了新时期“一带一路”建设的要求，满足了基本纬度的走向，突出了喀什的地位。目前的主要任务是尽快提升兰州到喀什线路的等级和多种交通通道的规划。与陇海—喀什线轴线有关的重要支线或连接线有兰新线、包头—银川—兰州线、（西宁—）格尔木—拉萨线等。

——沿长江线走向：沪汉蓉—成都拉萨线。这是我国最具经济增长潜力的地区，其在全国的经济地位仅次于沿海地区，是我国东中西地带协调和协同发展的重要横向轴线。目前主要面临的任务是加强长江黄金水道航运工程的建设，积极打造长江利于综合立体交通工程体系。与沿长江线轴线有关的重要支线或连接线有成昆线、武汉—襄阳—西安线、汉襄—襄渝线以及武汉—南昌—福州线等。

——台湾—大陆线走向：台北福州—福州赣州郴州线—桂林河池昆明瑞丽线。这是一条全新的沟通我国东中西部地区，并大体沿同一纬度延伸的通道线路，比较好地将海峡两岸交通体系连接在一起。目前面临的主要任务是尽快将这条线路用多种通道连接起来，特别是要做好连接台湾海峡通道工程的前期规划工作。与台湾—大陆线轴线有关的重要支线或连接线有昆明—老河口线、台北—台南线以及环台湾岛交通线等。

除上述“四纵”外，还可以将绥满线上升为主纵线，形成“五横”的格局。

最后，需要指出的是，这“四纵四横”只是我国空间经济体系的基本框架，各类具体经济要素都可以在这个基本框架下进一步增补或简化，构成各自具体的、细化的总体框架。如高铁线路可为“四纵四横”、国道可以是“八纵八横”、城市群网络可以是“三纵二横”等。另外，文中已经指出“四纵四横”主框架之间还存在许多支线或连接线等。

2. 我国区域经济分工与合作新体系——“二实三虚”

在空间市场一体化基本框架的指导下，未来我国区域多层分工合作系统，将依托各级行政区划和经济区划体系，构成“二实三虚”的五个分层分工合作系统，即具有政府管理机构的实体区域（如省区和县域）和只设协调机构的虚拟区域（包括宏观经济区、综合经济区和特色经济区等），不同层次的区域分工（合作）解决不同的区域问题。

第一层次，是宏观经济区域，是虚设区域。有三大地带、四大板块的划分。这里提出一个新三大地带（和“7+1”综合经济区）划分的方案：新东部包括东北三省、京津冀鲁、长三角（沪苏浙）、东南沿海（粤闽琼）等4个综合经济区，含13省区；大中部包括黄河中游（陕甘宁晋豫）、长江中游（川渝湘鄂赣皖）、珠江中上游（云贵桂）等3个综合经济区，含14省区；远西部包括内蒙古、新疆、青藏等3大经济区，含4省区，这些省区经济规模太小，可将其视为1个综合经济区（见图2-3）。划分宏观经济区域的任务是，揭示宏观区域经济格局（水平、速度与总量）的状态及变化趋势，构建全国城乡一体化体系，确保区域发展差距能控制在可以承受的范围之内。在此基础上，可构建全国城乡一体化体系。构建“2000座城市+2万个建制镇+40万建制村+150万家庭农庄”的城镇乡村规模体系；形成21个城市群组成的“两横三纵”的空间格局。

第二层次，是综合经济区，也是虚设区域。方案也很多，这里提出一个“7+1”方案，具体内容见上段，并参见图2-3。主要目的是统一规划和建设大型跨区域性基础设施项目，如区际高速公路、铁路以及航运等交通线路与枢纽工程、区际通信工程、大型水利工程等等，以为区域经济一体化创造必要的硬件条件。依托这些跨地区大型基础设施构建若干城市群绵延带。

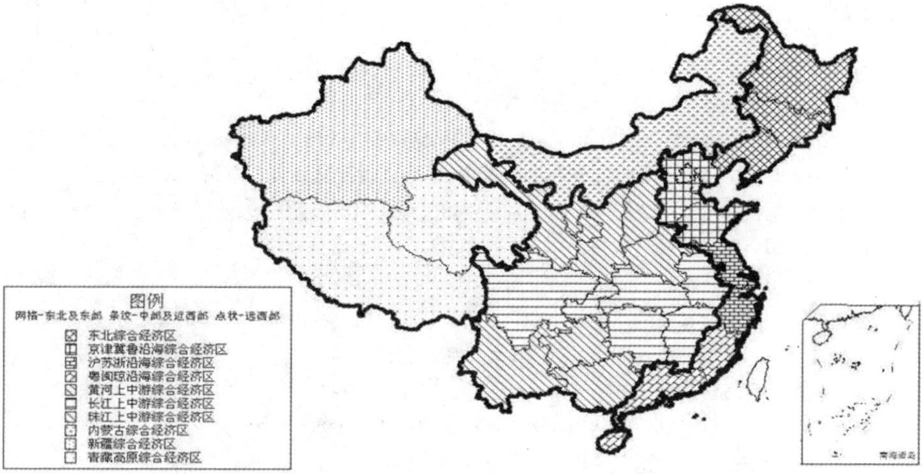

图2－3　中国新三大地带和“7＋1”综合经济区示意图

第三层次，是省区经济，为实体区域经济。省区是我国区域经济的主要管理者和区域政策的执行者，为了减少行政层级，更好地发挥组织区域活动的作用，需要扩大省级行政区数目，并与未来城镇群有机结合。

第四层次，是特色经济区，未来应该是虚设区域。由虚化后的地级行政区（地级实体城市与其管辖的县级行政区）转化而来，相当于城市圈地区（本质上是城市与其直接腹地组成的区域，其中原地级市所在的县今后可称为“都市型县域”）。其任务在于在较细的产业分类层次，甚至产品层次上，建立合理的区域分工与合作关系，以形成各具特色的区域经济体系和城市（或都市）圈。

第五层次，是基本经济区。即县域经济区，是实体经济区，是区域政策作用的对象。任务在于建立生产与生活一体化的基本区域经济空间，实现统筹城乡发展以及城乡一体化的目的，并可县城为核心，构建由主城区、近郊区、远郊区组成的城乡内部空间结构体系。

执笔人：刘　勇

参考文献

[1] 陆大道等．中国区域发展的理论与实践．北京：科学出版社

[2] 刘再兴．工业地理学．北京：商务印书馆，1997

[3] W·艾萨德．区域科学导论．北京：高等教育出版社，1991

[4] 王梦奎等．中国地区社会经济发展不平衡问题研究．北京：商务印书馆，2000

[5] 周起业，刘再兴等．区域经济学．北京：中国人民大学出版社，1989

[6] 陈栋生主编．中国区域经济新论．北京：经济科学出版社，2004

[7] 吴传钧．中国经济地理．北京：科学出版社，2000

[8] 陆大道．中国工业布局的理论与实践．北京：科学出版社，1990

[9] 杨开忠．中国区域发展研究．北京：海洋出版社，1989

[10] 张敦富等．区域经济学原理．北京：轻工业出版社，1999

[11] 陆大道．区域发展及其空间结构．北京：科学出版社，1995

[12] 国家计委国土地区司．国土工作大事记（1981~1994）．北京：改革出版社，1995

[13] 厉以宁主编．区域发展新思路．北京：经济日报出版社，2000

[14] 陆大道．2000年我国工业生产力布局总图的科学基础．地理科学，1999，6（2）

[15] 刘再兴．90年代中国生产力总体布局．中国国情国力，1992

[16] 胡序威．国土规划与区域规划．经济地理，1981（1）

[17] 黄秉维．中国综合自然区划草案．科学通报，1959（18）

[18] 刘勇．“十一五”期间协调空间开发秩序和调整空间结构的相关问题研究．中州学刊，2005（1）

专题三

区域规划在区域协同发展中的作用

着眼于区域协同发展的规划常常是“大规划”[①]，这种规划之大在于其规划范围大、规划内容广、规划层级高。正是由于这种规划之大，对于规划编制、实施和效果的观察都很困难。本章将努力来阐释这种规划是一个什么样的过程，对于成本和收益的影响机制是什么，以及有没有经验数据来支持我们的思考，还将讨论当前我国区域规划的主要关注点。

区域规划一直是国内外区域科学和区域经济研究的重要内容，主要的结论用一句话来概括，即在区域科学和规划学界，倾向于认为认同区域规划的有效性，而区域经济学界则倾向于认为区域规划的无效性。[②]

一、区域规划是一个过程

按照城市和区域规划学家彼特·霍尔（Peter. Hall）的观点，规划

① 这难免令人想到 Pete. Hall 的“Great Planning”。

② Hall（2002），Cheshire（2014）。对于中国国内的规划分析可参见侯永志、刘云中和兰宗敏（2013a，2013b）。

（Planning）是一个含义很多、难以明确定义的词，对于不同行业的人，规划意味着不同的事情。正如霍尔所言，有发动战争的规划、有实现和平的规划、有教育规划、有工业生产规划等，那种简单而无需实现规划安排各种事物的时代，也一去不复返了。城市和区域规划是一种空间或地域的规划，其任务就是为各种活动提供空间结构。

完整的城市和区域规划过程最早是英国的规划师格迪斯（Patrick Geddes）在20世纪20年代提出的调查—分析—规划方案这一过程，然而在20世纪60年代之后由于控制论思想的流行，规划的过程逐步演变为目标—联系的信息—方案的比较和模拟—评价—选择—连续的监督。这一新的规划过程更具灵活性，可以对大量的信息作出反应。然而，“控制论应用于空间规划比完成载人登月的任务更加困难，因此最终也更加缺乏可行性”①。因为，空间规划（城市和区域规划）是多任务、多方面的，基本任务并不十分明确，常常有几十个。其次，大部分需要规划控制的过程与人的行为密切相关，并不遵循物理规则。因此，霍尔认为理想的城市和区域规划师应该是一位好的经济学家、社会学家、地理学家和社会心理学家，而且必须懂得土木工程、控制论，还应该是一位统计学家。除了专业知识外，城市和区域的总规划师还必须有能力对各项任务作出完美的权衡。因此，规划则不得不更加趋向于成为一个过程，而不是一次性的（最终状态的）规划方案。

通常认为规划的理论至少经历了3个独立的阶段。第一个阶段是蓝图规划时期，从城市规划萌芽到20世纪60年代，认为城市规划就是画出终极蓝图；第二个阶段是系统规划论时期，兴盛于20世纪60～

① Pete · Hall（1985）P9.

70年代，主要运用系统论和控制论的技术，通过建立模型（控制性和预测性模型）来对城市规划的方案进行比较、评价等，基本是用科学家、精英的思想来表达规划的目标、任务、对象、路径以及成本和收益；第三个阶段是20世纪70年代以后，强调规划是“连续的充满冲突的参与过程”，强调参与式规划的复杂性。

对规划采取确定性的观点会产生多种错误。第一，外界环境发生无法预计的变化，例如技术进步；第二，不同等级的规划系统和不同规划人员之间相互关系的复杂性；第三，人类的价值观念有随着时间变化的趋势。必须看到规划决策是政治性的决策，规划不具备理论预测的严谨性。

规划不需要具备解决复杂问题的速成能力，甚至也不需要是一门独特的专门技术，更不可能知道究竟什么对人们有益。相反，规划应该是探索性和引导性的。其目标应该是引导社区清晰和合理地思考如何解决问题，特别是对于一些微妙的关乎公平或增长的根本问题。它应该试图研究行动的不同方向，并尽可能追踪每一种行动方向对于不同地方、不同群体的影响作用。它不应该回避“谁代表谁行使政治权利，有何法律依据”这个难题。它应该提出建议，但不应强加规定。它应谨慎地认为规划师可能比普通人更胜任这类分析，但规划师不是唯一的专家；换句话说，规划旨在为民主而透明的决策过程提供资源。这才是规划可以合法做的事情。这也是规划的系统革命及其后来的发展所传达的真正信息。

因此，城市和区域规划是一个动态的过程。动态表现在区域规划的编制、实施和效果是相互作用的，它不是区域协同发展的终极蓝图。在这一过程中，区域规划首先是要实现传递信息的功能，规划需要收集、整理、传播信息，这些信息是多方面的，既有不同的行为主体对未来空间发展的愿景和诉求、也有各种政策建议，还包括空间及其活动主体的基本情况等等。这些信息都可以通过一个规划的编制过程广泛传播，减少信息的不对称。区域规划是一个构建共识的过程，区域战略、区域规划其形成过程是一个达成共识的过程，中央政府、地方政府、社会、公众等广泛的参与，并对影响区域发展的一些重要问题形成共识。逐步达成共识、如果条件环境发生了条件，形成新的共识是区域规划最核心的东西，基于此，不应过于僵化地看待区域规划。

二、中国的区域规划有助于减少区域发展的不确定性

侯永志等（2013a，2013b）详细讨论了中国“国家战略性”区域规划的特征，并剖析了存在较多争议的编制程序、主体、范围等议题，本部分将在该文的基础上，讨论中国区域规划的编制和实施对于区域发展的作用机制，基本的观点是中国的区域规划有助于减少区域发展的不确定性。根据中国区域规划编制的实践以及2015年颁布的《国家级区域规划管理暂行办法》（以下简称《暂行办法》）。“国家战略性”区域规划或国家级区域规划的主要特点有：第一，主要是细化落实国家的总体规划和重大战略；其次，由国家发改委会同国务院有关部门和规划区域内的省（自治区、直辖市）级人民政府编制，国家发改委负有组织协调的责任；再次，规划的区域有跨省级行政区的特定区域以及由国家战略所确定的重点区域；第四，编制过程中要求公众参与和专家论证，并突出资料信息的收集、整理和公开。

放在国际比较的环境里看，中国的国家级区域规划建立在一个相对独特的框架下。首先，由中央政府组织所在区域的省级政府来编制，这在发达国家中并不多见；第二，从《暂行办法》中可以看出，中央

政府可以采用的政策手段或规划的实施措施较多，可以从很多方面向地方政府提供激励，来促进规划的实现，例如在讨论国家级区域规划时常常说是国家战略的细化与落实，这在政策手段上就是国家对于政策的可信承诺；第三，由于中国社会中不同行为主体（例如企业、居民等）关于经济社会事务的信息披露、收集和处理能力差异很大，由政府来组织编制区域规划，有助于提高信息的筛选和处理速度。因此，和国际上区域经济学界对于区域规划的批评不同，中国的区域规划是一个降低不确定性程度的过程，减少了区域发展过程中关键事项的不确定性，从而影响区域发展的成本和收益。

我们使用“决策树”的方式在一个相对简化的情形下来讨论上述机制[①]。这一决策过程的主要构成元素有以下几种。参与者：中央政府（C），省级代理人 1（P1），省级代理人 2（P2）。行动：中央政府提供跨省的公共产品[②]（H）或不提供跨省的公共产品（L），地方面临两个竞争性的项目（A、B），可以在｛（不投（L）），（投 A（A）），（投 B（B））｝中做唯一选择。

收入：假定中央政府没有特定的收益倾向，即收益总是为零（当中央政府提供跨省公共产品时，其获得的收入也正好和其支出成本相等）；地方政府（P1 和 P2）的收益在不同情形下，分别为：

（A，A）（2，2）

（A，B）（4，6）

（B，A）（6，4）

（B，B）（3，3）

① 类似于非合作博弈的展开式（Extensive Form）表述，但下面的讨论没有严格地按照博弈论的术语进行，因此，采用“决策树”的说法。

② 例如跨区的基础设施等公共产品。

成本：中央提供跨省公共产品的成本为1，而且现假定分别由项目A和项目B分担0.3和0.7；地方政府（P1和P2）从事竞争性项目在不同情形下，分别为（假定项目选择对生产成本没有外部性或空间溢出）：

中央政府未提供跨省公共产品：

（A，B）（5，7）

（B，A）（9，5）

中央政府提供跨省公共产品：

（A，B）（2，3）

（B，A）（4，3）

如果各省份没有选择项目，则各省份发生的成本为0。由此我们得到不同情形下各省的收益、成本和例如，具体的如表3－1～3－4所示。

表3－1　各省的项目收益

P1　P2	A		B		None	
A	2	2	4	6	4	0
B	6	4	3	3	6	0
None	0	4	0	6	0	0

表3－2　中央不提供公共产品条件下各省的生产成本

P1　P2	A		B		None	
A	5	6	5	7	5	0
B	9	6	9	7	9	0
None	0	6	0	7	0	0

表3－3　中央提供公共产品条件下各省的生产成本

P1　P2	A		B		None	
A	2.5	3	2.5	3.5	2.5	0
B	4	3	4	3.5	4	0
None	0	3	0	3.5	0	0

表 3 – 4　　　中央不提供公共产品条件下各省的利润

P1　P2	A		B		None	
A	−3	−4	−1	−1	−1	0
B	−3	−2	−6	−4	−3	0
None	0	−2	0	−1	0	0

表 3 – 5　　　中央提供公共产品条件下各省的利润

P1　P2	A		B		None	
A	−0. 8	−1. 3	1. 2	1. 8	1. 2	0
B	1. 3	0. 7	−1. 7	−1. 2	1. 3	0
None	0	0. 7	0	1. 8	0	0

那么现在决策树可以用图 3 – 1 表示。

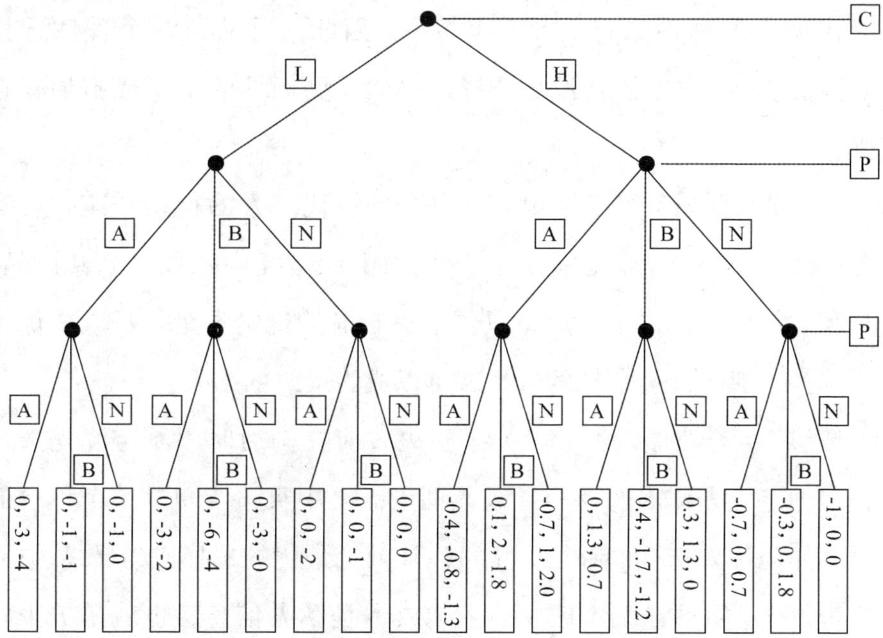

图 3 – 1　中国国家级区域规划的决策树

通过上面的图表就可以讨论国家级区域规划减少不确定性的若干情形。

情形 1：没有国家级区域规划，中央政府和地方政府并不就跨省公共产品的提供进行沟通，也就是假定中央政府的行为是一个自然状态（Nature），每个省级代理人的行动和净收益是公共信息，在这种情形下，（不提供；不参与；不参与）、（提供；投A；投B）、（提供、投B、投A）都是省级代理人P1和P2的理性选择，但只有（提供；投A；投B）才是社会最优的选择，如果要从3个理性选择中作出社会最优的选择，则需要额外的信息。

情形2：有国家级区域规划，每个省级代理人的行动和净收益是公共信息，中央政府在国家级区域规划中承诺提供跨省级公共产品，但不在规划中对省级代理人的行为给予约束，在给定中央政府提供公共产品的条件下，（提供；投A；投B）、（提供、投B、投A）仍然是省级代理人的理性选择（纳什均衡），因此，要从这两个理性选择（纳什均衡）中作出社会最优选择，仍然需要额外的信息或施加其它规则。

情形3：有国家级区域规划，每个省级代理人的行动和净收益是公共信息，中央政府在国家级区域规划中承诺提供跨省级公共产品，并且和省级代理人进行沟通，只要中央政府约定由省级代理人2优先作出选择，那么社会最优的选择就可以成为最终的结果。

情形4：与情形3类似，如果中央政府在沟通时不制定优先选择人，但约定优先作出选择的省级代理人需要中央再支付0.5个单位的收益，作为优先选择的补偿，也可以让社会最优的选择成为最终选择。

情形5：如果省级代理人的生产成本是私人信息，也就是关于省级代理人的净收益信息是不完全的，如果没有国家级的区域规划，也没有公开的项目交易市场，社会最优选择成为最终选择的概率几乎为零。

情形6：如果省级代理人的生产成本是私人信息，也就是关于省级代理人的净收益信息是不完全的，则可以通过编制国家级区域规划，中央政府作出提供跨省级公共产品和公共产品的成本分担方式的可信承诺，然后中央政府和省级代理人多次反复沟通信息，通过采取类似拍卖优先选择权的方式，最后作出社会最优选择，由于这个过程是采取区域规划这种小范围沟通的方式，信息的收集和处理会较小。①

通过对上述6种情形的分析，国家级区域规划可以通过中央政府提供跨省级公共产品的可信承诺、指定省级代理人的优先选择权、指定省级代理人优先选择权的价格、内部沟通确定优先选择权的出价等方式来达成社会最优选择，从而减少在信息不对称情况下区域发展的不确定性。

区域发展不确定性的减少降低了预期收益率（即降低了区域发展的融资成本），降低了信息的收集、处理、发布和不同代理人之间的协调成本（即降低了广义的区域发展成本），从而有助于跨区域基础设施的建设、区域内部的基础设施和园区投资增长，并可能反映到中国房地产投资的增长上，在一定范围内促进了中国的区域发展。

我们可以采用事件冲击研究的方法（Event Study）来讨论国家级区域规划的实证影响。例如，国家于2014年6月份正式颁布了《长江中游城市群发展规划》，长江中游城市群是以武汉城市圈、环长株潭城市群、环鄱阳湖城市群为主体形成的特大型城市群，国土面积约31.7万平方公里。按照上面对于国家级区域规划的理论讨论，《长江中游城市群发展规划》将有助于降低长江中游城市群发展的不确定性，有助于促进区域的投资及经济发展。

图3－2展示了武汉、长沙、南昌全社会固定资产投资增速与全国

① 在这个例子中，由于省级代理人P1对优先选择权的出价为0.1，省级代理人P2对优先选择权的出价为1.1，相差很大，很容易通过国家级区域规划的编制过程实现社会最优选择。

增速之间的差异，正数表示这些城市的全社会固定资产投资超过了全国的增速。

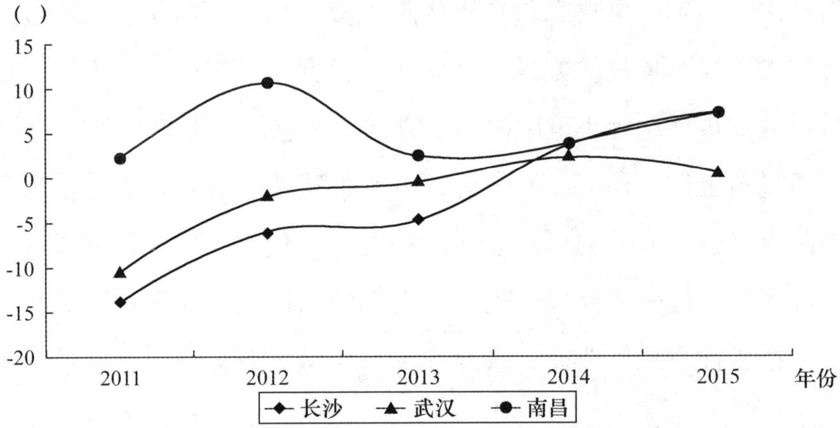

图 3－2　长江中游城市群规划发布前后的投资增速

从图 3－2 可以看出，武汉、长沙和南昌 3 个城市的全社会固定资产增速相对于全国的增速都有变化，呈现相对增速上涨的势头，这也部分说明了国家级区域规划的作用和影响。①

三、当前中国区域规划的环境、技术手段和任务

当前中国区域规划的环境、技术手段和所要解决的主要任务都发生了重大变化，需要根据新的发展，应用新的技术手段，着力解决区域发展中的重要问题。

（一）当前中国区域规划的环境

当前中国区域规划的环境特征主要有五个方面。第一，增长速度

① 需要更多的样本来说明，这也正是目前正在进行的实证工作，尤其是对于重复建设的影响。

大幅减缓，中国经济进入中高速增长区间，这就要求区域规划不能基于过高的经济增速，对于固定资产以及基础设施建设等方面的需求，要有较为清醒认识，同时区域规划也要为保持增长活力提供支撑。第二，国家区域发展总体战略和总体格局已逐步明晰，包括四大板块的发展战略、“一带一路”战略、长江经济带和京津冀协同发展等方面的要求也基本明晰，这就要求区域规划要在实现这些国家区域发展总体格局的方面细化深化。第三，无论是城市规模还是建设用地都已经大幅扩张，这就要求区域不能立足于建设用地的大量供给，需要在城市和用地的存量方面动脑筋、下功夫。第四，跨省的经济社会联系增强，跨省事务重要性提高，这也增加了对跨省区域规划的需求。第五，地方政府的职能转换，地方政府对于经济事务的直接干预越来越少，而对社会和生态环境的规制要求增加，这就需要减少规划数量，推行多规合一，在规划中增加生态和社会方面的内容。

（二）当前中国区域规划新的技术手段

当前中国的区域规划必须重视规划技术的进步，要使用先进的规划手段，改进区域规划的编制和实施。第一，新一代的信息技术和大数据技术，使得收集大量经济、社会、人口和环境等方面基础数据的成本大为降低，这可以使区域规划建立在更坚实的数据和行为分析基础上。第二，大规模调查（Survey）的成本大幅降低，现在可以通过网络等方式进行大规模的调查，可以以较低成本了解区域内大量行为主体的不同需求，有助于更好地确定规划目标和政策。第三，规划实施监督的新技术，例如高精度的遥感技术对于土地利用方式的监督，可以有效地提高区域规划的监督。第四，模型模拟的可实现性，建立在大数据、高精度遥感技术和大规模调查基础上，结合存储技术和计算能力的提高，用于区域规划的模型模拟的能力大为提高，当前的区域规划应该更多地利用模型模拟。

（三）当前中国区域规划的任务

当前的区域规划在落实细化国家战略，推动实施国家重大发展和改革任务的方面，可适当突出下面几个方面的任务。第一，提升区域竞争力，区域规划可以从基础设施、生态环境、公共服务设施配置、人口流动和人力资本培育等方面来提高区域的活力和竞争力。第二，解决“大城市病”，大城市实际是一个区域，大城市发展所面临的问题更需要从区域的角度来寻找解决方案，而且我国很多大城市的影响范围都是超省级行政范围的，例如北上广深等城市，这些大城市的发展目标、空间联系、基础设施和公共设施的配置都需要区域规划来解决。第三，进一步探索更加平衡的、刚性与弹性相适宜的区域规划，如前所述，区域规划是一个非常复杂的过程，目前普遍认为对于城市和区域规划的刚性和约束力不够，伴随着《暂行办法》的出台，通过严格执行区域规划的编制、实施和监督程序，可以增强规划的约束力。

由于在过去十年里我国发布了大量的国家级区域规划，应该说大部分区域都已经覆盖[①]，在国家区域发展总体战略和总体格局逐步明晰的前提下，现在需要重点关注的区域规划主要有：①主要流域的区域规划，我国的主要流域都是跨省的，流域的发展需要国家级的区域规划来协调；②主要交通干线或综合性运输通道（高铁、水运等）的区域规划，目前新的运输方式例如高铁正在改变我国区域间的联系，也正在重塑我国区域间的分工，迫切需要国家级区域规模的指导；

① 侯永志等（2013a，2013b）。

③重大地理分界线的区域规划，包括重要的人口分布、气候分界、地貌分界线相关地区的区域规划；④重要同质区域（或问题区）的区域规划，包括如贫困区、沙化区、采矿区、污染联动区等地区的区域规划；⑤重要的科技产业协同创新区域的规划，创新发展是保持中国经济活力和竞争力的最重要力量，科技产业协同创新和区域创新体系紧密联系，也应该是区域发展和区域规划关注的重要话题，可以选择在全国影响较大的创新区域，编制相关的区域规划；⑥重点边境地区的区域规划，重点边境地区的发展是落实“一带一路”国家战略的重要手段，而有些重点边境地区的经济实力较弱，迫切需要中央政府的帮助，中央政府应该编制相关的区域规划，促进重点边境地区的发展。

执笔人：刘云中

参考文献

[1] 彼特·霍尔. 城市和区域规划（第四版）. 北京：中国建筑工业出版社，1985

[2] 侯永志，刘云中，兰宗敏. 中国“国家战略性”区域规划的主要特点. 中国发展评论，2013（1）

[3] 侯永志，刘云中. 兰宗敏. 我国“国家战略性”区域规划的实施效果、存在问题和改进建议，重庆工商大学学报，2013，27（6）

[4] 刘云中. 区域规划是构建共识的过程. 21 世纪经济报道，2014 年 7 月 2 号

[5] Glaeser, Edward L., Matthew E. Kahn (2001), Decentralized Employment and the Transformation of the American City, Brookings－Wharton Papers on Urban Affairs (2001), pp. 1－63

[6] Glaeser, Edward L. (2007), Do Regional Economies Need Regional Coordination? Harvard Institute of Economic Research

[7] 张兵. 对空间规划的点滴认识，2016，http：//www. planning. org. cn/report/view？ id＝148

专题四

促进区域协同发展的财税政策

一、财税政策在推动区域协同发展中的作用机理

宏观经济政策包括财税政策、货币政策、贸易政策等。其中，财税政策是长期以来各国政府用于调控经济的重要手段。它不仅对宏观经济的起伏波动具有很好的熨平作用，而且对产业结构的改善、区域经济的平衡起着至关重要的作用。财税政策对区域经济的影响主要表现为，按照政府的区域经济发展战略，引导人口、资金、技术等资源在不同区域间实现结构配置和布局，从而推动各个区域的经济发展。

财税政策主要可分为税收和财政支出两个层面的政策。其中，税收作为财政收入的主要形式，是调节经济运行的重要工具，发挥着至关重要的作用。例如，在推动区域经济协同发展的进程中，可以通过实行差别化的税收政策，对不同地区、不同产业、不同纳税人及课税对象进行区别对待，从而影响生产要素的流动，调节区域内的经济总量和经济结构。对有利于区域经济合作与发展的项目，实行税收鼓励措施，调动区域合作的积极性。对统筹利用区域内资源的投资项目，在税收上给予一定的优惠政策，并鼓励区域打破界限进行开发利用。

对区域内属于重复建设的项目，通过开征资源税、环保税等来进行限制。

财政支出按照能否直接得到等价补偿进行分类，可以分为购买性支出和转移性支出。财政支出结构反映了财政资金的投向，它的调整直接关系到政府的公共品供给。财政支出政策设计的初衷应是确保地方政府能够提供必要的公共产品和服务，它不应影响市场机制在资源配置中的决定性作用。从理论和实践经验来看，财政支出并不是要求各地区完全平等，而主要是使各地在公共物品和服务的提供上达到能力均等。中央政府将一定比例的财政收入分配到相对落后的地区，增强其提供公共物品和服务的能力，有利于缩小地区之间的财力差距，进而促进区域经济均衡。这种供给调节主要包括：为区域经济一体化提供良好的交通、通信等基础设施条件；通过调节不同区域对教育、医疗、养老等的投人，使区域公共服务均等化，以利于区域人才的自由流动；通过财政的转移支付，缩小区域内部的经济差异，加快落后地区的发展步伐。

区域发展不平衡仍是当前我国经济社会发展面临的一大问题。在促进区域经济协调发展的过程中，市场机制应当充分发挥其资源配置的决定性作用。然而，市场并不是万能的，由于“市场失灵”的存在，市场机制在缩小经济差距、平衡地方经济方面起到的常常是副作用。这时，政府的作用就显得尤为重要。政府要通过采取有效的区域经济政策，包括宏观经济政策和微观经济政策，纠正市场机制造成的经济结构失衡，以达到经济增长和区域经济协调发展的目标。

区域发展不平衡中存在的一个重要问题，同时也是长期加剧区域发展不平衡的一个重要因素，是当前不同区域在公共资源占有上的不均衡。公共财政学提出“净财政获益”（netfiscal benefits）的概念，是指某一行政区的居民和企业从其享有的公共产品和服务的总价值中扣除其所支付的税收、行政性收费等成本之后余下的净收益。当不同行政区之间的净财政获益存在着差异时，净财政获益较低的行政区的居民或企业就会向净财政获益高的行政区流动。这种情况下，行政区间按各自区域比较优势有效配置的格局，就会被净财政受益的配置格局转变。

净财政获益存在差异导致区域失衡的现象目前在我国一些区域十分突出。例如在京津冀区域当中，京、津两地的“双核极化”效应长期存在。这种效应具体表现为京、津两大超级城市吸纳资源的虹吸效应大于中心城市对区域经济的辐射效应。这一方面造成京、津两市人口的过快集聚，使两市特别是北京深受交通拥堵、空气污染等“城市病”困扰。另一方面，河北则缺乏区域发展所需的各类要素支撑，与京津的发展差距迟迟难以缩小。京津两大城市之所以在已有“城市病”的情况下，仍能对周边的人才、资金、技术等优质资源表现出强大的“虹吸”现象，一个重要因素就是京津两大城市享有比河北省高得多的净财政获益。2013 年，北京、天津、河北三地的人均财政支出分别为 19719 元、17024 元、5938 元，三地的人均财政收入分别为 17312 元、12455 元、4966 元。粗略计算，三地居民享有的净财政获益分别为 2407 元、4569 元、972 元，河北居民财政获益仅为北京的 40. 3% 和天津的 21. 3%，则河北省与京津两地存在着巨大的财政获益差异。

当前的区域财政失衡具有一定的历史因素。改革开放之初，为了在一些具有良好发展条件的区域推动实现率先发展，国家对这些区域给予了较多先行先试的政策性优惠和各类政策性倾斜。这些政策优惠和倾斜通常以税收优惠、财政补助等形式出现，从而人为地使这些区域形成了比其他地区更多的“净财政受益”，引导了生产要素、优质资源以较快的速度、较大的规模向此集中。但我国发展到现阶段，这种人为扭曲造成的资源配置失衡已经弊大于利。党的十八届三中全会对全面深化改革做出部署，提出要使市场在资源配置中起决定性作用。具体到区域发展这个问题上来，就是要消除特殊区域所享有的各种政策倾斜所带来的净财政受益对资源配置的扭曲，为生产要素和资源在不同行政区之间自由流动创造公平的政策环境，推进不同区域协调发展、共同发展。

二、区域协同发展过程中面临的财税体制和政策问题

（一）地方政府间的财权与事权不统一

1994 年建立的分税制形成了我国财税体制的基本框架，并且按照事权与财权统一的原则，确定了中央与地方政府收入分成比例。并且通过转移支付机制平衡各地方政府间的财政差异。区域在协同发展过程中，要实现公共服务均等化、产业结构均衡化和生态环境治理一体化，需要区域内地方政府打破原有的事权分配模式。发达地区需要外迁产业进行瘦身，而后发地区更多的要承接产业。生态环境方面，区域生态涵养地要承担大部分的环保事权，这就要求区域内各地政府的财力不能只服务于本地区发展，而要更多地按照一体化协同发展中实际承担的事权比例进行合理分配。

（二）财政转移支付均等化作用有限

财政转移支付制度的目的是使基本公共服务均等化。在当前的转移支付体系中，税收返还占据最大的比重。而税收返还采用“基数法”，这种基数法有利于调动高财政收入地区的积极性，却产生了财

力不均的问题，容易形成“富者越富，穷者越穷”的马太效应。按照现行标准，经济发达地区得到了较多的税收返还，造成了地区间财力分配差距的扩大，难以发挥转移支付在平衡地区间的财力资源。

（三）财税政策差异造成地区间的无序竞争

我国现行税收优惠政策尤其是区域优惠政策过多，还有一些地方政府和财税部门执法不严或者出台“土政策”，通过税收返还等方式变相减免税收，侵蚀税基、转移利润，制造税收“洼地”。以京津冀地区为例，目前三地在税收优惠政策上尚存在差异。北京中关村产业园区、天津滨海新区都有相应的税收优惠政策，而河北没有特定的税收优惠区域。京津冀三地的土地使用税税额标准不同，特别是京冀交界地区征收额差距较大；车船税相同排量乘用车的税额标准不同等，这些地方税种征收标准未从区域协同发展的高度加以统筹设计，不利于区域市场主体公平竞争和生产要素的自由流动。三地协同发展时，税制待遇不统一的格局如果继续存在，那么河北的产业结构调整就没有区位优势，只能是简单的承接京、津两地的产业转移，无法通过税制激励促进河北的产业结构优化。

（四）区域间横向税收分配制度有待完善，亟需为产业转移创新税收分享机制

分税制改革以来，中央和地方之间的财权划分基本理顺，然而随着经济活动的不断复杂化，地方政府之间的税源划分成为突出问题，出现了税收在不同地区的不当转移，造成了地区之间税收缴纳和税源不一致的情况，即税收与税源相背离，极大地影响了区域经济协调发展。在京津冀区域的长期突出存在的总分机构问题就是一个典型例证。北京以其独有的优势，拥有全国数量最多的企业总部，设在天津、河北两地的分支机构的税收汇总至北京纳税，北京分享了天津、河北两地的税收。随着京津冀协同发展的深入，产业重新布局形成了产业区域内的转移，在目前总分机构税收分配的制度框架下，作为产业转移承接地的天津与河北，不但难以完全享受通过产业转移带来的税收收入增加，而且还要承担可能带来的环境污染等代价，这将在很大程度上影响津冀地区承接产业转移的积极性。

以政府为主导的大型企业的搬迁转移，目前缺少相应的税收分享制度，短期内将给产业转出地的财政收入筹集带来很大的难题。产业转出地出于自身利益的考虑，可能会通过其他手段减缓企业转移速度。因此，如何对跨区经营布局区域的企业产生的税收实行分享，成为促进产业承接转移亟需解决的重要问题。政府应借鉴以往大型企业搬迁的税收分享经验，制定普遍适用于大型企业搬迁的税收分享办法，减少大型企业搬迁中“一事一议”的成本，明确大型企业转移的税收分享方法，降低产业转移协商过程中的时间成本。

（五）现行支持区域创新驱动发展的税收政策的力度和范围存在不足

现阶段，推动区域协同发展，从根本上要靠创新驱动，要形成区域协同创新共同体，整合区域创新资源，以弥合发展差距、贯通产业链条、重组区域资源，并通过试点示范带动其他区域发展。与这一要求相比，现行的支持区域创新驱动发展的税收政策，其力度及施行范围均存在不足。例如，在京津冀区域协同创新共同体发展中，现行的中关村国家自主创新示范区税收政策对企业技术创新和升级改造发挥了较好的促进作用，但在执行中存在惠及面窄、优惠力度有限、配套政策不完善等问题。由于河北、天津的产业园区无法享受中关村示范区“1+6”“新四条”等试点税收政策，阻碍了科技创新产业在河北、天津的落地孵化。此外，研究开发费加计扣除政策门槛过高，致使部分创新性中小企业无法享受相关优惠政策，不利于创新型中小企业的发展壮大。

（六）税收征管差异影响企业迁移的便利性，信息孤岛阻碍税收数据交换共享机制

目前，随着电子政府和简政放权的推进，地方政府的服务便利化水平很高，但是政府服务在区域间联动便利化方面还有待提高。不同地方的地方税务局都有各自的纳税申报系统，企业信息格式、税率设定、数据交换接口均有自己的参数标准，并未能实现统一兼容。甚至在纳税服务、业务执行流程上也有差异，跨区域迁移企业短时间内很难适应不同地方的工作方式。跨区迁移变更登记、外出经营税收管理流程等差异更容易给企业造成困扰。不同地方的国税、地税部门均有自己的税务信息系统，每个信息系统都由各自的信息中心管理，有自己组建的数据库、操作系统和自行开发的应用软件和用户界面，形成一个自己辖区内的独立管理体系。由于大多数应用系统之间没有统一的技术和数据标准，孤立的信息系统无法有效的提供跨部门、跨系统的综合性信息，税收数据不能自动传递，缺乏有效的关联和共享，从而形成一个个彼此隔离的信息孤岛。信息孤岛的存在导致大量税收信息数据不能及时互联互通，大大降低了各地税务部门对跨区域迁移企业税收管理的效率，影响三地税务部门之间的交流、协同发展，容易形成税收管理与稽查盲区。要实现区域税收一体化，必然要在技术上实现税收数据的交换共享。

三、构建有利于区域协同发展的财税体制和政策

（一）改革现有的财税体制，科学划分中央与地方的财权、事权范围

在继续实施分税制的同时，中央应逐渐下放给地方一定的税权，使地方政府能够因地制宜地实行最有效的政策，比如调整税目、税率以及税收减免。对于增值税、个人所得税和企业所得税，在全国范围内统一征收不会造成地方经济出现太大差距，可以由中央统一制定政策；而资源税、土地使用税、车船使用税在各地的区别较大，应考虑下放税权让地方自己决定征税与否以及如何征税。必要的情况下，还可以赋予地方政府根据实际形势开征新税种的权利。另外，应逐步提高共享税中地方所占有的比例，既能增加地方政府的财政收入，也可以平衡地区财力差距。对于财政自给能力不强的地区，必须给予地方政府更多的出台政策的权利。

科学划分中央与地方的事权范围，按照公共品服务的不同层次来确定不同地方和层级政府的事权和支出范围。地方性的公共品由当地政府自行提供，全国性的公共物品由中央政府来提供，特别是关乎国计民生的公共产品也应该由中央来提供。在划分中央和地方事权范围的过程中，应当特别关注交叉性事权的划分，避免出现监管的“盲区”。根据政府职能的范围，属于中央和地方共有的职能，原则上由地方政府提供，超出地方政府职能范围的事务，原则上应该由中央提供，对职能界定不清晰的，由中央进行协调解决，减少公共物品提供上的缺位和错位。另外，对跨区域的公共物品项目，由区域内的政府共同提供，并根据成本—效益原则，进行支出与收益配比，减少可能

出现的争端。

（二）完善中央向地方的转移支付体系

从中央的层面来说，我国现在主要的转移支付是纵向的，并且形式多样。未来应把中央转移支付形式简化为专项转移支付和均衡化转移支付。专项转移支付主要是对落后地区的财政补助，使其有充足能力提供基础性的公共品。均衡化转移支付主要发挥平衡财力的功能，其目的在于解决不同地区财政能力不足和不协调的困境。在简化转移支付形式的同时，还要注意平衡两种转移支付的比例，具有可操作性的一种方法是按照中央提供资金额度的一定比例进行分配。由于均衡性转移支付的政策性不强，而且不考虑如何引导地方政府的调控行为，存在很多局限性，因此相对地要提高专项转移支付的比例。以京津冀区域为例，中央应采用专项转移支付对河北省落后地区进行经济扶持，提高其财力水平，使京津冀区域在公共物品供给方面协调一致。同时，对于像张家口、承德这类具有发展潜力的地区，作为首都的屏障，中央必须有更多优惠政策，提供更多的专项资金。

（三）优化区域税收优惠政策

首先，要归并取消部分优惠政策，按照国家有关清理规范税收优惠政策的通知精神，对各地制定的税收优惠政策逐一进行清理甄别，取消“即征即退”“财政返还”等妨碍区域公平竞争的招商引资政策，营造良好的区域发展环境。其次，为减少区域内横向税收不良竞争，应加快区域税收优惠政策向产业税收优惠政策转变，对已经出台的不利于地方协同的区域性税收优惠政策，执行到期的应彻底终止，对未到期限的要明确政策终止的过渡期。对符合地方协同发展需要的优惠政策，要进一步加强执行力度，确保政策落到实处，发挥此类政策的效用；对带有试点性质且具有推广价值的，应尽快转化为普惠制，在全国范围内实施。同时，地方要统筹制订区域地方税种的征收标准，例如营业税、车船税、土地使用税、房产税、契税、土地增值税预征率等，在尽可能短的时间内实现以上地方税种征收标准的统一。

按照区域协同发展的要求，各地应结合自身功能定位，制定鼓励促进发展产业目录和不宜发展产业目录。税收政策制定部门根据鼓励促进发展产业目录，健全完善相关的税收优惠政策，完善产业税收优惠政策体系，对于列入不宜发展产业目录的产业，逐步取消税收优惠政策，同时，对区域内为淘汰落后产能而新上项目以及转型升级的重大项目，给予固定资产加速折旧政策，对压缩过剩产能的企业，按企业压缩产能的比例，相应抵扣企业应纳税所得额，形成“有增有减、有保有压”的税收政策。

（四）建立合理的区域税收利益协调机制，完善横向转移支付

地方政府从自身利益出发，争取各自税收利益最大化，不利于区域经济的协同发展。因此，政府间开展税收合作，关键在于建立合理的税收利益协调机制。首先，区域内各地方政府需要共同制定区域内税收利益分配协调机制，包括分配的基本原则、解决程序、方法等，比如总部和税源来源地之间的税收利益分配。其次，成立区域税收利益协调的组织机构，明确日常征管职责、税款的征收与分成等。再次，建立税收利益争端处理机制，对税款征收、税收政策落实等方面出现的矛盾和问题进行协调处理，共同清理各地方政府自主出台的不利于区域经济发展的税收政策，及时纠正和杜绝有害的税收竞争。最后，加强地区间税收信息的沟通与交流，实行对跨区域纳税人征管信息的

共享，通过征管系统，定期交换信息；开展跨区域稽查协作，区域之间建立稽查信息交换、案件协查、信息通报制度等，加大对跨区域税收违法案件的打击力度。

以京津冀协同发展为例，要建立京津冀税源分享机制，提升河北省财政和公共服务能力以及京津企业外迁的积极性。随着京津两大中心城市产业结构向高附加值的服务业转型，个人所得税在地方税收中的重要性提高，服务业从业人员居住地和收入来源地相分离的现象日趋突出。应在按照居住地地方政府提供公共服务的需要，鼓励个人所得税税基在京津冀地区内部地方的合理划分和共享。为切实解决当前增值税采取产地征收方式下京津两市不愿意鼓励产业外迁的问题，应鼓励增值税税基在京津冀地区内部地方的合理划分和共享。另外，还有一些总部在京津而生产或经营基地要迁往河北的企业，税收也需建立京津冀地区内部划分和分享的激励机制。

建立由中央统筹协调的发达地区对落后地区基本公共服务提供的援助机制，以提高其公共服务提供能力。仍以京津冀为例，当前河北省和京津地区在教育、医疗、文化等基本公共服务提供上差距悬殊。为加快京津非核心功能的疏解，有必要提高河北承接京津非核心功能的城市或地区的基本公共服务能力，以提高其对京津企业和人口的吸引力。对此，中央应予以统筹协调，尽快完成河北承接京津非核心功能的规划，并设立中央财政出资、京津参与的河北省基本公共服务援助基金，同时有步骤地鼓励京津地区为满足京津非核心功能疏解的需要，为河北省的承接城市或地区的基本公共服务供给提供必要的技术、人才、资金的援助，甚至鼓励京津在河北省共建大型的医疗和文化教育设施，逐步缩小河北与京津地区基本公共服务提供能力上的差距。

另外，对于区域内基础设施建设和环境治理等其他区域性公共产品的供给，应按受益原则建立资金共担机制，提高落后地区参与交通基础设施一体化的积极性。交通基础设施互联互通对发达地区具有巨大的正外部效应，而对落后地区有巨大的负外部效应。因为交通基础设施互联互通使落后地区原本因交通阻隔而不能充分流动的优质生产要素能够在很快的时间里流向发达地区。有鉴于此，建议按受益原则，在区域公共品供给方面实行资金共担，建立财政转移支付机制，以提高落后地区参与的积极性。

（五）完善推广促进区域创新驱动发展的税收政策

要进一步完善自主创新示范区税收政策，降低研发加计扣除政策门槛，使相关政策惠及中小型科技创新企业。研究制定促进创新示范区产学研合作的企业所得税优惠政策，对示范区科研机构免征企业所得税，对示范区企业科技成果转让实施更大力度优惠。要适度扩大创新示范区税收政策适用范围，例如，在京津冀区域当中，将中关村创新示范区先行先试税收优惠政策推广至首都新机场、天津滨海新区、河北曹妃甸现代产业园区以及区域内其他符合条件的高新技术产业园区，发挥这些区域在创新驱动上的辐射带动作用。

（六）建立税收服务协同和征管协同机制

完善税收工作协调机制。京津冀三地税务部门应在《京津冀协同发展税收合作框架协议》的基础上，进一步细化工作方案，明确部门职责，制定相关配套制度，建立会商机制，及时沟通交流工作中的动态、问题和经验，建立涉税争议协调机制，设立争议协调机构，对因税收管辖权等事项产生的争议，组织各局相关部门妥善研究解决。

提高地区间涉税信息共享水平。建立跨区域税务机关间数据共享交换平台，充分利用地方税务机关多年来信息化建设成果以及数据资源，在建立统一的数据交换标准的基础上，根据现行税收管理体制要求，结合金税三期的建设情况，由国家税务总局建立地方相互联接的信息共享交换平台，实时共享交换三地六局管理的所有纳税人的税务登记信息、申报征收信息、发票管理信息、税收风险控制类信息、税务稽查信息、相关的重大税收违法案件信息、自然人信息、纳税信用信息、政策法规库等各类信息，实现三地间税务部门数据共享。

建立并完善企业异地经营税务管理协作机制。对企业工商注册地与税务登记地不一致的，政府要努力解决历史遗留问题，落实税务登记管理制度；对企业工商注册地与企业实际经营地不一致的，应在调整完善地方财政收入分配体制的基础上，减少地方政府的非正式优惠政策和行政干预，引导区域间企业良性流动，逐步减少税收与税源背离的情况。

建立跨地区经营企业的户籍式信息管理模式。该模式将分支机构、子公司、临时外出经营户等纳税人的经营和纳税信息归并到其总机构、母公司、注册地纳税人的户籍信息内，以便于总机构、母公司、注册地税务机关对纳税人及时实施风险应对管理。

四、促进区域财政协同治理的法律和组织保障

（一）制定专门的法律和行政法规

促进区域协同发展的财税体制的主要目标是突破地方本位主义的弊端，建立跨区域财政合作体系。这一治理体系首先需要法律制度的支撑。主要应有以下三个方面。

第一，应明确财政主体的法律地位，包括协同发展关系中不同区域各自的法律地位，以及协同区域整体的法律地位。特别是在京津冀协同发展这类涉及首都这类特殊性区域的情况中，不同区域在公共服务、财政支出方面难以完全对等。要避免强势区域在财政资源分配以及其他协同事项当中过度使用不对等权力和能力，应通过相关法律明确各个主体在协同关系中的法律地位。

第二，应制定协同发展中各类区域合作事项的法律。地方政府间的协同治理应当体现为制度性安排，这就需要法律为之提供基本的规则。我国有的地方已经尝试在地方立法中规定区域合作事项，如湖南省政府制定的《湖南省行政程序规定》规定，各级人民政府在开展跨行政区域的合作时，可以采取签订合作协议、建立行政首长联系会议制度、成立专项工作小组、推进区域经济一体化等方式。不过，目前这一立法属于省级政府规章，效力范围只能涵盖本级及其下级政府，缺乏足够的稳定性和权威性。未来要推动制定地方协同治理的法律，或者至少在未来的《行政程序法》中写入类似条款，保障地方协同的稳固有效。

第三，制定针对财政事项的法律。应当对下列事项做出法律规定：区域财政协同体系的总体方面，如协同主体、协同事项、协同方式、纠纷解决机制；中央财政转移支付事项，包括设立区域发展基金等事项；协同区域内税制调整事项；协同区域内的地方税体系；等等。

（二）统一相关的地方性法规和地方政府规章

要建立有利于区域协同发展的财政协同治理体系，需要以地方立法提供更为具体的规范依据。我国《立法法》规定，“属于地方性事务需要制定地方性法规的事项”和“属于本行政区域的具体行政管理事项”。未来要依照这一规定，推动有关地方性法规和地方政府规章的协同。这主要包括三个方面。

第一，按照区域协同发展和法制协调的要求，对既往地方性法规和地方政府规章进行清理。

第二，制定规范财政协同的地方性法规或地方政府规章，涉及事项主要包括：区域财政横向转移支付规范，区域税收分享规范，区域预算协同规范，区域环境补偿规范，区域财政协同的风险防范规范；等等。这些地方立法活动在制定过程中，应当通过座谈会、论证会等形式获取民众意见。

第三，区域之间要建立人大与政府层面的经常性沟通机制，建立地方人大和政府专项审议、联合审议制度，采取联合立法等方式保障法制的持续协同。

（三）建立财政协同治理体系的行政协商机制

这方面可以借鉴德、美等国的经验。德国的区域治理有很长的历史，已经形成了较为完善的制度体系。德国地方合作模式主要包括公法协议、目的事业公法人、工作团队、私法机构、私法协议等。美国采取以州际协定为代表的行政协议，在自然资源保护、刑事管辖权、公用事业管制、税收和审计，以及都市群的规划、建设、使用和管理等领域都有广泛应用。

借鉴这些经验，我国区域财政协同可以充分运用行政协议这类形式。对于法律、法规、规章未涉及的事项，地方政府及其财政部门应建立完善的协商机制。主要包括两方面。

一方面，要建立协商组织。财政协同治理的协商机制可包括立法协商机制，但主要是行政协商机制。在组织体系上，一是建立会议机制，在“财政协同联席会议机制”的总框架下，建立（省）市长联席会议、发改委主任联席会议、财政厅（局）长联席会议。二是可建立“区域财政协同治理委员会”这一专门机构。该委员会作为地方合作的重要组织载体，应当有明确的职责和权限，宜在法律或法规中明确其地位。联系会议和协同治理委员会共同发挥财政信息通报共享、财政风险应对、纠纷调处等功能。

另一方面，要签订行政协议。行政协议是一种以平等、自愿和协商为理念而形成的法律机制。行政协议的具体事项可以包括区域内横向财政转移支付、财政投融资机制、税收竞争与协调、税收征管协调、协同预算、环境补偿、财政治理风险应对等。对于行政协议的批准，涉及中央政府权限的行政协议，以及法律和行政法规明文规定必须经批准的行政协议，须经国务院批准；其他行政协议不必经中央政府同意，但涉及本地区重大行政事务的，由本级人大常委会讨论决定。对于行政协议的监督，在现行法制框架下宜由国务院负责，并由“区域财政协同治理委员会”负责具体事务。对于行政协议的履行，目前世界上大致有两种模式：一是各自履行模式，即协议本身未规定专门的履行机构，由缔结方自行按照协议具体规定来履行；二是设立专门机构模式。区域在具体实践当中可以视情况选取适宜方案。

执笔人：贾　珅

专题五

促进区域协同发展的创新政策

当前，我国经济社会发展正处于重要的转折时期，无论是“调结构保增长”，还是应对能源、环境、气候变化、人口老龄化等方面的挑战，都必须依靠创新。从区域发展的角度来看，我国既有的区域发展差距过大的问题尚未得到根本性解决，在新的转型压力不断加大的情况下，区域分化的态势又有所加强，迫切需要提升区域创新的能力，培育新的增长动力。本专题从新时期我国实现区域协同发展对“创新”提出的新要求为切入点，重点对区域协同创新的内涵、重要性，以及如何通过区域之间的协同创新实现协同发展进行深入探讨，并在此基础上提出相关政策建议。

一、区域协同发展对创新政策的新要求

区域协同发展实际上是我国经济发展进入新常态之后，针对区域经济发展的新问题、新变化和新趋势，为更有效解决区域之间发展不平衡、不协调问题而提出的新的发展路径。区域创新是实现区域协同发展的关键，在推动区域协同发展的过程中需要完善相应的创新政

策，以满足区域协同发展的新需求。

（一）创新政策要有利于实现区域之间的合理分工

随着高铁、航空、高速公路等现代交通网络的快速发展，以及新一代信息通讯技术的进步，我国区域经济格局和城市体系正在发生显著变化，城市群（或大都市区）将成为经济活动的主体空间组织形态，区域分工体系和要素配置的空间格局将随之重构。区域协同发展就是要在新的区域经济发展环境条件下，通过建立更加合理的区域分工，充分发挥各地区的优势和潜力，实现优势互补、相互促进、共同发展的新区域格局。不同类型的地区、不同发展阶段的地区在分工格局中的功能定位和优先发展方向在新的发展环境下会不断调整优化。区域创新作为经济活动中的重要组成，也必须适应新的、更加细化的区域分工格局变化和发展的新趋势，传统上以各行政区为主体的区域创新模式要加快改革。这就需要调整相应的政策，使得区域创新资源在空间的配置、区域之间的流动能够适应新的区域分工要求。

（二）创新政策要有利于各类地区的创新发展转型

区域协同发展的根本目标是促进各类地区都能够立足本地的优势资源实现更好更可持续的发展。这就意味着无论是创新能力较强的地区，还是创新能力较弱的地区，无论是发达地区，还是欠发达地区，都需要得到更加精准的创新政策支持，不断提升自身的创新能力，培育更强的内生经济增长动力，顺利实现向创新发展的转型。不同地区发展阶段不同，基础条件不同，在国家区域分工体系中的地位不同，所拥有的创新资源要素不同，对创新的政策需求也存在很大的差异。

需要优化相应的创新政策工具，更准确、更有效地解决各类地区在创新发展过程中遇到的问题，创造与本地经济社会发展更加匹配的创新环境。尤其是要通过相应的政策设计，建立更加完善的创新资源配置机制和组织模式，使得欠发达地区和创新能力不强的地区，能够充分挖掘本地区所拥有的具有地域专属特性的资源优势，或者通过某种渠道获得创新发展所需要的资源，提升创新能力，形成具有一定地域独特性的发展优势，推动本地区的产业不断向价值链的更高端攀升，有效防止在转型过程中欠发达地区因创新能力不足而陷入转型困境。

（三）创新政策要有利于提高国家创新资源整体空间范围内的配置效率

作为实现国家区域协调发展总体战略的途径之一，协同发展是通过加强各地的分工合作，促进各地区在发展的同时更要引导各种资源要素在整个国土空间范围内实现更高效地配置，提高国家整体经济的国际竞争力。创新资源空间布局的优化是协同发展中的重要领域，在满足各地区创新发展需求的同时，也要立足于新时期国家发展战略的总体要求，引导创新资源的空间配置更加科学合理，更有利于国家创新能力的提升。这就对创新政策提出了新的要求，不仅要满足创新活动本身的需求，如创新的供给侧和需求侧政策，还要重视区域之间的协调和平衡，包括两个层面：一方面要促进创新资源向条件更优越更具有优势的地区聚集，实现创新资源利用效率的最大化；另一方面要加强区域之间的联系和创新成果的分享，即国家创新能力的提升要能够惠及不同地区的经济增长，这也是提高创新资源空间配置整体效率的重要方面。

二、各地区推动创新发展过程中存在的突出问题

当前，我国各地在不断加大的经济运行压力下，无论是发达地区还是欠发达地区，都充分认识到创新的重要作用，并将其提升到了核心地位，制定了多激励创新政策，采取了大量措施。但从区域协同发展的角度来看，仍存在一些问题，主要体现在以下方面。

（一）各地创新政策缺乏统筹协调，易引发新的无序竞争，制约区域协同发展

自我国经济进入新常态以来，各地经济增速明显下降，都有强烈的愿望加快本地区发展向“创新”转型。在此背景下，各地密集出台了大量的优惠政策，如所得税减免、财政补贴、政府采购等地区性的激励政策。这些政策更多是基于单个地区自身发展利益的考量，其目标就是在短期内获取更多更优质的创新资源，引进创新项目，为本地区的经济增长提供新的动力支撑。在创新资源有限的情况下必然会在地区之间形成竞争，并且转型压力越大，这种围绕“创新资源”的竞争就会愈加激烈。如果不加以规范和适度的约束，就有可能演变成为类似过去地区之间针对一般生产要素的恶性竞争，造成创新资源配置的扭曲，影响国家创新的整体生态环境，不利于区域创新能力的提升。这种竞争还会造成创新要素市场的分割，制约区域之间的分工合作、协同发展。

（二）各地区创新发展路径不尽明晰，缺乏协同的内在动力

尽管各地区在转型发展过程中都认识到了创新的重要性，也都提

出要建设创新型省份或创新型城市的发展目标，但由于对创新的内涵以及创新活动的内在需求缺乏准确的把握，在创新路径的选择上或简单复制国家的创新政策，或盲目模仿发达地区的创新发展模式，既没有充分考虑到创新宏观趋势的演变，也没有较好的结合本地区的优势创新资源。多数地区仍是沿袭以往加快地区经济发展、招商引资的思路来推进"创新"，即"优惠政策——建各类创新园区——引进项目"，普遍将重点集中在硬件投入、项目建设和高端人才引进等方面，导致地区之间大量科研设施、创新园区重复建设、低效使用。一些条件不具备的地区，所建成的实验室或生产力促进中心，往往只承担着物业服务、产品检测、设备检测等简单的功能，并没有发挥积聚创新资源，提高创新能力的作用。有些高成本引进的创新资源由于缺乏根植于本地的区域创新生态环境，逐步被沉淀为"惰性创新资源"，难以发挥应有的功效。在此情形下，区域之间也无法实现协同发展。

（三）创新资源的空间配置缺乏国家层面的统筹布局，各地创新缺乏有机联系

我国创新资源主要是按照行业或者部门进行配置，其空间布局缺乏国家层面的整体设计。对不同发展水平、不同类型的地区在国家创新体系中应承担的功能定位也未明确，地区与地区之间缺少有效、合理的分工合作机制。在此情形下，各地区虽然都是国家创新体系中的主体单元，但相互之间缺乏有机联系，创新资源无法共享，在不同地域空间上形成了若干封闭性的创新孤岛。创新能力较强的地区无法发挥应有的辐射带动作用，而创新能力较弱的地区由于自身发展水平、财政能力、公共服务水平、企业能力等方面的显著差距，不仅难以聚

集到发展所需要的创新要素，还会导致本地区创新资源流出的情况，陷入创新困境，区域之间创新能力的差距会进一步扩大，国家创新资源在空间配置上的失衡也会随之不断加剧，进而导致更严重的区域分化。长期来看，这不仅影响国家整体创新效率的改进，也会制约国家区域协调发展总体战略的落实。

三、国际经验：协同发展条件下的区域创新

2008 年金融危机之后，欧美等国家都开始调整国内的区域政策，尤其是针对工业区域的转型，防止国内区域差距的扩大。政策关注的重点纷纷转向“如何通过创新实现区域经济增长”。在推动区域创新的政策思路、加强区域创新能力建设、创新资源空间布局的优化等方面都有值得借鉴之处。

（一）创新政策思路的转变：更加注重区域分工、协同

欧美等国家以往针对区域的创新政策更多是采用一些较为直接的政策工具，包括对研究与开发的直接拨款或财政补贴、对创新的奖励、政府采购、提供基础设施的支持。这些政策的实施并没有取得预期的政策效果，原因主要包括两个方面。一是各级政府的财政能力有限，出于区域之间平衡的考虑，往往将资源尽可能配置到多个地区多个领域之中，整体利用效率不高。二是创新政策的扶持与地区经济社会发展的需求不匹配，造成创新和增长分离。为此，上述国家开始调整政策思路，注重不同区域在国家创新体系中的分工，而不是单纯强调政策引导资源向落后地区转移；注重通过政策、机制上的协同，减少区域之间的零和竞争，鼓励在创新过程中的政策联盟；注重创新资源的

配置要有利于国家整体效率的最大化，而不是单纯强调某个地区的创新。

（二）创新政策的区域化进一步加强

对比近期欧美国家的创新政策，可以发现一个比较明显的趋势就是创新政策的区域化。如，美国 2008 年提出创新的空间力量计划，拟通过对不同区域创新资源的整合优化，进一步提高国家创新能力。在此战略和国家制造业振兴战略的共同推动下，2012 年，美国在俄亥俄州东北部城市扬斯顿市筹建了隶属于国家的 3D 打印制造研发机构，汇聚了 40 个公司、9 所大学、5 所社区大学和 11 个非营利组织共同参与。《欧盟 2020》战略中提出以区域创新联盟推动更加包容的增长。创新政策区域化体现在如下方面。创新政策更强调区域之间的差异性，如美国针对研发机构、大学等创新资源相对集中的地区和工业区、农业区采取不同的创新政策，即前者侧重于创新的生产和扩散能力，后者则侧重于应用能力。创新政策更强调对不同地区特色资源条件的潜力发挥，即以本地产业、人力资本等为基础，通过路径创新和新的价值组合实现新的经济增长，而以往的创新政策更多是一些“中立”性的政策，如劳动力培训、基础设施建设等。创新政策更强调区域之间的贯通，包括创新要素的流动、国家创新体系中的空间连接性、区域创新网络的建设等，旨在增强创新能力较强地区的辐射功能，带动更多地区的发展。

（三）创新资源的空间布局向城市群或产业集群聚集

随着高铁、航空、高速公路等现代交通网络的快速发展，以及信息通讯技术的进步，各国区域经济格局和城市体系都在发生显著变化，城市群（或大都市区）将成为经济活动的主体空间组织形态，资源要素持续向城市群或大都市区积聚。2012 年，美国大都市区的人口和 GDP 占全美国的比重就已超过 85%，前 10 位大都市区已经聚集了全美国 1/3 左右的人口和经济活动。为适应这一区域经济演变的趋势，这些国家在创新资源空间配置上的重点也相应调整。一是基于效率原则，更多地资源仍配置在创新能力较强的大都市区，如美国纽约州在过去十几年投资 8 亿美元在阿尔巴尼都市区打造纳米技术创新集群。二是向特色产业集群地区配置更多的创新资源。如美国利用新墨西哥州能源产业集群优势，在该州建立 Sandia 国家实验室，推动国家新能源创新。

四、基于区域协同发展的创新政策思路

加强不同区域创新能力建设是促进区域协同发展的关键之举。创新要立足于区域协同发展的新要求、新理念，把握创新活动演变的新趋势，通过优化创新资源空间配置，提高国家整体创新能力。

（一）以创新的新趋势引领政策的优化

创新同其他经济活动一样，也处在一个不断发展变化的过程。创新的主体、创新的内涵、创新的空间分布、创新的组织模式等都在随着经济体系复杂度的提高而出现显著变化。

一是创新的复杂性和不确定性显著提高。以往创新更多是以单体技术为主，随着信息技术和智能技术的快速发展，创新已演变成为众多单体技术、多层级的组合式创新，如 3D 打印是以多种先进材料技术和算法技术组合而成的新技术，不同的技术组合又不断衍生新的技

术组合，整个技术体系变得越来越复杂，而创新相当于在众多技术集中的“暗箱”中进行，难度越来越大，不确定性也越来越高。

二是创新需要更多的资本投入来支撑。如上文所述，创新的复杂性和难度超过了以往任何时期，并且技术进步周期也在加快，过去一项新技术从启动到对产业全面发挥影响至少需要 40～50 年的时间，如电气化技术出现于 19 世纪 70 年代，但直到 20 世纪 20 年代才对工业产生影响。相比之下，根据摩尔定律现代信息化技术大约两年的时间就会更新。这些因素导致创新需要越来越多的资本投入，创新的边际收益随着难度的加大也在下降。根据德勤针对全球最大的 12 家生物制造企业研发回报率的测算，已从 2010 年的 10.5% 下降到 2013 的 4.8%。再如，德国大众公司在 2011～2013 年研发投入年均增长率为 23.3%，但其利润仅增长 5.8%。

三是创新在空间维度上的分工日益深化。创新与一般的经济活动相比，由于其对要素质量、支撑条件、制度环境的要求都比较高，在空间上往往具有更高的积聚性，并且这种积聚具有较强的收益递增效应，会形成区位创新优势聚集更多的优质资源，很难被其他地区所超越。再加上创新复杂程度的不断提高，地区之间在创新链条上的分工逐渐深化。根据 20 世纪 90 年代中期，美国社会学家埃茨科威兹（Etzkowitz）和荷兰雷德斯多夫（Leydesdorff）提出的三螺旋理论，创新在空间上主要聚集而成三类地区：一是知识生产空间，主要指大学、研究机构聚集的地区；二是创新应用空间，主要指大企业、技术开发型企业聚集的地区；三是共识空间，主要指研究机构、企业、资本、政府等多种主体合作，推动创新转化应用的空间。这三类空间通过创新要素的流动，基于一定功能分工，相连接形成跨地区的创新共同体（如图 5－1 所示）。

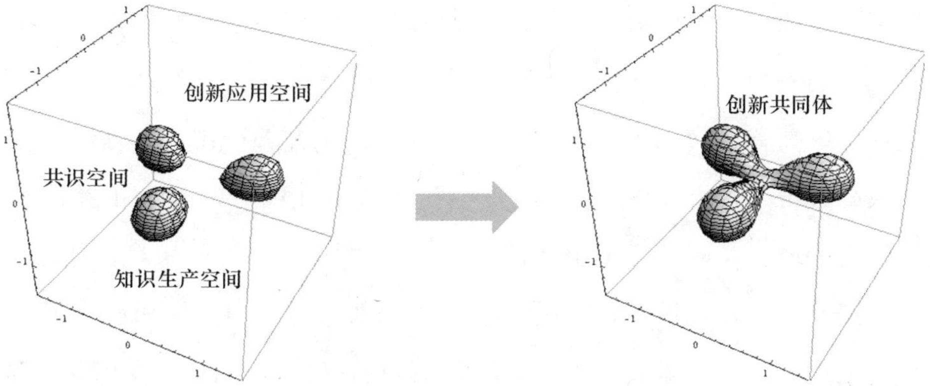

图 5－1　创新活动在空间的聚集形态

资料来源：根据 Triple Helix Systems：An Analytical Framework for InnovationPolicy and Practice in the Knowledge Society 整理。

（二）构建三大机制推动区域之间的协同创新

基于区域协同发展的创新政策要实现两大目标：一是通过区域之间的协同创新，使得国家整体创新效率最大化；二是通过区域之间的协同创新，使得不同类型地区的发展能力都能得到显著提升。鉴于此，需要尽快完善以下三大机制，为区域之间的协同创新创造更有利的生态环境。

一是加快建立区域创新分工合作机制。目前，我国各地区之间的关系仍是以竞争为主，在创新考核、经济发展、财政竞争等多方面因素的影响下，地区之间缺乏内在的合作动力，尤其是在创新方面，竞争尤为激烈，迫于加快本地区发展的压力，每个地区都希望占有更多优质资源，都希望创新成果在本地转化推动本地的经济增长等。竞争的结果就是各自独立创新，在资源非常有限的情况下很难适应创新活动高资本投入高风险的变化趋势，导致创新资源整体利用效率的下降。为此，需要完善相应的制度，构建有利于激发不同地区协同创新的合作机制，形成区域之间的创新合力，共同推动创新转型发展。

二是加快完善创新资源空间配置机制。由于各地区发展水平、财政能力的差距，导致区域之间创新能力差距十分显著。如地方财政科技支出最高省份（江苏）是最低省份（青海）的31倍，R&D经费支出最高省份（江苏）是最低省份（青海）的115倍。[①] 过大的差距将导致有些地区在区域竞争中无法获得创新资源，创新能力无法得到有效的提升。此外，目前我国更多采用的创新资源竞争配置机制在某种程度上形成了“创新悖论”，越是需要创新支持的地区，竞争能力越低，就越无法获得资源，如果不及时采取其他的平衡机制，这些地区将成为创新的“边缘地区”，陷入恶性循环。因此，必须加快完善创新资源空间配置机制，加大国家层面的统筹力度。

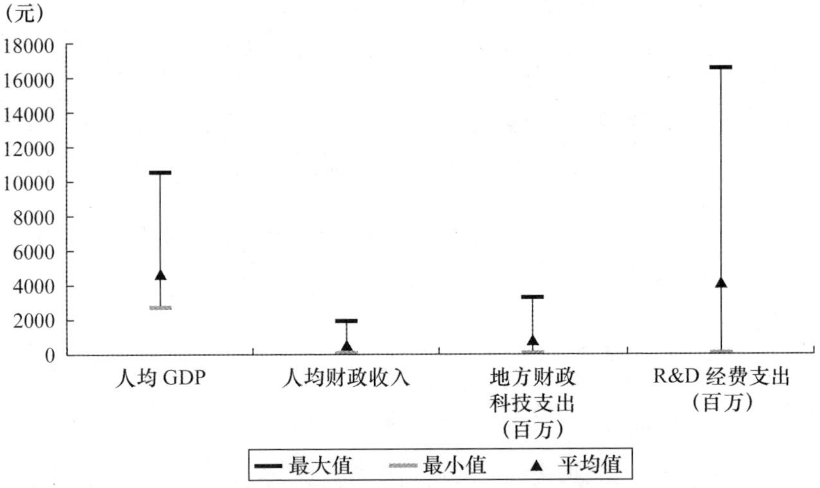

图5－2　区域创新能力差距（2014年）

资料来源：中国统计年鉴2015。

三是加快完善创新资源要素流动机制。以实现区域协同发展为目标的创新，必须要加强区域之间的分工合作，加强区域之间的互联互通，而创新要素在区域之间顺畅流动是实现协同的前提条件。当前，

① 数据不包括西藏。

我国各地区之间出于地方短期利益，还存在着制约创新要素流动的因素，如高新技术企业认定政策，无法延伸至在其他地区设立的分公司（分支机构）；企业研发费用加计扣除政策存在地区差异；新技术新产品的政府采购政策存在着地区差异等。需要尽快消除政策壁垒，建立更加有利于创新资源在区域之间流动的机制。

五、若干政策建议

基于区域协同发展的创新，核心理念是强调不同地区不同行业的协同创新，是由若干具有不同主体功能的子系统构成的相互影响、彼此关联的有机系统，不是创新主体和各种创新要素在空间上的简单组合，既强调子系统的功能，又强调整体的功效。因此，在推动区域创新的过程中要以“协同”为主线，以整体、系统的思维发挥各创新要素之间的“协同”作用。

第一，完善区域创新政策体系，加强地区之间各类创新政策的协同性。

从各国的实践来看，区域创新政策可以概括为两种类型。一种是以能力为中心的竞争性创新政策，更强调通过竞争配置资源、激励创新。另一种是以地区为中心的创新政策，更强调地区的特色资源条件和区域之间的分工合作。随着全球经济一体化的深入和创新分工体系的细化，后一类区域创新政策越来越受到美欧等发达国家和地区的重视。从我国区域协调发展总体战略和新常态下培育新增长动力的要求来看，应改变过去单纯以“竞争性创新政策”为主的区域创新政策，尽快建立以上述两类政策为核心，相互补充的区域创新政策体系。增强各地创新政策的协同性和一致性，减少地区之间不必要的竞争，为贯通区域之间的创新链，构建更有效的区域创新网络创造更有利的政策环境。

第二，对接国家区域协调发展战略的总体要求，加快创新资源空间布局的优化。

随着高铁、航空、高速公路等现代交通网络的快速发展，以及信息通讯技术的进步，我国区域经济格局和城市体系正在发生显著变化，城市群（或大都市区）将成为经济活动的主体空间组织形态，城市分工体系和要素配置的空间格局将随之重构。创新资源作为重要的经济资源，其空间配置只有与国家生产力布局的优化方向相一致，才能真正形成区域经济增长的源动力。鉴于此，我国创新资源空间布局的优化重点包括两个方面。一是要突破行政区域的界限，以城市群为主要依托，加强核心城市和节点城市的分工合作，推动跨区域、多层级的协同创新。二是以特色产业集群为主要载体，培育专业化的区域创新集群。可借鉴美国新能源创新集群战略，由联邦政府出资，在全国布局 17 个国家实验室，每个实验室都有明确的专业技术分工，以这些实验室为核心，联合区域内的大学、企业、政府部门等，集中各种创新资源，共同推动能源领域的创新。

第三，采取更加差异化的区域创新扶持政策，推动不同地区创新增长路径的优化。

在新的区域发展环境条件下，不同类型的区域在国家城市分工体系中的地位和功能不同，对创新的政策诉求也不同，需要针对不同地区的特色资源优势和国家创新能力提升的总体要求，采取更加精准地创新扶持政策。首先要对不同地区的创新能力进行评估，为创新支持政策的优化提供科学参照。可依据经济发展水平、创新密集型产业比重、人力资本、研发投入等系列指标，重点对不同地区创新的生产能力、吸收能力、扩散能力等方面进行综合比较，以此为基础进行区域分类。其次针对不同地区的特点，调整政策支持的着力点。对发展水平相对落后，创新基础条件较弱的地区，政策重点应加强其对创新的吸收能力。这是加快落后地区发展的前提。改善基础设施条件，加强与创新能力较强地区的连接；加强人力资源的技能培训，引进技术密集型的制造业。对经济发展水平较高，创新资源较为集中、创新能力较强的地区，政策重点应加强其创新的生产能力和扩散能力。布局更先进的研发基础设施，发展更高水平的创新服务业，使其成为具有国际竞争力的国家创新中心，在更多创新领域发挥前沿引领作用。加强公共创新资源的多向流动，提高这些地区创新的扩散能力，促进创新能够在更大空间范围发挥对经济增长的拉动效应。

第四，加快推进相关制度的改革，构建更加开放的区域创新环境。推动区域之间的“协同创新”关键是要建立能够与更复杂的创新活动相适应、能够更高效地整合统筹利用不同地区创新资源的体制机制。具体包括以下方面。一是加快推进创新绩效考核制度的改革，改变传统上将指标按照地区或部门的考核办法，建立分类创新考核体系，引导不同地区能够积极主动地参与创新分工。二是加快完善知识产权法、合同法、商业秘密法等相关法律法规，以及政府采购、财税等配套制度，尽快解决不同地区之间在协同创新过程中，涉及的诸如资产所有权的调整、知识产权的归属、技术、数据信息等无形资产产权的界定、成果转化过程中的利益分配等问题，为创新资源的跨区域流动，建立跨区域的合作共享机制奠定制度基础，加快创新成果在不同区域的推广应用，提高国家整体劳动生产率。三是理顺不同层级政府在创新过程中的权责。创新是资本高度密集的行业，对于有些财政能力较弱的地区，很难依靠自身的能力启动创新，参与到区域创新分工之中，区域协同发展也就难以实现，需要中央政府发挥更重要的创新催化作用。此外，我国现阶段的创新更多是要追赶技术前沿，突破关键核心技术，单纯依靠某个地区难以完成，需要更好发挥中央政府作为创新组织者的作用，推动更高效更深层次的区域分工合作和协同创新。

执笔人：孙志燕

参考文献

[1] 解学梅，曾赛星．创新集群跨区域协同创新网络研究述评．研究与发展管理，2009（1）

[2] 冯海湘．创新联盟视角的区域创新资源整合管理研究．商场现代化，2009（572）

[3] 解学梅．协同创新效应运行机理研究：一个都市圈视角．科学学研究，2013（12）

[4] 高月姣，吴和成．创新主体及其交互作用对区域创新能力的影响研究．科研管理，2015（10）

[5] 仲崇高，黄仕靖，唐保庆．新丝绸之路经济带区域创新能力差异与提升路径——基于空间经济学视角．科技进步与对策 ，2015（21）

[6] NSTC. National Network for Manufacturing innovation program annual report . 2016

[7] René Wintjes，Hugo Hollanders. Innovation pathways and policy challenges at the regional level：smart specialization. UNU working paper. 2011

[8] Etzkowitz，H. and M. Ranga，"Spaces"：A Triple Helix Governance Strategy for Regional Innovation.，London：Routledge. 2011

[9] Marina Ranga & Henry Etzkowitz，Great Expectations：An Innovation

[10] Solution to the Contemporary Economic Crisis. European Planning Studies，2012.

专题六

促进区域协同发展的环境政策

2014 年底召开的中央经济工作会议提出，要把“完善区域政策，促进各地区协调发展、协同发展、共同发展”作为2015 年经济工作的五项主要任务之一。《中共中央关于制定国民经济和社会发展第十三个五年规划的建议》亦提出：“要坚持区域协调、城乡一体，……，在协调发展中拓展发展空间”，并要塑造“要素有序自由流动、主体功能约束有效、基本公共服务均等、资源环境可承载的区域协调发展新格局。”

环境保护是促进区域协同发展的重要领域，环境问题具有外部性，一个地区产生的污染往往影响其他地区，因此如何促使各个地区协同行动、如何有效发挥中央政府在其中的作用、如何界定各方之间的权责关系，是区域协同发展、共同应对环境问题的关键。鉴于当前雾霾问题的严重性和京津冀三地协同发展的典型性，本文将侧重以京津冀大气污染防治为例，探讨如何在区域协同发展中各方共同应对环境污染的难题。

一、当前促进区域协同发展、共同保护环境方面存在的问题

随着雾霾天气的频繁降临，开展大气污染防治成为了当前政府工作的重点。京津冀地区的大气污染形势严峻，是此次防治工作的重点区域。2013 年 9 月国务院出台了《大气污染防治行动计划》（即“大气污染防治国十条”，以下简称“国十条”），对京津冀区域的大气污染防治工作提出了明确的目标。随后，各相关部门、京津冀各地区纷纷出台了相应的行动计划和实施细则。环保部专门颁布了《京津冀及周边地区落实大气污染防治行动计划实施细则》，北京、天津和河北则分别出台了《北京市 2013～2017 年清洁空气行动计划》《天津市清新空气行动方案》和《河北省大气污染防治行动计划实施方案》。这些行动计划和方案涵盖了大气污染防治工作的各个方面，包括“加大综合治理力度、调整优化产业结构、加快企业技术改造、加快调整能源结构”等多项措施，以及“减煤、降尘、迁企、控车、增绿”等诸多手段。

随着上述行动计划和方案的出台实施，京津冀地区大气污染防治的各项工作正在紧锣密鼓地开展之中。然而，在目前京津冀地区大气污染防治中仍然存在着利益关系不顺、激励机制不相容、中央和地方责权不清等问题，成为了京津冀大气污染防治工作有效开展的阻碍因素。

（一）利益关系不顺、激励机制不相容

第一，大气污染防治是具有外部性的行为。外部性的存在意味着排污主体的成本将部分由社会其他主体所承担，而治污主体的收益却由社会所分享，所以如果没有额外的措施形成合理的利益关系和激励

机制，无论是单个企业、还是独个地方，都会缺少足够的动力来积极推进大气污染防治工作。

第二，大气污染的流动性与属地管理原则产生了明显的矛盾。众所周知，大气污染具有流动性，所以各个地区的排污和治污行为实际上是互相影响的，一个电厂的高空烟囱所排放污染的影响范围可以达到数百甚至上千公里，京津冀三地之间必然会互相影响。与此同时，在包括大气污染防治在内的环境保护责权归属中，却规定了“地方各级人民政府对本行政区域内的大气环境质量负总责”的属地管理原则（参见“国十条”的第十条第32款）。大气污染的流动性很可能产生“一个地区自身做得再好、却由于外来污染转移而无法达到目标”的情况，从而与地方政府负总责的原则产生了明显的冲突。所以，大气污染的外部性与流动性相叠加，大大增加了理顺中央与地方之间、以及地方与地方之间利益关系的难度。

第三，目前激烈的地方竞争深深影响着各地的具体行为。在大气污染具有外部性和流动性的背景下，单个地区治污排污的成本收益不对称、权责关系难厘清，必然对地区的行为产生相当的扭曲。而在现有中央地方关系安排下，每个地方都想成为经济增长的发动机，从而导致了目前激烈的地方竞争现象①。在地方竞争模式下，每个地区都肩负着大力发展地方经济的重任，客观上必然与大气污染治理形成某种程度上的冲突，使得地方更为注重追求经济增长而弱化大气污染治理的主动性和积极性。尽管在各种政治和环保压力之下，地方政府也会做出种种表态、开展各类行动，但在缺乏合适的激励机制和制度安排下，地方政府对于经济发展的诉求还将是第一位的，尤其是对于经济相对落后的地区来说，毕竟加快经济发展、提升本地人民的生活水

① 对于地方竞争现象的讨论，参见张五常（2004）、钱颖一（1995、1997）、许成钢（2011）、冯兴元（2010）、周黎安（2007）、周飞舟（2012）等人的著作。

平仍然是压倒性的任务。因此，现有中央地方责权划分下的地方竞争模式对地方大气污染治理行为的开展具有很深的影响，缺乏合理的激励机制，地方政府的大气污染治理行为就容易流于口头和形式，越到基层就越可能如此。

第四，现有以行政考核为主的手段无法真正厘清各个主体责任、难以有效约束各利益主体的行为。目前，对于大气污染治理行动的约束，主要还是在属地管理原则下采取层层目标分解、签署责任书的行政考核手段，国家环保局代表国务院与各省级政府签订“大气污染防治目标责任书”（参见“国十条”的第八条第27、28款），省级政府再与各自下属主体签署相应的责任书，如北京市与区县政府、市委办局、企业代表签订“北京市大气污染防治目标责任书”，如此层层分解，一直到最基层的政府。

可以看出，目前所采取的这套约束方式，是与“十一五”“十二五”期间所推行的能耗强度考核等措施一脉相承的。在现有的体制机制下，这样责任目标分解、层层签署责任书的方式确实也起到了一定作用。然而，能源消耗具有明显的属地化特征，相比之下大气污染的外部性和流动性就会对这种考核方式造成严重的冲击，使其难以产生真正的约束作用。因为大气污染的流动性会使上级部门无法严格区分各个主体的相关责任，很容易滑向“权责不清”和“形式主义”的泥淖，而大气污染治理的实际效果则难以得到保证。①

① 根据北京市环保局和统计局联合发布的报告，北京市PM2.5的来源中，来自外地的区域输送约占28%～36%（参见“北京市PM2.5来源解析正式发布”，2014年4月16日 http://www.bjepb.gov.cn/bjepb/323474/331443/331937/333896/396191/index.html）。外地因素所占比例如此之大（约1/3）、变动范围又如此显著（相差8个百分点），这就会使得所谓的严格考核很容易变成为一种数字游戏，到时可能出现的情况是只要将外地因素的贡献比例增加一些，就能够使得本地的空气污染治理工作达标过关了。

第五，已有的区域协作关系无法理顺各方利益、建立起激励相容的机制。尽管"国十条"中也强调要"建立区域协作机制"，开展"组织实施环评会商、联合执法、信息共享、预警应急"等措施（参见"国十条"的第八条第26款），目前京津冀等地区也在努力加强联系和沟通协调。然而，大气污染具有的外部性和流动性特点，再加上地方竞争的模式仍然支配着各个地方的实际行为，使得京津冀及周边地区在大气污染防治上的利益关系远未理顺，激励相容的机制尚未建立。可以看到，目前各种直接或间接"以邻为壑"式的行为仍然普遍，而且常常打着推进大气污染治理的旗号，例如发达地区将高污染行业迁到欠发达地区等措施。

（二）中央与地方责权调整不到位

要理顺京津冀大气污染治理行动中的各方利益关系、构建激励机制相容的局面，有待于中央与地方责权的合理划分。而目前中央与地方在京津冀大气污染防治中的责权划分仍存在着两大根本问题。

一是中央政府在大气污染治理中的责任和作用有待加强。大气污染具有的流动性、跨区域特点，使得任何一级地方政府在开展大气污染行动时都会面临成本收益不对称和权责不对等情况，所以中央政府才是治理大气污染问题的合适行动主体，在中央政府层面才能真正做到权责对等、激励相容。从国际经验来看，在大气污染治理问题上，无论是美国还是欧盟国家，都经历了联邦政府或欧盟层面不断加强其责任和作用的过程。[①] 所以，现有大气污染治理中奉行的"地方政府

① ［美］保罗·伯特尼、罗伯特·史蒂文斯主编：《环境保护的公共政策》（第二版），上海三联书店2004年版，第110页；［德］托马斯·海贝勒、狄特·格鲁诺、李惠斌主编：《中国与德国的环境治理：比较的视界》，中央编译出版社2012年版，第10页。

负总责”的属地管理原则，模糊了中央与地方在其中的权责关系、弱化了中央政府的责任，使得中央政府的主导作用难以有效发挥，也无法建立起激励相容的大气污染治理机制。

二是没有真正建立起大气污染治理的区域利益协调机制。在具有类似空气质量状况、承担相似治理任务又互相影响的地理区域内，要建立起大气污染治理的利益协调机制，需要秉持公平和效率两大原则。在公平方面，即区域内每个主体的各项权利是平等的，经济相对落后地区开展大气污染防治所造成的自身损失应该得到受益的经济发达地区的一定补偿。在效率方面，由于各地区开展大气污染防治的成本差异巨大，在实践上要通过排放权交易等机制，尽可能使各个地方开展行动的边际成本相同，从而能够以最低的整体成本达成既定减排目标，与此同时开展大气污染防治的主体也可以通过排放权交易等机制获得相关的收益、弥补相应的损失。而在现行大气污染防治的区域制度安排中，尚未建立起能够真正有效协调各方利益的治理机制。

所以，不论是加强中央政府在大气污染治理中的责任和作用，还是建立大气污染治理的区域利益协调机制，都涉及目前中央与地方权责关系的调整问题，前者直接关系到中央在大气污染治理中该做什么、如何做；后者也必须在中央的指导下才可能建立起有权威、激励相容的区域利益协调机制，否则地区之间的直接交涉很难达成各方真正信服、能够有效执行的协调机制。

综上所述，大气污染防治是具有典型外部性、跨区域特征的行为，由此导致相关各方利益关系不顺、激励不相容的突出问题，而目前京津冀大气污染防治中的中央地方责权关系安排，还无法形成一个利益对称、激励相容的环境，尚不足以在区域协同发展的大环境下充分调动各方从事大气污染防治的积极性。

二、已有环境政策框架难以实现各方权责关系的合理调整

（一）根据“影响范围原则”进行责权调整是改革的主流思路，也成为包括环境问题在内的中央与地方环境事权调整的基本原则

按照事项所影响的范围属于“全国性或跨省”还是“本行政区域”来具体细分中央与地方相应的责权，一直是关于推进中央与地方责权划分的主要改革思路。在环境领域，按照事项影响范围推进中央和地方环境责权的划分同样也是相关改革建议的主流思路。表6－1是一个具有代表性的研究所提出的关于中央和地方环境责权的划分建议，能明显看出其所依据的基本思路仍然是“事项影响范围原则”，凡归属中央环境责权的，都是“全国性”“全社会”或“跨流域”“跨地区”的事务；而归属地方环境责权的无一例外均是“本辖区内”事务。

（二）现有责权划分的改革思路需做调整

在我国现行体制下，一方面在任何的环境事项上，都强调要地方政府负总责，另一方面包括大气污染在内的许多环境问题都具有跨区域性，上述不断细分环境事权的改革思路便遭遇极大的问题，必须做出相应的调整。事实上，对于像大气污染防治这样的跨区域问题，发达国家的经验是一方面要有效发挥中央（联邦）政府在其中的主导性作用，另一方面是依照司法调节的方式，不断地根据形势的变化来通过法律及时调整各方的权责。

例如在美国，大气污染治理领域原先主要是州政府层面的事务。1952年，俄勒冈州第一个成为执行有实际意义的法令来控制污浊空气的州，随后其他州相继仿效，在烟尘与颗粒物方面进行立法控制，

表 6－1　　按照事项影响范围原则的中央和地方环境责权划分

中央环境责权	地方环境责权
(1) 全国性的统一规划和政策制定的战略性工作 (2) 对全社会污染减排监测、执法，对全国环境保护的评估、规划、宏观调控和指导监督 (3) 负责具有全国性公共物品性质的环境保护事务等全局性工作 (4) 主导负责一些外溢性很广、公益性很强的环境基础设施的建设投资，跨地区、跨流域的污染综合治理，特别是加强对重点流域、大气和土壤面源污染防治的投入 (5) 国际环境公约履约、核废料处置设施建设、国家环境管理能力建设 (6) 全国性环境保护标准制定、环境监测建设等基础性工作 (7) 组织开展全国性环境科学研究、环境信息发布以及环境宣传教育 (8) 平衡地区间环保投入能力，完善纳入环境因素考量的一般性转移支付制度，实施环保专项财政转移支付等	(1) 辖区环境规划、地区性环保标准的制定和实施 (2) 辖区内的环境污染治理，如垃圾、固体废物无害化处理，区域性大气环境的保护和改善 (3) 辖区内环境基础设施建设，如污水处理厂投资、建设、营运 (4) 地方环境管理能力建设，包括环境执法、监测、监督等 (5) 辖区所属单位的环保宣教、科研等

资料来源：苏明、刘军民："科学合理划分政府间环境事权与财权"，《环境经济》，2010 年 7 月总第 79 期。

到 1960 年，已经有 8 个州颁布了相应的法令，到 1970 年扩展到了 50 个州。而正是在 1970 年，联邦政府通过的《清洁空气法案修正案》标志着大气污染治理的责权主要由各地方政府向联邦政府的转移。具体见表 6－2。

三、促进区域协同发展、共同应对环境问题的政策建议

京津冀大气污染治理工作的有效开展，关键是要形成一个相关各方责权对等、激励相容的体制环境，合理划分中央和地方在其中的责

表 6 - 2　　　　　美国大气污染治理的主要法律和内容

时间	法律法规	内　容
1955	空气污染控制法案	联邦政府首次步入了污染控制领域，拨付联邦资金支持各州支付空气污染研究与培养技术管理人才
1963	清洁空气法案	为空气污染研究提供联邦支持、对各州污染控制机构提供联邦协助，导入跨境空气污染问题的联邦协调机制
1967	空气质量法案	为各州提供资助，要求各州建立“空气质量控制区”，设立全国中心确认切实可行的污染控制技术
1970	清洁空气法案修正案	联邦政府建立国际环境空气质量标准，为一般空气污染物的所有新排放源制定联合排放标准
1977	清洁空气法案修正案	清洁区域必须维持现有空气质量，国家公园与联邦野生区环境能见度的保护和提高
1990	清洁空气法案修正案	所有固定污染源必须获得经营许可证，提议建立跨州空气质量管理区

资料来源：[美] 保罗·伯特尼、罗伯特·史蒂文斯主编、《环境保护的公共政策》（第二版），上海三联书店 2004 年版，第 109 ~ 129 页。

权关系，既是形成上述环境的重要基础，也是相应体制环境构建的核心部分。而要促进中央和地方在京津冀大气污染治理责权的合理划分，不仅要借助传统的行政手段，也要适度引入司法调节手段，充分发挥法治的作用。具体而言，可以从立法、诉讼和司法三大领域加强法律的作用，使得相关的司法诉讼有法可依、易于进行并得到合理判决，从而在具体的司法案例中根据“事项涉及范围”等原则，适应现实条件的变化而逐渐厘清中央和地方的责权关系。

首先，在立法领域，要进一步鼓励京津冀各级政府在大气污染领域地方立法的主动性和积极性，并发挥全国人大对相关地方法规的合宪性审查作用；与此同时，京津冀地区应属于大气污染联合防治的重点区域，要在完善利益补偿机制的基础上进行区域统一立法，并逐步推进统一规划、统一标准、统一监测和统一防治措施。

目前，新修订的《环境保护法》[①] 规定，由国务院环境保护主管部门制定全国统一的国家环境质量标准和国家污染物排放标准，各省级人民政府可以对国家未作规定的项目，制定地方环境质量标准和污染物排放标准；也可以对国家已作规定的项目，制定严于国家标准的地方标准（第二章第十五条、第十六条）。同样，2014 年 9 月 9 日由国务院法制办颁布的《大气污染防治法（修订草案征求意见稿）》也明确规定由国务院环境保护主管部门制定和公布国家环境空气质量标准，以及国家大气污染物排放标准，省级人民政府可就国家未作规定的项目制定和发布地方空气质量标准和大气污染物排放标准，也可就国家已作规定项目制定和发布更严的地方标准（第二章第八条、第九条）。

与此同时，2000 年出台的《立法法》规定省、自治区、自辖市和较大的市有地方性法规和规章的制定权，而目前正在提请全国人大常委会审议的《立法法修正案（草案）》建议："除省会市、经济特区所在地的市、国务院批准的较大的市外，其他设区的市也为'较大的市'，享有地方立法权；较大的市制定地方性法规限于城市建设、市容卫生、环境保护等城市管理方面实行"，从而大大增加了有地方立法权市的数量，尽管《立法法修正案》的最终结果尚不可知，但地方立法权的扩大已经是一个必然的趋势[②]。

上述法律条款的修订，实际上已经为京津冀地区各级政府在大气污染防治上有效发挥地方立法的主动性铺平了道路，各地方政府完全能够根据自身大气污染防治工作的需要，出台更为积极、更为严格的

① 《环境保护法》在 1989 年 12 月 26 日第七届全国人民代表大会常务委员会第十一次会议上通过，最近的修订由 2014 年 4 月 24 日第十二届全国人民代表大会常务委员会第八次会议通过，于 2015 年 1 月 1 日实施。

② 范文嘉："科学配置地方立法权，在法治轨道上推进改革"，《中国发展观察》，2014 年第 10 期，第 88 页。

相关地方法律法规，以推进本地大气污染防治工作的法治化水平。另一方面，《中共中央关于全面推进依法治国若干重大问题的决定》明确提出：要“完善全国人大及其常委会宪法监督制度，健全宪法解释程序机制；加强备案审查制度和能力建设，依法撤销和纠正违宪违法的规范性文件”。这就要求进一步发挥全国人大对地方法规的违宪违法审查作用，从反面来制止各个地方出台排放标准过低、倾向于污染企业和地方保护主义等相关的规范性文件。

此外，《环境保护法》还规定“国家建立跨行政区域的重点区域、流域环境污染和生态破坏联合防治协调机制，实行统一规划、统一标准、统一监测、统一的防治措施”（第二章第二十条）。《大气污染防治法（修订草案征求意见稿）》也针对“重点区域大气污染联合防治”进行了专门论述（第五章），提出要“建立重点区域大气污染联防联控机制，统筹协调区域内大气污染防治工作”，具体措施则包括“制定区域大气污染防治规划，明确协同控制目标，优化区域经济布局，统筹交通管理，发展清洁能源，提出重点防治任务和措施”。京津冀地区显然属于《环境保护法》和《大气污染防治法》所规定的“跨行政区域的重点区域”和“国家大气污染防治重点区域”。因此，在上述法律法规的基础上，应该尝试在京津冀区域内对大气污染治理工作进行统一立法或者区域内的协调立法，可以借鉴美国《清洁空气法案》的经验建立针对标准大气污染物的“可交易许可证制度”的相关法规[①]，从而一方面厘清中央和地方在其中的权责划分，另一方面建立起京津冀区域之间的利益协调和补偿机制。

其次，在诉讼领域要最大限度地保障环境公益诉讼权，应根据原

① ［美］保罗·伯特尼、罗伯特、史蒂文斯主编：《环境保护的公共政策》（第二版），上海三联书店2004年版，第47～48页。

告主体资格认定的"关联性审查"原则，放宽环境公益诉讼的原告主体资格，使得相关的公民、法人或其他组织都可以提起环境民事和行政公益诉讼；可设立跨行政区划的人民检察院以提起相关的环境公益诉讼；应建立诉前保护、案件相关费用承担等机制，切实解决环境诉讼立案难、取证难、审理难和执行难等问题。

现行《民事诉讼法》第55条规定，"对污染环境、侵害众多消费者合法权益等损害社会公共利益的行为，法律规定的机关和有关组织可以向人民法院提起诉讼"。最新《环境保护法》则规定："对污染环境、破坏生态，损害社会公共利益的行为，符合下列条件的社会组织可以向人民法院提起诉讼：（一）依法在设区的市级以上人民政府民政部门登记；（二）专门从事环境保护公益活动连续五年以上且无违法记录。"（第五章第五十八条）

《最高人民法院关于审理环境民事公益诉讼案件适用法律若干问题的解释（征求意见稿）》将上述社会组织定义为"依照法律法规的规定，在民政部门登记的社会团体、民办非企业单位以及基金会等社会组织，可以认定为民事诉讼法第五十五条规定的有关组织"（第二条），对"专门从事环境保护公益活动连续五年以上"则界定为"社会组织成立五年以上，章程确定的宗旨和主要业务范围是维护社会公共利益，且从事环境保护公益活动"。最高院的司法解释事实上已在尽量拓宽环境公益主体诉讼的资格，这将有利于相关的社会组织，或者社会组织接受公民委托，提起相应的环境公益诉讼（第四条）。

然而，在现有环境公益的诉讼实践中，原告主体已经拓宽到了公民、法人或其他组织。2007年，贵州省贵阳市中院率先成立了全国首家环保法庭，在7年的司法实践中逐步确立了环境公益诉讼的原告主体资格认定的关联性审查原则，即国家机关和事业单位的关联性在于其是否负有环境监管职责；环保组织的关联性在于其是否在贵州开展了相关业务；志愿者个人的关联性在于其是否在环保志愿者行动中认领了对被污染水域的监督职责。关联性审查原则的应用既有效拓宽了诉讼主体，也防止了公益诉讼权滥用问题。在实践中，贵阳环保法庭的司法实践有效激发了有关环保组织参加或支持环境公益诉讼的积极性，也提高了公众环境维权意识和环境维权能力。所以，建议最高院的司法解释中，可以进一步放宽环境公益诉讼的原告主体资格。

与此同时，《中共中央关于全面推进依法治国若干重大问题的决定》提出“探索设立跨行政区划的人民法院和人民检察院，办理跨地区案件”，并且“探索建立检察机关提起公益诉讼制度”，在《关于〈中共中央关于全面推进依法治国若干重大问题的决定〉的说明》中，特别指出检察机关提起的公益诉讼应重点针对行政机关违法行使职权或者不作为造成对国家和社会公共利益侵害或者有侵害危险的案件，尤其是国有资产保护、国有土地使用权转让、生态环境和资源保护等案件。所以，在京津冀大气污染防治领域，也可探索设立跨行政区划的人民检察院以提起相关的大气污染环境公益诉讼。

此外，由于环境诉讼普遍存在立案难、鉴定难、胜诉难、执行难等情况，使得环境诉讼经常呈现出不愿诉、不懂诉、无法诉的现象，为此应该建立诉前保护、案件相关费用承担、环境污染第三方治理和执行回访等机制，使得相关的环境官司能够打、容易打、可打赢、能执行，从而在包括大气污染在内的环境诉讼尤其是环境公益诉讼方面，真正打开通过司法来调节各方责权关系的渠道。

最后，在审理领域要探索建立与行政区划适当分离的司法管辖制度，确立与大气污染案件审理相适合的司法管辖权划分，可以考虑在最高人民法院设立巡回法庭和环境资源法庭的基础上，充分结合并发挥两者优势，加强京津冀大气污染治理中跨区域案件审理中的司法权中央化。

要有效发挥司法调节在合理划分中央和地方责权关系中的作用，司法管辖权的调整是其中的关键。如前所述，大气污染具有跨区域的特征，而现有地方竞争的体制下很难对地方的污染企业形成足够有效的约束，所以一旦产生相关诉讼，谁来审理就成为关键，由于目前的司法管辖权与行政区划高度重合，很容易导致地方法院对本地企业的不当保护现象。

2013 年十八届三中全会《中共中央关于全面深化改革若干重大问题的决定》已经明确提出要“探索建立与行政区划适当分离的司法管辖制度，保证国家法律统一正确实施”，在最高人民法院颁布的《人民法院第四个五年改革纲要（2014—2018）》中，也把“探索建立与行政区划适当分离的司法管辖制度”作为人民法院在未来五年所要推进的八个重点改革领域之一。

然而，目前对于“建立与行政区划适当分离的司法管辖制度”的理解，还主要局限在省级层面，主要是采用提级管辖和指定管辖的方式，这并不能有效处理跨省案件。要真正审理好跨行政区的案件，司法管辖制度改革的一个重点是要在更大范围内施行跨行政区划司法管辖。

《中共中央关于全面推进依法治国若干重大问题的决定》中已经提出“最高人民法院设立巡回法庭，审理跨行政区域重大行政和民商事案件”，这为跨省区大气污染案件的审理开辟了一个渠道；与此同时，最高人民法院已经成立了专门的环境资源法庭，但目前却还没有案子①，环境诉讼案件基本上还是由基层法院来审理。可以考虑将最

① 参见“最高法拟细化环境公益诉讼制度多项司法解释护航”，《21 世纪经济报道》，2014 年 7 月 16 日。

高人民法院的巡回法庭和环境资源法庭有效结合起来，同时可与跨行政区域的检察部门以及社会团体的环境公益诉讼相配合，负责审理跨省区的重大环境污染案件，加强跨省区案件司法权的中央化，真正破除地方行政干预对本地污染企业的保护和有效制止地方政府在相关领域的不作为。

综上所述，通过上述立法、诉讼、审理各个环节的改革，可以逐步建立起适宜于京津冀大气污染案件的法律环境，将京津冀大气污染中央和地方责权划分纳入法治化轨道。尽管法律领域并不直接涉及在京津冀大气污染治理中中央和地方的责权具体划分，但通过立法、诉讼和司法却可以提供一套公开、规范和可预期的规则和过程，能够在事项涉及范围等原则下间接地实行中央和地方在其中责权关系的合理划分，从而构建区域协同发展的制度环境，促进大气污染防治工作的有效开展。

执笔人：宣晓伟

参考文献

[1] 保罗·伯特尼，罗伯特·史蒂文斯主编．穆贤清等译．环境保护的公共政策（第二版），上海：上海三联书店、上海人民出版社，2004

[2] 托马斯·海贝勒，狄特·格鲁诺，李惠斌主编．中国与德国的环境治理：比较的视界．北京：中央编译出版社，2012

[3] 范文嘉．科学配置地方立法权，在法治轨道上推进改革．中国发展观察，2014（10）

[4] 刘海波．中央与地方政府间关系的司法调节．法学研究，2004（5）

[5] 苏明，刘军民．科学合理划分政府间环境事权与财权．环境经济，2010（79）

[6] Yingyi Qian，Gerard Roland，and Chenggang Xu（2006）："Coordination and Experimentation in M-Form and U-Form Organizations"，*Journal of Political Economy*，Vol. 114，No. 2（April），pp. 66～402.

[7] Xu，Chenggang（2011）："The Fundamental Institutions of China's Reforms and Development"，*Journal of Economic Literature*，Vol. 49－4，P1076～1151.

案例研究一

长三角区域协同发展的特征、问题与政策建议

近年来，区域协同发展成为区域研究的重点领域，尤其是《京津冀协同发展规划纲要》出台以来，推动区域协同已经成为新时期我国区域发展的重要任务。区域协同发展强调区域内各个主体突破行政区划限制进行有机整合，实现要素和资源在区域内自由流动与优化配置，使区域形成协同一体的整体。相比于区域协调发展，区域协同发展更多地是强调地区之间共同行动，强调各地要形成目标一致的行动方案，实现对区域公共事务的联合治理①，因此，从一定意义上可以说区域协同发展是区域协调发展的高级阶段。从这个意义出发，要实现区域协同发展，至少应该实现市场一体化达到较高水平、空间格局协调有序并持续优化、区域治理与制度安排协调一体等几方面内容。

长三角②地区作为我国东部发展水平较高的区域，一直是我国改革开放的前沿阵地，在推动区域经济增长、引领创新发展、扩大对外

① 侯永志、孙志燕：《区域协同发展与新型城镇化战略》，中国发展高层论坛会议论文，2015。

② 长三角有不同的定义和范围，考虑到研究的一致性和数据可得性，本报告以《长江三角洲地区区域规划》中确定的两省一市作为主要研究范围，下同。

开放等方面发挥了巨大的作用。推动长三角区域协同发展，对于进一步推进改革开放、打造世界级城市群、提升我国国际竞争力具有重要意义。目前，长三角区域内部一体化的市场基本形成，区域合作向纵深拓展，行政壁垒逐步被打破，区域协同发展正在不断加速。

一、长三角区域协同发展的特征

从区域协同发展的内涵出发，本部分主要分析了长三角区域市场一体化程度、空间格局演变态势以及区域协同的体制机制等方面特征。

（一）区域市场一体化程度不断加强

市场一体化是区域协同发展的基础环节，主要包括产品市场一体化和要素市场一体化两个方面。长三角各地区人员交流和经济往来密切，形成了多层次、多领域的合作交流机制，具备了一体化发展的良好条件，《长江三角洲地区区域规划》正式提出以一体化提升国际竞争力与可持续发展能力。本部分重点分析测度长三角地区产品及要素市场一体化演化特征。

一般而言，产品价格及要素边际产出空间差异的波动特性可直观反映市场一体化演化趋势，因此本文拟采用“一价定律”对产品市场整合程度进行定量分析；同时在长三角地级市尺度下构建包含劳动、资本要素在内的生产函数进行回归，通过分析生产要素边际产出方差系数波动特征，借以考察长三角不同要素市场一体化演化特征。

本报告借鉴 Parsley and Wei（2001）[①] 的思路，采用相对价格一阶差分法计算目标商品在不同区域的相对价格方差来考察分析产品市场

① Parsley，David C. and Shang – Jin Wei，“Limiting Currency Volatility to Stimulate Goods Market Integration：A Price Based Approach”，NBER Working Paper 8468，2001.

一体化演化特征，通过考察不同生产要素边际产出空间方差系数来分析要素市场一体化演化特征。空间方差系数即空间上目标样本方差与其平均值之比，可集中反映要素报酬率的空间差异程度。这里假设我国区域经济增长的生产函数为 C－D 形式，生产要素包括劳动力（L）和资本（K），生产函数形式为 $Y = C_0K^{\alpha}L^{\beta}$ ，其中 C_0 为常数，α、β 分别为资本、劳动的产出弹性，并假设其取值区间为（0，1）。基于以上模型，利用长三角 2000～2014 年各地级市总产出（GDP）、劳动力投入（就业人口）、资本投入（各地区资本存量）等指标，对地级行政单位的总量生产函数进行估计，结合资本生产率、劳动生产率的计算结果，得到 2000～2014 年各地区历年劳动力、资本边际产出值并求得方差系数。

计算发现，长三角地区产品市场一体化程度在不断加深。从 1985～2014 年长三角地区两省一市相对价格标准差趋势图来看（见图 1），长三角地区商品的相对价格从大幅度剧烈波动逐渐趋于平缓，产品市场一体化程度正逐步加深。结合相对价格方差趋势图，大致可将长三角地区产品空间市场一体化发展划分为开始、加速和完成 3 个阶段。第Ⅰ阶段为 1985～1997 年，是产品空间市场一体化开始阶段，该阶段长三角三地相对价格波动幅度巨大；第Ⅱ阶段为 1997～2007 年，是产品空间市场一体化加速阶段，长三角三地相对价格波动幅度有所减缓并且相对价格方差逐渐减小；2007～2014 年为第Ⅲ阶段，这一时期长三角地区相对价格波动程度逐步下降，相对价格方差逐渐接近于零，产品市场一体化逐步完成。三阶段演进过程同时也反映出长三角地区市场机制日臻完善。改革开放以来针对产品市场竞争机制、价格机制、供求机制等不完善状况，长三角地区进行了一系列体制改革举措，实质上推动了地区产品市场一体化进程。

从要素市场来看，长三角要素市场一体化进程加速但仍相对缓

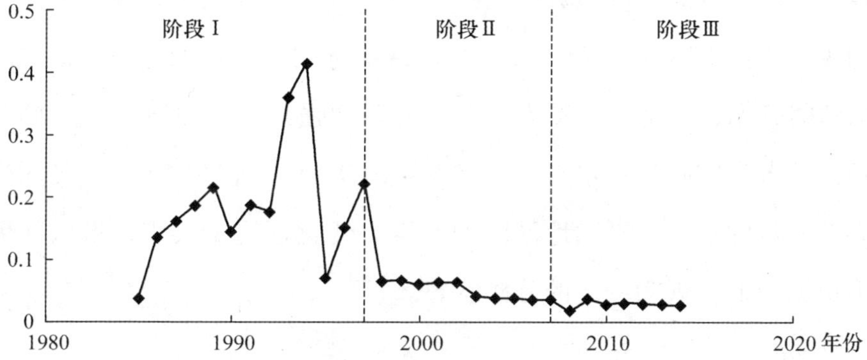

图1　长三角产品空间市场一体化趋势与阶段划分

资料来源：1985～2015年《江苏省统计年鉴》《浙江省统计年鉴》《上海市统计年鉴》。

慢。要素边际产出方差系数波动特征反映了要素市场一体化程度，方差系数越大表明各地区要素回报率差异性越高，市场一体化程度越低，反之则越高。从全国的劳动力市场来看，改革开放以来全国劳动力市场并未呈现持续整合的趋势，反而在1982～2002年间一体化程度呈现不断弱化的态势，在2003年后这一态势逐步扭转（见图2）。而长三角也基本呈现了类似的态势。以劳动力市场为例，改革开放以后长三角地区内各地区间要素并未开始整合，反而一体化程度在不断下

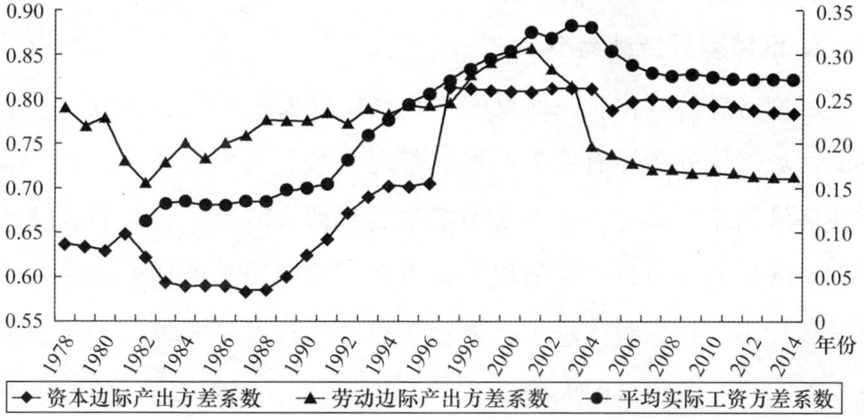

图2　中国劳动边际产出及生产率方差系数变动趋势

资料来源：根据《新中国六十年统计资料汇编》和历年《中国统计年鉴》相关数据计算。

降，实际工资的方差系数大致在1996~1997年才由上升转为下降（见图3），地区间劳动力市场才开始出现由分割到整合的趋势。这反映出从这时开始，该地区劳动力流动性显著增强。然而即便如此，2008年长三角各省实际工资水平的方差系数（0.114）仅为1993年美国样本方差系数的水平，不同地区间的要素一体化还远未实现，地区间劳动力市场依旧呈现为一定的分割状态。

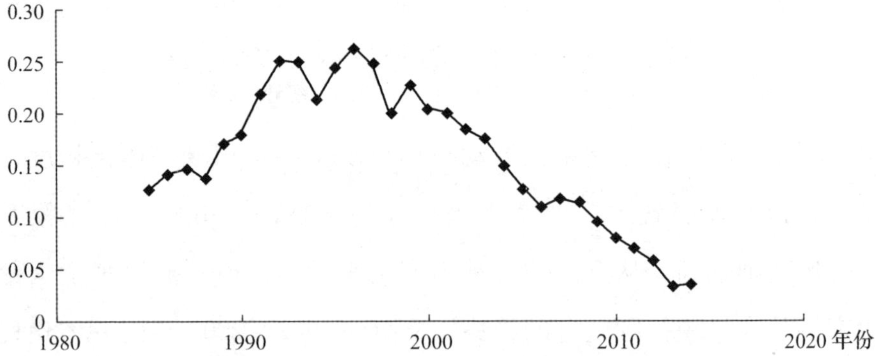

图3　长三角地区两省一市平均工资方差系数变动趋势

资料来源：根据历年《江苏省统计年鉴》《浙江省统计年鉴》《上海市统计年鉴》相关数据计算。

（二）区域格局不断优化

1. 区域差异持续缩小

区域差异的变化直观地反映了地区协同发展的程度和效果。一般测度区域差异的指标有变异系数、基尼系数、泰尔指数等，为更准确描述区域间相对差异，这里采用威尔逊系数来测度长三角的区域差异变动。威尔逊系数是一种加权变异系数，可以用来测算地区之间相对差异的大小。指标数值越小，表示各地区间相对差异越小。从宏观指标来看，长三角地区的人均GDP、人均消费、人均进出口的威尔逊系数均呈现出了持续的回落（见图4），表明长三角地区的区域差异不断缩小，区域协同发展取得了一定的实效。区域的人均固定资产投资威尔逊系数在 2009 年之后有所反弹，这主要与这期间加大重点城市重大基础设施项目投资有关。

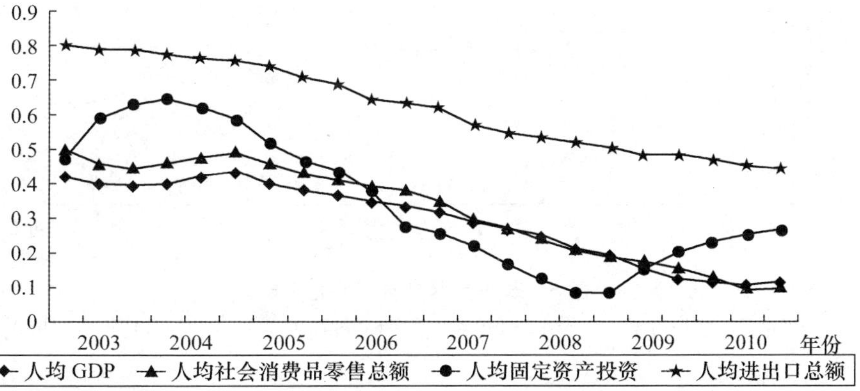

图 4　长三角区域威尔逊系数

资料来源：根据历年《江苏省统计年鉴》《浙江省统计年鉴》《上海市统计年鉴》相关数据计算。

长三角是创新驱动的先行地区，创新活动对于区域协同发展意义重大。从区域创新活动来看，长三角区域创新活动存在明显的空间分异，但近年来正逐渐趋同。以专利授权量为衡量指标，2013 年长三角专利授权量排名首位的苏州是 81666 件，而湖州、镇江、泰州、舟山等地区不足 10000 件，最少的舟山仅 1656 件，苏州为舟山的近 50 倍。然而，从趋势上来看，长三角区域创新活动正逐渐趋同。从区域专利授权量的基尼系数来看（见图 5），2003 年之后，区域创新活动的基尼系数一直在持续下降，区域创新的差距正在不断缩小。

2. “之”字形内陆集聚势头不断强化

从城市群的空间集散来看，长三角空间核心—腹地的格局逐渐清晰，有序集散特征明显。从 GDP 空间分布看，长三角经济活动总体呈现南北两端较低、中部较高的格局，出现上海、南京、苏锡常、杭州、宁波等集聚中心，并呈现沿沪宁、沪杭、杭甬线这一“之”字形集聚的特征（见图 6），且这一特征在逐步强化，而沿海集聚特征则逐步弱化。

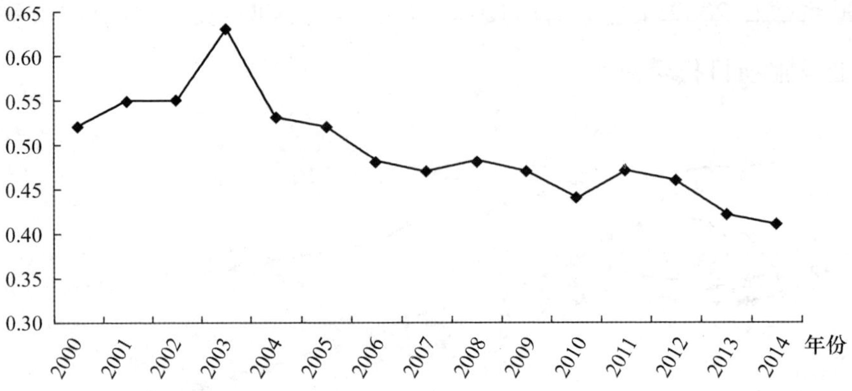

图 5　长三角区域创新基尼系数

资料来源：根据历年《江苏省统计年鉴》《浙江省统计年鉴》《上海市统计年鉴》相关数据计算。

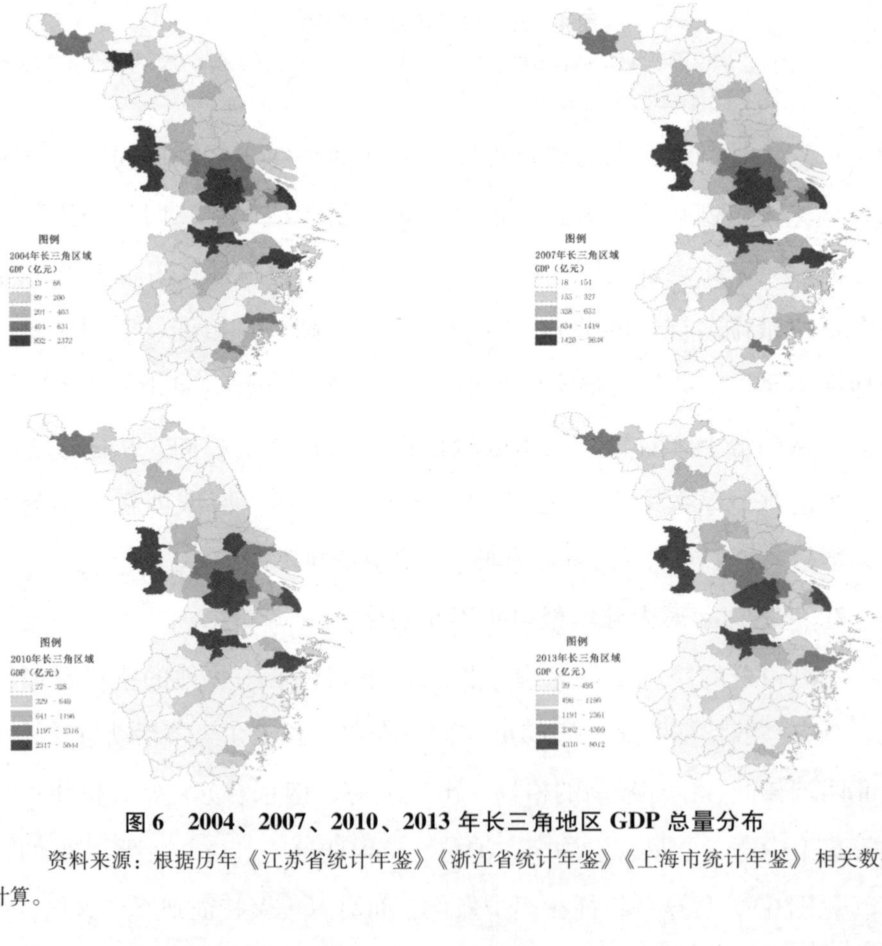

图 6　2004、2007、2010、2013 年长三角地区 GDP 总量分布

资料来源：根据历年《江苏省统计年鉴》《浙江省统计年鉴》《上海市统计年鉴》相关数据计算。

通过计算 2004 ~ 2013 年长三角地区各项指标空间自相关的 Morans' I指数，可以看出长三角地区经济活动在空间上显著正相关，即呈现显著的集群特征，且从变化趋势看，空间集群特征有强化的态势。具体表现为较大经济体量（密度）地区相对地趋于和相似较大体量（密度）地区相临近，而较小经济体量（密度）地区相对地趋于和较小体量（密度）地区相邻的空间结构。除固定资产投资外，经济活动总量测度下的地区地理分布 Morans' I统计值均高于 2004 年的 Morans' I统计值，说明从 2004 ~ 2013 年，长三角地区空间分布的空间集群特征有强化的趋势（见表 1）。

表 1　长三角地区 2004 ~ 2013 年各项总量指标的Morans' I指数

	2004 年	2005 年	2006 年	2007 年	2008 年	2009 年	2010 年	2011 年	2012 年	2013 年
人口	0. 186	0. 210	0. 222	0. 220	0. 218	0. 215	0. 190	0. 186	0. 460	0. 207
GDP	0. 309	0. 329	0. 078	0. 330	0. 324	0. 333	0. 282	0. 277	0. 160	0. 383
从业人员	0. 284	0. 255	0. 360	0. 212	0. 216	0. 203	0. 371	0. 342	0. 249	0. 346
固定资产投资	0. 363	0. 365	0. 390	0. 395	0. 381	0. 386	0. 413	0. 382	0. 386	0. 174

资料来源：根据历年《江苏省统计年鉴》《浙江省统计年鉴》《上海市统计年鉴》相关数据计算。

3. 区域内部空间联系更加紧密

自从 2000 年长三角高速公路网和城际轨道交通网规划出台以来，长三角的区域联系越来越紧密，尤其是近年来高速铁路的建设，大大缩短了主要节点城市之间的时间距离。据统计，1990 ~ 2010 年间，因为高速公路和高速铁路的发展，长三角各个主要城市到上海的时间平均缩短了 50% 以上（见图 7）。随着高铁的提速和城际铁路（地铁）相继建成通车，长三角区域时空距离显著缩短，便捷、多元、网络化的交通体系加速形成，未来长三角所有城市都有望纳入上海“两小时经济圈”范围内，各城市之间的空间联系大大加强。

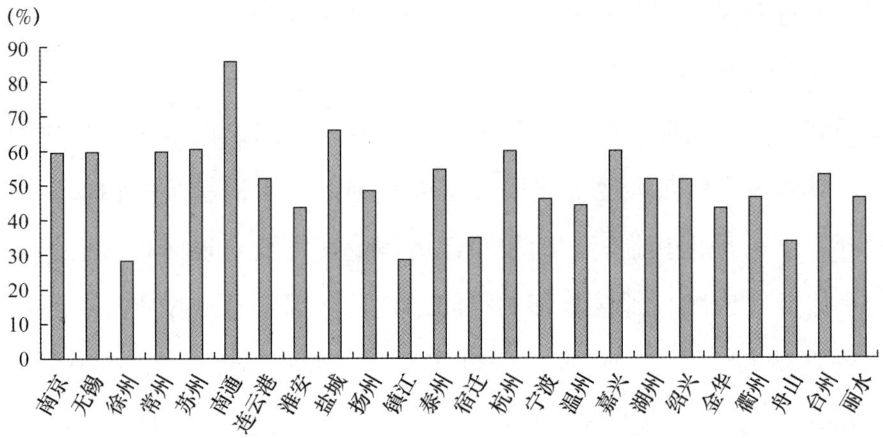

图7　1990～2010年各城市到上海时间节省比例

资料来源：根据列车时刻表整理计算。

（三）区域一体化机制不断完善

长三角的区域一体化进程始于国家自上而下的推动，经过30多年的实践，区域一体化进程取得明显进展。1982年，国务院决定成立上海经济区，并开始推动长三角区域合作，长三角一体化的雏形初现。之后，上海经济区明确了上海、苏州、无锡等10个城市的范围，并建立了“两省一市”的首脑会议制度和市长联席会议制度。到了20世纪90年代和21世纪初期，长三角地区各地政府更加重视区域协作，主动加强合作交流。1992年，14个城市共同建立了长三角城市协作部门主任联席会议制度，之后成立了长江三角洲城市经济协调会，成员也扩大至16个城市，这也是很多研究中界定的长三角城市群的范围。2010年，国务院批复了《长江三角洲地区区域规划》，明确了长三角地区两省一市的范围。到了2013年，长三角城市经济协调会成员进一步扩容到包括上海、江苏、浙江全部城市以及安徽的合肥、芜湖等30个城市。2014年提出的长江经济带战略将安徽纳入了长三角范围，随着《长江经济带发展规划纲要》的出台，长三角区域合作的范围进一步拓展（见表2）。

表2　　　　长三角区域一体化主要进程

时　间	主要事件
1982 年 12 月 22 日	国务院决定成立上海经济区，形成长三角的最早雏形
1983 年 3 月 22 日	上海经济区规划办公室成立，上海经济区包括上海、苏州、无锡、常州、南通、杭州、嘉兴、湖州、宁波、绍兴等 10 城市
1983 年 8 月 18 日	第一次上海经济区规划工作会议召开，建立包括上海、江苏和浙江两省一市的“首脑”会议制度、10 市市长联席会议制度
1984 年 12 月 4 日	安徽省成为上海经济区成员
1988 年 6 月 1 日	撤销上海经济区规划办公室，长三角一体化进程暂断
1992 年	上海、无锡、宁波、苏州、扬州、舟山、杭州、绍兴、南京、南通、常州、湖州、嘉兴、镇江等 14 市建立长三角城市协作部门主任联席会议制度
1997 年	15 市（泰州加入）成立长江三角洲城市经济协调会
2003 年 8 月 19 日	台州加入长江三角洲经济协调会，成员城市扩大至 16 个
2004 年 11 月 2 日	长江三角洲城市经济协调会由每两年一次改为每一年一次
2005 年	《长三角都市圈高速公路网规划》出台，《长江三角洲地区城际轨道交通网规划》获批
2008 年 9 月 7 日	国务院通过《关于进一步推进长江三角洲地区改革开放和经济社会发展的指导意见》
2010 年 6 月 22 日	国务院批复《长江三角洲地区区域规划》，规划范围包括上海、江苏、浙江两省一市
2013 年 4 月 13 日	长三角城市经济协调会第十三次市长联席会议召开，正式吸收徐州、芜湖、滁州、淮南、丽水、温州、宿迁、连云港等 8 座城市成为长三角城市经济协调会成员，至此，会员城市扩容至 30 个，包括上海市、江苏省、浙江省全境以及安徽省的合肥、芜湖
2011 年	上海、江苏、浙江、安徽共同出资设立区域发展促进基金
2014 年	长江经济带战略将安徽纳入长三角，成员城市达 40 余个
2014 年	长三角协调会成立新型专业化建设、品牌建设、旅游、会展四个专业委员会
2015 年	长三角协调会成立健康服务业专业委员会

资料来源：方创琳、毛其智：《中国城市群选择与培育的新探索》，科学出版社 2015 年版。有改动。

从主要进程来看，长三角区域一体化的机制不断完善。第一，区域一体化协作方式不断丰富，从最初的上海经济区省市长会议制度逐渐发展成为包括了省（市）长座谈会制度、常务副省（市）长的省市经济合作与发展座谈会制度、城市市长的城市经济协调会制度和省市有关政府职能部门间的沟通协商制度等几个层面的协调机制，并形成了决策、协调、执行等完善的协作体系，近年还成立了重点领域的专业委员会和区域发展促进基金，以推动跨区域重点领域和重大事项的合作。第二，区域一体化的领域不断拓展和深化，已经从最初的经济层面，向经济、社会、生态等全面一体化拓展，如近年来提出了医疗保险合作、异地养老、知识产权协作、环境协同治理等众多协作主题。第三，区域范围不断拓展，截至目前，长三角区域合作范围已经从最初 1983 年 10 个城市扩展到目前的三省一市区域。第四，区域一体治理模式逐渐形成，从上海经济区的初步协作到长三角 16 城市区域协调，再到两省一市协商制度，长三角区域治理从同质竞争的独立治理模式向基于多元主体的协同共治模式不断转型。

二、长三角区域协同发展存在的问题

（一）产业结构趋同的问题仍然存在

一般而言，区域产业结构趋同有利于推动产业集聚、形成规模经济，但另一方面，产业趋同也容易引起同质化竞争和重复投资，不利于实现产业区域有序分工和梯度转移。从两省一市的制造业产业结构相似度系数来看（见图 8），长三角产业趋同现象十分明显。2014 年江浙、江沪和沪浙产业相似度系数分别达到 0. 89，0. 83 和 0. 70，均处于较高水平。从趋势上看，从 2000 ~ 2014 年，江沪的产业相似度系数呈现先上升后下降的趋势，而江浙、沪浙产业相似度近年来不断提高，制造业产业结构同构程度越来越高。区域产业同构程度过高，会在一定程度上导致资源浪费，尤其是在各个产业园区建设发展中还容易在招商引资方面带来同质竞争，降低区域协同的整体效益。

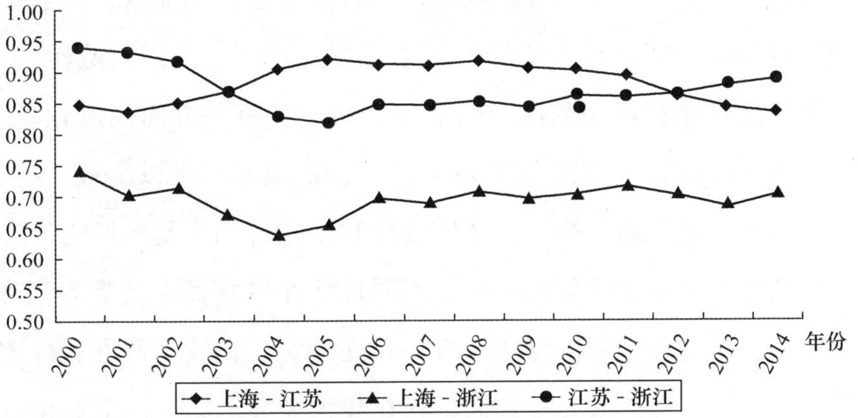

图8 长三角区域制造业结构相似度系数

资料来源：根据历年《江苏省统计年鉴》《浙江省统计年鉴》《上海市统计年鉴》相关数据计算。

（二）要素市场一体化仍然存在障碍

长三角市场一体化水平已经走在了全国的前列，产品市场一体化已经达到较高水平，但要素市场一体化进程仍存在不足。以劳动力市场为例，长三角区域劳动力市场一体化仍存在较大障碍。城乡或不同城市或地区之间的户籍壁垒和公共服务供给不均等，仍是劳动力自由流动的重要阻碍。从前文分析可以看出，长三角不同地区间的工资均等化还远未实现，地区间劳动力市场依旧呈现较为严重的分割状态。重要的原因就是户籍制度仍未有效改革，区域公共服务仍未实现真正的对接共享，流动人口难以获取公平有效的教育、医疗、社会保障公共服务，加上区域公共服务质量差距较大，导致劳动力市场分割的问题愈发突出。

（三）区域协同的体制机制仍不健全

虽然长三角已经建立了多层面的区域协同机制，但总体看来仍存在一些缺陷与不足。第一，区域协作的有效机制仍不完善。目前长三角的区域协作多通过较为松散的议事机制实现，一方面权威性不高，缺少类似于京津冀区域的国家层面协调机制，另一方面制度化不足，缺乏对区域长远协同发展的统筹把握和长期规划，难以高效、有序、持续地实现区域协同。第二，区域法律和规范协调不足。目前长三角立法协调机制基本上还处于空白，不同地区在税收优惠政策、劳动用工、道路交通和环境保护等法规方面存在冲突，在技术标准、行政规章、惩罚尺度、法律效力等方面也存在较大差异。第三，市场化机制欠缺。当前长三角的区域协同大多数仅限于政府之间的合作，企业和社会力量的参与几乎没有，还没有形成政府协调与市场机制的良性互动，政策协调过程也缺乏公民诉求表达机制。已经探索起步的区域公共产品的产权交易机制还很不完善，很多领域几乎处在空白阶段。排污权交易市场化程度还较低，还没有形成区域统一的市场和完善的管理、监督制度。此外，区域协同发展还缺乏稳定的财政支持。2012 年长三角合作与发展共同促进基金正式设立后试行，取得了一定的效果，但其规模过小，难以对长三角地区协同发展提供有力的支持。

（四）区域环境协同治理面临挑战

近年来，随着全国环境污染形势愈发严峻，长三角地区资源环境问题也日益突出，环境协同治理迫在眉睫。其中，长三角大气和水污染问题尤其突出，且已成为全域事件。比如太湖蓝藻事件、淀山湖水源污染等已经影响到上海、杭州等城市；近几年大区域雾霾的出现使长三角各个城市和地区都受到严重影响，区域环境协同治理已经成为必然要求。然而，长三角目前因为行政区限制，区域协同机制尚不完善，区域环境污染协同治理难以真正落实，有时反而会出现加剧区域环境污染和生态破坏的现象。如何有效推进区域环境协同治理，建立有效的区域生态共治及利益补偿机制，避免责权不明、以邻为壑、跨界污染纠纷等问题，成为推动区域协同发展的重要挑战。

三、新时期推动长三角协同发展的政策建议

（一）在新常态背景下通过供给侧改革加强区域协同

我国经济发展进入新常态，各个地区不再过度关注经济高速增长，推进供给侧改革、加快产业结构调整成为当务之急。在此背景下，长三角地区应抓住这个时间窗口，加快调整产业结构，解决产业雷同和水平竞争问题。在区域协同方面，重点做到以下几点。第一，改变传统以 GDP 为主的考核体系，以协同目标引导区域政府行为，尽可能减少重复建设与同质竞争。第二，加快去产能步伐，尤其是加快区域同质的过剩产业转型进程，进退结合推动区域产业有序升级，重点发挥上海市在产业方面的科技引领作用，通过张江、浦东新区与其他城市科技合作，推动区域创新体系建设。第三，调整区域产业政策，变特惠性政策为普惠性政策，营造公平的区域竞争环境。第四，加强区域招商引资协调，探索建立长三角区域协同的招商协调机构，以资源优化配置为目标，统一协调配置区域项目与资源。

（二）进一步破除障碍，完善规则，推进要素市场一体化

第一，进一步破除区域劳动力流动的制度性障碍。进一步推进区域户籍制度改革，加快跟进教育、医疗、保障房等方面公共服务的配套措施。建立长三角地区人才自由流动机制，推动技术职务任职资格区域共享，鼓励区域间通过项目合作等形式推进高层次人才智力共享和各领域人才的互派交流。第二，进一步完善一体化的市场规则体系。加快建立长三角区域统一的市场准入标准、技术规范和资格认证政策，完善统一的商标保护制度。建设区域共享的信用网络平台，推进区域统一的信用体系建设。建立统一的市场和企业信息平台，建立长三角区域信息交流和共享机制。第三，加快建立区域统一的产权交易制度。建立统一的产权交易机构，为跨地区产权重组、并购、产权交易等创造条件。总结长三角区域排污权交易试点的经验，制定统一的完善的区域排污权制度，抓住上海碳排放交易试点的契机，推动碳排放交易制度创新，建立区域产业转移与利益分享机制。

（三）建立有效、多样的协同发展体制机制

第一，建立完善全方位、多层次的区域协作机制。推动建立高层次的区域协同发展决策机制，参照京津冀协同发展的推进模式，争取从国家层面建立领导小组，并由专门协调机构进行统筹。在继续发挥现有协调会等机制作用的基础上，探索建立类似美国大都市规划组织（MPO）的统筹规划机构，在长三角范围内联合制定区域发展战略与规划，并针对区域交通、空气污染治理、流域管理、应急处置等特定问题进行统筹协调。加快建设跨省市的产业园区和投融资、科技创新、招商等各类合作平台，并明确区域平等的准入机制。第二，建立区域法规协调机制。推动长三角各地区立法协调，明确协同发展中各地方法规的相关责任条款和效力范围，加强法规和制度的区域对接，清除合作中的法制环境障碍。加快形成区域协同的各项行政规则，如流域管理办法、空气质量控制条例等，加强对各方主体的行为约束。第三，加快引入市场化协同机制。充分发挥企业和社会组织在区域协同发展中的作用，鼓励非官方的跨区域合作交流，支持区域合作和交易平台建设。第四，加强区域协同保障机制建设。围绕长三角区域规划、长江经济带发展规划以及各类协同意见，各地制定专门的可衔接配套政策，保障区域协同政策能够落实。在现有区域发展促进基金基础上，建立推动长三角协同发展的产业投资基金，支持区域协同的重大工程项目。加快构建统一协调的行政审批制度、市场监管制度，推动形成区域统一共享的信用体系。

（四）加快推动区域环境协同治理

第一，建立区域一体化联防联控、共保共治的长效化环境协同治理机制。在利益共享制度的基础上，建立完善区域责任共担和生态补偿机制，探索设立长三角生态环境基金，研究制定跨区域水环境治理、节能减排、雾霾治理等方面的收益分配和成本共担机制，推动形成长效化的区域环境协同治理。第二，采取一体化治理行动。共同制定环境保护治理规划和合作行动计划，并在监测、治理、处罚、补偿等各个环节协同推进，建立邻近区域环境应急和环境执法联动机制，逐步形成各个城市同步响应的协同治理体系。第三，完善区域环境治理信息共享机制。建立长三角区域环境治理交流和信息通报制度，构建区域一体化联动的环境监测预警机制，建设区域统一的环境监测和信息共享平台，探索制定一体化的环境标准。

（五）推进区域社会服务的共建共享

第一，推进长三角公共服务资源区域拓展与共建。引导社会公共服务机构跨地区开展服务，鼓励长三角区域高等教育机构跨省市合作，探索建立区域技工院校协作机制；合理配置区域医疗资源，提高区域公共服务的公平性，鼓励组建跨省市的医疗服务集团。第二，逐步协调理顺各地的公共服务政策，实现政策对接、保障共享。加快统一社保制度步伐，逐步实现政策规则一致、服务相当；进一步完善各项社会保障关系转移接续的政策措施，逐步实现长三角地区社会保障的规范化和一体化。第三，探索建立公共服务协同信息平台，以信息化手段加快社会服务协同步伐。逐步开展长三角地区就业社会保障异地业务网上办理；逐步建立标准统一、资源共享的用工需求信息库和劳动力资源信息库；探索研究区域内医疗、工伤网上公开定点资源互认共享，逐步实现异地就医医疗费用联网结算。

执笔人：兰宗敏

参考文献

[1] 方创琳，毛其智．中国城市群选择与培育的新探索．北京：科学出版社，2015

[2] 侯永志、孙志燕．区域协同发展与新型城镇化战略．中国发展高层论坛会议论文，2015

[3] Parsley，David C. and Shang－Jin Wei，"Limiting Currency Volatility to Stimulate Goods Market Integration：A Price Based Approach"，NBER Working Paper 8468，2001

案例研究二

珠三角多圈层协同发展的实践和启示

2008年12月，国务院批复了《珠江三角洲地区改革发展规划纲要（2008－2020年）》，珠三角一体化上升为国家发展战略，开始了区域协同发展的实践。与京津冀等其他区域协同发展规划不同的是，珠三角协同发展除了省级层面的组织协调之外，往下又具体分为广佛肇、深莞惠和珠中江三个经济圈，通过圈内的合作协调落实具体的协同发展任务。近年来，各经济圈又出现不同程度的外扩，如“广佛肇＋清远＋云浮＋韶关”，形成多个层级、逐圈外扩的协同发展规划[①]。

在本案例研究中，我们对广东省、广州市和肇庆市的相关部门进行了实地调研和走访，从省级、经济圈和市级三个层次对珠三角的协同发展进行了深入探讨，试图通过研究回答：珠三角协同发展的政策任务是如何在各层级之间进行分工的；经济圈层级是以何种体制机制进行合作协调的；区域协同发展包括了哪些内容，其中哪些比较“实”，又有哪些“不易入手”；后发的城市如何搭上经济发达的中心

① 本案例中的珠三角协同发展，主要考察珠三角区内广州、佛山、肇庆、深圳、东莞、惠州、珠海、中山、江门9个市的协同，暂不考虑珠三角与粤东、粤西、粤北的协同，也不考虑珠三角同港澳的协同，以及珠三角同泛珠地区的协同。

城市的大船，获得跨越式发展和缩小区域差距；现有的区域协调机制具有哪些优点，又存在哪些需要改进的地方等问题。

一、珠三角协同发展的整体规划与战略实施

（一）为什么会提出“珠三角一体化”

2008 年 12 月，国务院批复《珠江三角洲地区改革发展规划纲要》（以下简称《规划纲要》），这被视为珠三角一体化的历史起点，也是我国区域协同发展的第一个国家战略。此时发布《规划纲要》具有深刻的经济社会背景。

1. 应对国际金融危机冲击、提振区域经济增长的需要

众所周知，2008 年是国际金融危机爆发的时期。国际金融危机不断扩散蔓延，对全球实体经济造成日益深重的影响。珠江三角洲地区作为我国重要的加工出口制造业基地，其增长形势一时十分严峻。表 1给出了当时珠三角 9 市的经济增长情况。2008 年珠三角外贸依存度高达 152.4%，远远高于同期长三角和京津冀的水平（分别为 114.5% 和 83.0%），因此所受到的冲击也是最大的。2007 年以前珠三角外贸出口年均增长 20% 以上，而在 2008 年增速下降为 12.2%，在 2009 年第一季度甚至出现 20% 的负增长。珠三角 GDP 增速此前一直保持在 10% 以上，而在 2008 年降到 7.8%，2009 年第一季度甚至只有 5.8%。在这一形势下，珠三角必须加快转变过度依赖外贸的经济增长方式，转而向内部谋求发展动力。通过实施区域一体化，可以有效促进生产要素在区内的自由流动，优化资源配置效率；可以促进产业有序转移，优化产业布局和城市格局，提升整体竞争力；可以统筹利用资源环境纵深，解决资源环境瓶颈问题，实现区域可持续发展等。

表 1　　2008 年珠三角 9 市经济增长情况　　单位:%

	GDP 增速	外贸出口增速	固定资产投资增速	外贸依存度
珠江三角洲 9 市	7.8	12.2	13.3	152.4

2. 促进区域平衡、实现后发地区快速追赶的需要

改革开放以后，广东省成为我国经济增长最快的省份之一，迅速成为我国重要的经济中心区域。然而，广东区域发展的不平衡问题也相当突出，快速增长的仅为珠江三角洲地区，而粤东、粤西、粤北等地区相对滞后。即便是在珠江三角洲内部的 9 个市，其发展也相当不均衡，广州、深圳跻身于我国仅有的 4 个一线城市之列，而肇庆、惠州等地整体与之相距较远，甚至还存在多个贫困县。如表 2 所示，以肇庆为例，肇庆的面积在珠三角 9 市中是最大的，然而，2008 年肇庆市的人均 GDP 只有 2 万元，只有珠三角平均水平的 1/3，不及深圳的 1/4，甚至低于当时的全国平均水平（2.4 万元）。除肇庆外，惠州和江门也处于明显落后的位置。因此，推行珠三角一体化，以先发的广州、深圳带动后发的肇庆、惠州等地，成为平衡珠三角内部区域差距的重要手段。

表 2　　2008 年珠三角 9 市发展水平比较

各　市	GDP（亿元）	财政收入（亿元）	进出口（亿美元）	总面积（平方公里）	常住人口（万人）	人均 GDP（万元）	人均财政收入（元）
广　州	8287	622	820	7434	1115	7.4	557.7
深　圳	7787	800	3000	1953	954	8.2	839.0
珠　海	997	92	468	1701	151	6.6	611.3
佛　山	4378	228	422	3848	657	6.7	347.0
江　门	1271	75	131	9541	428	3.0	174.5
肇　庆	761	44	37	15134	381	2.0	114.4
惠　州	1304	78	297	11158	419	3.1	186.4
东　莞	3704	209	1134	2465	751	4.9	278.6

续表

各　市	GDP（亿元）	财政收入（亿元）	进出口（亿美元）	总面积（平方公里）	常住人口（万人）	人均 GDP（万元）	人均财政收入（元）
中　山	1457	100	259	1800	282	5.2	355.0
珠三角	29946	2248	6568	55034	5138	5.8	437.6

（二）珠三角一体化的形成和推进

严格来说，《规划纲要》的主要内容是“改革发展”，并不是一个单纯的区域协同战略。它分作八个方面：①加快珠江三角洲地区改革发展的重要意义；②总体要求和发展目标；③构建现代产业体系；④提高自主创新能力；⑤推进基础设施现代化；⑥统筹城乡发展；⑦促进区域协调发展；⑧加强资源节约和环境保护。尽管促进区域协同发展只是八个方面之一，但无疑是整个《规划纲要》的核心和亮点，也是社会各界最为关注的内容。这是因为，通常的“发展”是各地市各自的任务，而“跨地市协调”则是促进资源优化配置、解决发展难题和形成整体合力的关键所在，也是《规划纲要》成功实施的关键所在。

2009 年 6 月，广东省政府办公厅发布了《关于加快推进珠江三角洲区域经济一体化的指导意见》（以下简称《指导意见》），将“珠江三角洲一体化”的目标进一步明确，并制定了具体的落实措施。《指导意见》提出要推动实现珠三角交通一体化、能源水资源供应一体化、信息一体化、产业发展一体化、环保生态一体化、城市规划一体化、公共服务一体化，强调要以广佛同城化为突破口探索一体化发展新模式，在省政府的统一领导下，形成城市间、部门间、企业间及社会广泛参与的多层次合作机制。《指导意见》还提出“近期以推进广佛肇、深莞惠和珠中江经济圈一体化为重点，推进城市群规划建设一体化，实现各经济圈内部及相互之间基础设施的共建共享”。

珠江三角洲9市积极响应，根据省里部署和地缘关系结成地市圈层的共同体，将珠三角一体化的战略任务分解落实。2009年2月27日，深圳、惠州与东莞签署了《推进珠江口东岸地区紧密合作框架协定》；3月19日，广州与佛山签署了《广州市佛山市同城化建设合作框架协定》；4月17日，珠海、中山与江门签署了《推进珠中江紧密合作框架协定》；6月17日，广州、佛山、肇庆签署了《广佛肇经济圈合作框架协议》。上述协议的签署标志着珠三角一体化落实到三个经济圈层级，并正式进入实施阶段（见图1）。

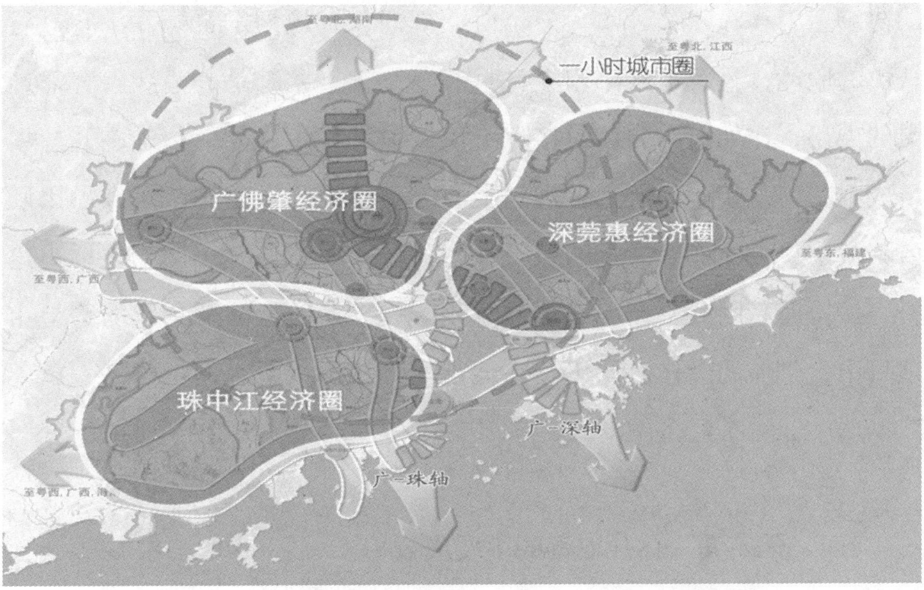

图1　广佛肇、深莞惠和珠中江三个经济圈示意图

（三）珠三角一体化的实施机制

为了落实《规划纲要》，广东省在2009年成立了领导小组，由省长任组长，并成立五个一体化规划专责工作组，分别由分管副省长任组长。在办事机构层级上，协调职能主要放在省发改委，同时，在省办公厅下设立专门的规划纲要办和协调处，实行两块牌子一套人马，全力推动《规划纲要》的落实。规划纲要办的主要职责包括两方面。一是督促检查机制。组织省四大班子每年带队到地市检查，召开省委、省政府相关工作会议和领导小组会议，对各地市落实《规划纲要》情况进行评估考核并公布排名，在考核中“五个一体化”是重要的评估指标；二是组织进行第三方评估。2009 年以来，委托国家发改委、珠三角改革发展研究院、中山大学等单位对《规划纲要》落实情况开展评估，并将每年公众评价纳入评估指标，进行全方位的、科学的评估。

省规划纲要办也有组织实施珠三角一体化的职能，但在具体项目的协调上尚存在困难。作为一个协调部门，省规划纲要办并没有进行裁决的职能，且跨地域协调本身具有复杂性，尤其是一些涉及利益冲突的项目，比如道路如何对接、跨境垃圾处理设施如何选址、共建项目成本如何分担等问题，省规划纲要办也难以作出恰当裁决，如果硬要其裁决也会背离一体化的宗旨，它的职能主要还是协调相关地市进行直接协商。因此，在珠三角一体化建设，尤其是涉及具体的跨地市项目中，具体的合作协调仍落在地市间经济圈层级，即广佛肇、深莞惠、珠中江三个经济圈上。

（四）珠三角一体化取得的主要成效

总体来看，广东省积极落实《规划纲要》，实现了当初制定的“一年开好局、四年大发展”的总体目标，目前正在向“十年大跨越”迈进。在区域协同发展上，珠三角地区坚持规划先行，以广佛同城化为引领，大力实施“五个一体化”规划，广佛肇、深莞惠、珠中江三大经济圈合作不断深化、领域不断扩大，珠三角地区一体化进程加速，并带动粤东、粤西、粤北地区加快发展，区域协调发展格局初步形成。

至2014年底，珠三角区域一体化的主要成效包括以下六项。①基础设施一体化重点推进。见专栏1所示。②产业布局一体化统筹推进。一是产业集聚发展势头良好；二是产业错位发展趋势明显；三是产业合作不断深化；四是产业转移成效突出。③城乡规划一体化协调推进。一是城镇综合承载力得到提升；二是宜居城乡建设有序推进；三是城际轨道站场TOD综合开发加快推进；四是粤港澳宜居湾区建设扎实推进。④基本公共服务一体化稳步推进。一是加快制度对接；二是促进待遇互认；三是逐步缩小服务水平差距。⑤环境保护一体化强力推进。一是建立区域联防联治机制；二是大气和水污染治理取得良好进展；三是区域生态安全格局基本形成。⑥经济圈合作不断深化。广佛肇、深莞惠、珠中江3个经济圈都建立了党政主要领导联席会议、分管市领导工作协调会议、部门协调会议等多个层次的协调机制，分别签署了75项、56项、60项合作协议，一体化合作全方位推进。

【专栏1】　珠三角基础设施一体化推进情况

截至2014年底，珠三角区域内轨道交通运营里程达1562公里，厦深铁路建成通车；高速公路总里程达3511公里、密度达9.4公里/百平方公里，超过纽约、东京、巴黎都市圈。能源基础设施方面，建成珠三角天然气内、外环网，各类能源基本实现区域内同类型同网同价，天然气管道达到1800公里，覆盖珠三角主要城市的天然气主干管网基本建成。水资源基础设施建设方面，广州西江饮水工程建成通水，惠及600万市民；珠海竹银水源工程建设完工，北江清远水利枢纽工程、东莞市东江与水库联网供水水源一期工程、东江水资源水量水质监控项目等顺利完工。信息基础设施建设方面，互联网普及率和光纤入户率分别达到76%和29.7%。

二、经济圈内的合作与协调——以广佛肇为例

（一）广佛肇是珠三角经济圈协调的典型范例

在珠江三角洲一体化中划定了广佛肇、深莞惠和珠中江 3 个经济圈，作为区域协同发展的主要实施主体。在这 3 个经济圈中，广佛肇是最典型的一个，因此，本文考察珠三角经济圈内的协调，主要以广佛肇为例进行介绍。

第一，广佛肇起步最早。广佛肇的前身是广佛同城化，它是对珠三角区域一体化的先行先试，也是 3 大经济圈建设的基础。由于广州和佛山两个城市相距非常近，在长期的发展中城区早已经连为一体，形成事实上的“同城”，积累了丰富的合作协同发展的经验。《规划纲要》提出“强化广州佛山同城效应”，《指导意见》则明确提出“以广州、佛山同城化为示范”。

第二，广佛肇经济实力最为雄厚。广州和佛山分别是广东省第一大城市和第三大城市，是珠三角的经济中心所在。在 3 个经济圈中，广佛肇的面积最大、人口最多、经济体量最大，GDP 超过珠中江的 3 倍以上。广佛肇经济圈协同发展对珠三角乃至全省具有带动作用。

第三，广佛肇协同发展潜力最大。在珠三角 3 个经济圈中，广佛肇的层次结构最为明显，广州是省会、国家中心城市，具有强大的经济辐射能力，佛山次之，而肇庆则是珠三角 9 市中最不发达的一个，三市构成产业转移的良好梯度，有利于优势互补和提高整体竞争力。同时，三个市中心处于“一小时经济圈”内，可以有效产生集聚效应和扩散效应。

第四，广佛肇经济圈成效最为显著。2014 年，省规划纲要办委托

珠三角改革发展研究院对珠三角一体化政策进行评估，报告显示“各圈层中，无论是省与圈层还是圈层内部战略重点一致性的评分都是广佛肇最高，其次为深莞惠，而珠中江最低”。在财政投入、协调能力、执行力度、任务完成等多个方面广佛肇都走在前列（见图2）。

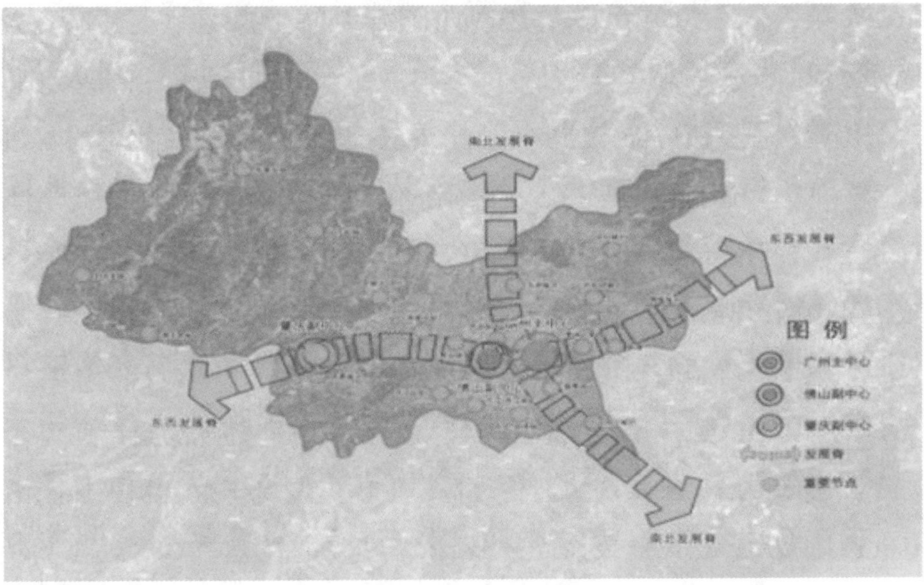

图2　广佛肇经济圈示意图

（二）极具特色的协调合作机制

为了顺利推进广佛肇经济圈建设，广州、佛山和肇庆三市建立了多层面、执行效果良好的一体化工作机制。一是成立以三市市委书记和市长组成的六人领导小组，负责特别重大事项的决策和协调。二是建立以三市市长为总召集人的市长联席会议制度，按照一年一次的频度定期召开，三市相关部门主要负责人为成员，负责审议重要文件、规划，检查、部署经济圈建设工作。三是形成分管副市长工作协调会议制度，主要协调解决某些具体的工作事项。四是成立专责小组，目前已经成立交通基础设施、产业协作、环境保护、教育培训、旅游等专责小组，负责相关领域工作的衔接。五是发挥市长联席会议办公室（放在发改部门）的协调督办作用，做好经济圈建设日常工作，每年制定年度工作计划，定期摸查督办重点项目，对推进中存在的问题进行调研、汇报、协调和解决。

广佛肇经济圈的协调合作机制具有鲜明的特色。在国内其他经济圈如京津冀、长株潭等合作中，多是设立一个更高层级的领导小组来承担协调职责。而广佛肇经济圈则是由三个市按照“平等主体、友好协商”的方式进行协调。尽管从级别上来说，广州是副省级，高于佛山和肇庆，但在经济圈中其政治地位是平等的，依据具体事项的需要，或由其中两市协调、或由三市一起协调，部门间能协调的则由部门协调、必须市级协调的则由市领导进行协调，例如：

——龙溪大道快速化改造。龙溪大道是广佛间的重要连接通道之一，其中佛山段早已实现快速化改造，但广州段由于缺乏积极性，快速化改造滞后，由此导致该道路佛山进广州方向拥堵严重。经两市市级层面的协调，广州加快了境内路段的改造进度，2015 年底基本完成。

——西江引水工程。广州因人口增加、原有取水源水质下降等原因，需要沿西江上溯、在佛山三水建设新的取水点，经两市市级层面协调，佛山在征地拆迁等问题上给予了全力支持，广州方面顺利完成饮水工程建设，直接惠及 600 万广州市民。这一工程也离不开肇庆的支持，因肇庆位于西江的更上游，目前三市已建立合作机制共同防控西江水污染，确保下游饮水安全。

——大岗垃圾焚烧厂建设。广州原来计划在广佛交界的番禺建设第四资源热力电厂（第二垃圾焚烧厂），但这一选址由于靠近人口密集的佛山顺德区而受到居民的强烈反对，经广佛两市反复协调，最终另行选址在南沙大岗，并约定帮助顺德处理部分垃圾，目前已顺利通过环评并开展建设，预计将于2016年底试运行。

（三）广佛肇经济圈建设取得显著成效

自从2009年广佛同城化建设合作框架协议、广佛肇经济圈建设合作框架协议签署以来，广州市充分发挥国家中心城市和省会城市的带动作用，三市合作协同开展广佛肇经济圈建设，已经取得显著的成效。主要体现在五个方面。

1. 搭建完成一体化规划体系

一是广佛同城化“1+4”规划[①]印发实施，成为珠三角首个跨区域综合规划，目前两市正合作编制广佛同城化十三五规划。二是广佛肇经济圈“1+5”规划[②]印发实施，是珠三角首个出台的经济圈发展系列规划。三是完成广州南站等全部5个广佛重点交界地区的规划整合工作，并在广州南站地区开展了广佛交界地区三规合一试点，基本完成广佛交界南海滘口片区交通优化整合，并落实到控规。四是在抓好规划编制的同时，加强规划执行力研究，先后完成《广佛同城化规划实施保障机制研究》等，为体制机制创新合作提供理论支撑。目前，层次清晰、领域广泛、执行有力的广佛肇一体化规划体系基本搭建完成。

2. 加快推动基础设施一体化

一是推动交通基础设施对接。见专栏2所示。二是推动水资源共

---

① 即《广佛同城化发展规划（2009－2020年）》及城市规划、交通、产业、环保4个专项规划。

② 即《广佛肇经济圈发展规划（2010－2020年）》及交通运输、产业协作、环境保护、教育培训、旅游合作5个专项规划。

享。完成西江引水工程、启动北江引水工程、开展水利防灾减灾合作，完善三市三防水利反恐应急协作机制。三是强化能源合作。广佛共同投资的三水恒益电厂项目投产发电，推进珠三角油气管网一体化建设实现互联互通，广佛在垃圾处理利用领域开展合作，肇庆高要市与佛山燃气全面合作。四是加快信息基础设施对接。广佛肇通信一体化正式启动，从网络、服务、资费全面推进三市通信一体化，三市海关监管信息实现对接。

【专栏2】　　广佛肇经济圈交通设施的对接

广佛肇经济圈牢固树立交通先行的理念，扎实推动各项重大跨市界交通项目建设，以高快速路网、轨道线网为骨架，基本形成多层次交通枢纽、多元化交通方式相融合的广佛肇综合交通一体化格局。

一是完善高快速路及交界地区路网建设。东新高速、南二环高速、南番大道、广贺高速、广肇高速二期工程、广佛高速公路扩建、肇花高速、广明高速佛山陈村至西樵段、广和大桥至华南路三期、西二环和顺立交收费站及连接线、海八路快速化改造工程、乐大线改造工程、番顺公路五沙大桥扩建、金沙洲大桥扩建、西二环乐平互通立交等一批高快速路建成通车。佛清从高速南段、广明高速广州段、广佛肇高速、黄榄干线接番顺公路、榄核西线公路延长线等建设正按计划推进。环洲二路与白沙路、环洲三路与兴联北路、彩滨南路与沿江东路、沙凤西路与海北大道等多条广佛交界地区断头路实现连通对接。

二是大力开展轨道交通的接驳和建设。依托广州作为国家铁路中枢纽的地位，三市全面推进城市轨道、城际轨道、国铁等多种方式的轨道交通衔接，一体化的轨道线网更加完善。2010年11月，国内第一条由两市投资共建的全地下城际轨道——广佛地铁正式开通，广佛居民进入地铁时代，取得历史性的突破。佛山轨道交通2号线已开工，将引入广州南站。广州地铁7号线将延伸至佛山境内。贵广、南广高铁于2014年底建成通车，大大拉近了广佛肇之间及经济圈与沿线城市的时空距离。南沙港铁路将于2016年动工。广佛肇城际轨道交通建设取得重大进展，佛肇段2015年12月通车，广佛段正在加紧施工建设。广佛环线、广佛江珠城际线、肇顺南城际等项目加快开展前期工作。

三是充分发挥广州港（水路）对佛山、肇庆的辐射作用。广州港在佛山开通容奇、勒流、高明、北滘4个穿梭巴士支线，在肇庆开通三榕、高要、肇庆新港、四会4个穿梭巴士支线，2014年完成运输量7万TEU。

四是抓紧区域重大公交枢纽建设。广州滘口公交客运枢纽、广州南洲路公交枢纽、佛山南海金融高新区公交客运站、广州南站汽车客运站（一期）先后建成并投入使用。

3. 积极引导产业协同发展

根据广佛肇三市的产业比较优势，以“退二进三”和“双转移”为契机，努力构建布局合理、关联性强的产业一体化格局。一是共建广佛肇（怀集）经济合作区。三市政府主要领导签署《广佛肇（怀集）经济合作区建设合作协议》并印发实施，截至2015年12月已累计投入3.85亿元进行园区基础设施建设，累计引入项目75个，总投资107亿元。二是金融一体化取得突破性进展。推动金融机构互设分支机构，商业银行通存通兑取得突破，推动支付结算一体化，推动中小企业信用担保体系发展合作，促进股权交易市场与企业成长发展合作，加强金融服务创新合作等。三是强化旅游合作。三市打包宣传推介旅游资源，合作在多个省会城市举办专场推介会，共同推介广佛肇旅游产品，多次联合参加国际旅游博览会等著名展会，统一制作广佛肇旅游景点交通指引标识。四是联合开展经贸活动，举办广佛肇欢乐购物节，开展联合招商，推动企业“走出去”，共同应对国际贸易摩擦，组团参加系列商品展销会。

4. 联合保护区域生态环境

一是共同保护水环境。三市协作保护珠江、西江水质，连续共同举办“爱我珠江亲水节”，联合打击西江河道非法采砂活动，重点推进跨界河涌综合整治，广佛开展16条跨界河涌工程共计111个子项，至2015年6月累积完成工作量22.51亿元。二是大力整治空气污染。三市全面实施机动车环保标志，联手推进大气挥发性有机物污染控制，广州、佛山、肇庆相继全面销售粤Ⅳ标准车用汽油，广佛共同推广“超洁净排放”改造技术。三是协同处置固体废物。广佛制定《广佛同城化建设固体废物联合执法工作方案》，同时联合肇庆开展执法行动，查处违法行为，三市在污水处理厂污泥、陶瓷行业煤焦油等固体废物处置问题上达成共识。四是优化完善区域环境监测网络。三市协同推进水环境质量监控网建设，确定了跨界流域监测断面、监测项目、监测频次、监测方法，相互通报跨界断面水质监测数据，共同探讨区域空气质量监测网络建设，实现实时数据共享互查。

5. 全面推动公共服务一体化

一是政务互通。广州荔湾区引入“市民之窗”自助服务终端，率先实现广佛政务通办，目前已可办理两市行政审批事项362项。二是交通服务。37条广佛城巴、快巴连接两市主要客运枢纽，43条广佛公交线路覆盖两市主要出行方向，广佛出租车实现异地上客，车辆通行费年票互认，公交卡通过升级“岭南卡”实现区域内一卡通行。三是人事人才。广佛已完成三批互派公务员挂职交流，广佛实现人才服务许可互通，三市流动专业技术人员可自愿选择申报评审地，三市高素质人才资源实现共享。四是社会保险。三市城乡居民养老保险和流动就业人员失业保险实现无障碍转移。指定定点医院实现参保人医疗费用直接结算。五是教育培训。开展三市重点中等职业院校互招工作，教育城域网实现互联互通，促进优质教育资源共享，在肇庆四会开展广佛肇教育新城建设。六是文化体育。三市共同举办传统工艺美术、龙舟赛等系列文体活动，丰富三市市民生活。七是卫生计生。推进三市医学检验和影像检查结果互认，探索预防性健康检查证明互认，加强急救合作，共同开展重大传染病和突发公共卫生事件联防联控等。

（四）广佛肇协同发展中获取的重要启示

从2009年至今，广佛肇经济圈协同发展取得全面、深入的进展，合作开展大量协同项目、解决系列跨区域协调难题，通过广佛肇经济圈建设，广州延伸了自己的经济纵深和资源基础，佛山和肇庆得到广州的辐射，获得了新的增长极，三市城市格局、产业布局得以优化，经济圈建设取得三市共赢的效果。在广佛肇经济圈建设中可以得到重要启示。

1. 平等协商是行之有效的协调方式

与其他地区不同的是，广佛肇经济圈采取了“平等主体、友好协商”的协调方式。在对广州和肇庆相关部门的访谈中，他们比较一致地希望有个“家长”，即成立一个省里牵头的更高层级的协调机构，对三市的协同发展进行统一协调，尤其是在三市意见不一致、协商无果的情况下能够进行裁决，从而使三市协同更为顺畅。我们认为尽管这种想法的出发点是好的，但失之于片面。平等协商的方式固然有其缺陷，但总的来看是一种更优的协调方式，也更切合广佛肇经济圈的实际情况，对这一协调方式应当予以坚持。

区域协同发展的目的在于实现区域内各城市的互利共赢，平等协商是实现这一目的最有效的办法。从广佛肇三个城市的情况来看，已经构成相互依存、互利互惠的共同体关系。以广州和佛山来说，佛山无疑需要广州作为中心城市的经济辐射，但广州也需要佛山来分担土地和人口压力。肇庆和佛山的经济关系与此类似。以上是以经济来说，如果按照生态来看，三者的关系又会倒过来。由于肇庆位于广州和佛山主要饮水源的上游，直接影响着下游两市的生态和饮水安全，佛山和广州迫切需要肇庆的配合。这就在事实上形成了彼此依存的关系，有助于通过友好协商、利益交换的方式在多数问题上达成共识。比如，广州和佛山的交通对接，一般情况下都是“佛山很着急、广州没那么急”，但如果佛山在市级层面向广州提出协调，广州也会重视，因为在其他很多领域广州也需要佛山的配合。正是这种依存关系使广佛肇的合作能够落于实处，而且一直保持了相互尊重、相互体谅的融洽气氛①。

如果在三市之上设立一个“家长”，看似找到了捷径，有了分歧可以更容易地达成共识。然而，这种“共识”很容易表面化，造成“共识易、落实难”。“家长”撮合和裁决的结果往往背离互利共赢的初衷，利益受到损害的城市很难积极实施相关建设，造成虚与委蛇和效率降低，如果类似情况大量出现，还可能会造成整个经济圈的名存

① 在一些难以达成共识的项目上，如规划对接，即便不能达成一致，往往也会预留好接口以便将来对接，从而体现出相互尊重的态度。

实亡。在珠三角这样市场机制发育比较充分，政府市场意识比较强的地方，如果贸然抛弃三市已有的平等协商的基本方式，对提高协同效率来说将出现事与愿违的结果。

应当继续坚持现有的已经比较成功的平等协商机制，并在此基础上进行完善，不断提高协商的效率和力度。此外，需要补充的是，就协商机制来说，随着成员数量的增加，协商达成一致的难度会相应增加，效率会明显下降。因此，必须合理控制经济圈内城市的数量，不宜扩张得太快。

2. 不同的领域合作空间差异很大

广佛肇经济圈的合作主要可分为规划、交通、产业、生态环保和公共服务 5 个领域。从 6 年来的实施情况来看，这 5 个领域合作的空间各不相同，其中交通是合作空间最大的领域，产业和公共服务的合作空间则相对有限。

交通领域具有最广阔的合作空间。经济圈合作要实现的效果是地理空间的外扩和融合，而拉近空间距离的主要途径是交通建设，因此，在广佛肇经济圈建设中，交通建设具有需求多、更迫切、手段实、见效快的特点，不仅为政府所重视，也为三市市民所高度关注。如随着广州与佛山交通更为便利，广州大约已有 150 万人实际生活在佛山，这也对交通衔接提出更高的要求。因此，无论是广佛同城化还是广佛肇经济圈建设，在其发展规划中都强调“交通先行”，在实际建设中也是如此，交通一体化是区域一体化的入手点和最重要的基础，也是政府的基本职责所在，合作空间极为广阔。

产业领域的合作空间相对有限。产业与基础设施不同，在珠三角这样的市场经济比较发达的地区，产业发展完全是市场化的。经营什么产业、将产业布局在什么地方，完全是企业的事，政府无法对之强制规定。广州、佛山和肇庆之间确实也出现了显著的产业梯度转移，但这主要是由于禀赋的变化、环保的要求和要素价格的变动所造成，不是政府安排的结果。政府促进产业布局优化主要依靠完善环保要求、打造营商软环境等，手段和力度都比较有限。三市虽然也开展了共建怀集经济合作区的项目，并且取得积极的成效，但与交通建设的进展相比力度相对有限。

公共服务领域的合作空间也比较有限。目前，三市公共服务合作的主要进展是为市民提供了一些办事便利，离人力资源自由流动、享受同等公共服务的目标仍然比较远。造成这一状况的主要原因是广东省整体户籍制度改革的力度仍然有限。虽然珠三角各市都出台了“积分入户”的政策，但存在入户门槛过高、年度指标规模过小等突出问题，一个城市内的常住人口尚存在公共服务水平的巨大差异，城市间的平衡和均等就更为困难。因此，就目前来说，公共服务一体化的空间受到限制，这有赖于国家和省级层面户籍制度改革力度的加大。

三、后发城市如何搭上经济圈的大船——以肇庆为例

（一）广佛肇经济圈中肇庆的定位和战略方向

在区域协同发展中，虽然各个城市都可以从中获益，但一般情况下，相对落后的城市获益会更多一些。后发城市从经济圈中获益的主要途径是接受先发城市的经济辐射。因此，后发城市的定位应是当好“小弟”，积极向“大哥”靠拢，靠拢得越紧密，则获益就会更多。从广佛肇经济圈的情况来看，尽管肇庆的土地面积最大，但在经济发展上却是名副其实的“小弟”，2009 年经济圈建设起步时肇庆的经济总量只有佛山的1/6，不及广州的1/10，这实际已经决定了肇庆在广佛

肇经济圈中的定位，即主动向佛山和广东靠拢，尽可能多地接受两市的经济辐射。

肇庆非常准确把握了自己的定位，并制定了相应的发展战略。从地理方向来看，佛山在肇庆的东面，而广州又在佛山的东面，因此，肇庆发展的战略方向只能是一路向东。肇庆基于这一定位确立了自己的发展规划。从图 3 可以看出，肇庆的发展尽管是全方位的，如在其西部地区也不乏怀集、封开等重要经济节点，但整体上具有非常明显的向东发展的特征。这一战略方向的基础设施建设、产业分布等更为密集，是未来经济重心的转移方向。

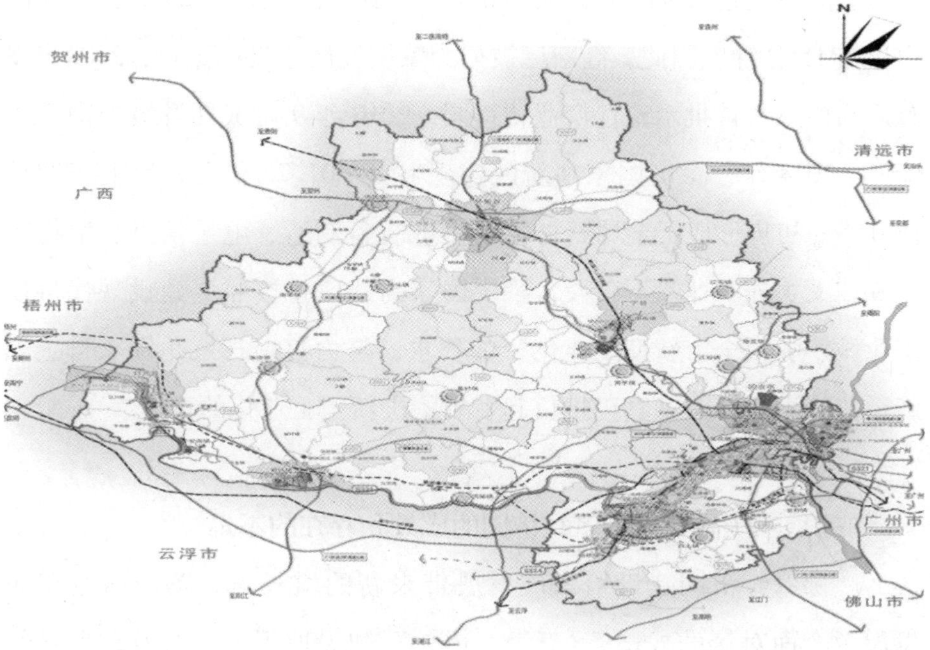

图 3　肇庆东向发展战略示意图

肇庆在向东发展的战略方向上还进行了两项大手笔的建设。

一个是肇庆新区。肇庆的老城区在端州区，2012 年，经省里批准，肇庆在端州以东 15 公里的鼎湖筹建肇庆新区。肇庆新区规划面积

115 平方公里、协调区总用地面积 585 平方公里，规划到 2030 年建设用地控制在 60 平方公里左右，人口达到 60 万。肇庆新区已经成为肇庆未来 20 年的城区发展重心和资源配置重点，不仅新建的高铁站等交通枢纽设置在新区，而且规划中将市政府等机关搬迁于此，从而完成交通、行政、经济中心的向东发展，使之成为对接珠江西岸经济走廊的交汇节点，对肇庆未来发展起到深远的作用。

另一个是肇庆高新区。肇庆高新区具有极为优越的地理位置。肇庆虽然被列为珠三角 9 市之一，但只有高新区实际位于珠三角之内。肇庆高新区东距广州市区 50 公里，属于广佛肇半小时经济生活圈。广佛肇城际轨道建成通车后，从高新区大旺站到广州仅需 20 分钟，到佛山仅需 15 分钟。因此，高新区被列为肇庆发展建设的重点，2008 年 8 月成为广东省首批示范性产业转移园，2010 年 9 月成功升级为国家高新区。2014 年，肇庆国家高新区实现 GDP 201.76 亿元，比上年增长 14.1%。初步形成了金属新材料、先进装备制造、电子信息、生物医药等四大主导产业。下阶段，肇庆国家高新区将按照“建设现代科技工业城、引领全市新型工业化”的要求，努力打造珠三角国家自主创新示范区重要节点，真正担负起引领肇庆新型工业化的重任。

（二）肇庆融入广佛肇经济圈的成效和存在的不足

广佛肇经济圈建设给肇庆发展带来新的增长点，肇庆通过东向发展、全面对接的战略，“五个一体化”建设取得突出成效，自身经济社会获得超常规增长，缩小了与广州、佛山等珠三角城市的发展差距，整体效果显著。同时，在肇庆融入广佛肇经济圈和珠三角的进程中仍存在一些不足，距离完全融入和发挥最大潜力尚有不小的差距。

1. 肇庆融入广佛肇经济圈已取得积极成效

自2008年实施《规划纲要》和2009年实施《广佛肇经济圈合作框架协议》以来，肇庆市积极融入珠三角和广佛肇经济圈，实施东向发展战略，全面落实基础设施一体化、产业布局一体化、基本公共服务一体化、环境保护一体化和城乡规划一体化等“五个一体化”，主动与佛山、广州两市对接，并对需要共同实施的建设项目进行协调，取得了积极的实效。

专栏3显示了肇庆承接珠三角产业转移的情况。尽管产业转移并不完全是政府主动推动的结果①，但借助区位优势承接产业转移、获取产业发展空间却是区域协同发展的应有之义和客观效果。借助于珠三角地区的产业转移，肇庆在汽车制造、有色金属、建筑陶瓷、化工等产业获得了迅速的增长，并与广州、佛山形成了分工协作和错位发展。以汽车产业为例，随着广州和佛山两市大力发展汽车产业，肇庆积极承接机械装备制造企业和汽车产业的转移延伸，建设相应的工业园区，集聚发展相关配套产业，目前已经形成“广佛整车、肇庆零部件”的产业格局，在提高整体竞争能力同时使肇庆自身获得了快速发展。2015年，肇庆预计完成规模以上工业总产值突破4000亿元，工业增加值突破1000亿元，与“十一五”期末相比均实现翻一番，肇庆承接区域产业转移取得了显著的成效。

---

① 产业转移更多的是由于自身发展规律使然，如早在广佛肇经济圈建设之前，佛山的重要支柱产业——陶瓷业已在向肇庆大规模转移，其基本动因是降低生产成本的需要，尤其是佛山提高了对环保标准的要求，陶瓷企业不得不向距离城区更远的肇庆境内搬迁转移，即便没有广佛肇经济圈建设，这一转移过程也同样会发生。

【专栏3】 肇庆承接珠三角产业转移的情况

2008年以来，肇庆市共引进产业转移合同项目1122个，计划投资总额1586.49亿元，其中来自广州、深圳、珠海、佛山、中山、东莞、惠州、江门等珠三角地区的项目912个，计划总投资1181.66亿元，分别占总数的81.28%和74.48%。912个项目分行业统计，计划投资额排前位的是金属加工业（235个，计划投资额232.12亿元）、非金属矿物制品业（包括陶瓷、玻璃、水泥）（101个，计划投资额161.43亿元）、服务业（75个，计划投资额150.63亿元）、房地产业（36个，计划投资额137.25亿元）、化工（94个，计划投资额131.78亿元）、机械制造和装备制造业（49个，计划投资额112.12亿元）。

衡量一个经济圈协同发展程度的重要指标是经济圈内相对落后的地区能否获得相对更快的发展，经济圈内地区间的发展差距能否有效缩小。按照这一指标来看，肇庆融入广佛肇的战略是成功的，也说明广佛肇经济圈的区域协同是有效的。表3显示了2010～2014年间肇庆和珠三角主要经济指标的增长情况，从中可以看出，几乎在所有的经济指标增速上肇庆都超过了珠三角9市的平均水平。从广佛肇经济圈内来看，肇庆的主要经济指标增速也都高于广州和佛山的水平。2008年，肇庆的人均财政收入只有1148元，分别只相当于佛山和广州的32%和20%，到了2014年，已分别达到佛山和广州的50%和36%。此前，尽管肇庆属于珠三角地区，但经济发展一直落后于全国平均水平，2008年肇庆人均GDP只有20041元，仅相当于全国平均数的84%，至2014年已经达到98%，接近全国平均水平，正在悄然摆脱

“全国落后地区”的帽子。这些数字都说明，肇庆积极融入珠三角和广佛肇经济圈的战略已经取得显著的成效。

表 3　　2010～2014 年肇庆和珠三角主要经济指标增速比较　　单位:%

指　标	肇　庆	珠三角 9 市
GDP	12.8	9.4
人均 GDP	11.7	7.5
规模以上工业增加值	23.5	10.5
规定资产投资	23.3	12.8
社会消费品零售总额	16.5	13.8
财政收入	21.1	15.6
出口额	16.6	7.3
实际利用外资	8.5	7.3

2. 存在的不足

尽管肇庆积极融入珠三角一体化和广佛肇经济圈的努力已经取得积极成效，然而，由于这一过程尚未最终完成，以及其他主客观①因素的限制，肇庆的融入成效仍存在突出的不足，与理想预期相比仍存在不小的差距。

一是肇庆同佛山、广州的发展差距仍然比较大。2009 年以来肇庆经济社会虽然取得了较为快速的发展，但总体发展不优、经济结构调整相对滞后、民生事业发展水平不高、山区板块发展相对缓慢。2014 年，肇庆的经济总量仍只有佛山的 25%、广州的 11%，规模以上工业增加值、企业数和高新技术企业数量分别只有全省的 3.2%、2.7% 和 1.3%，工业用地产出也远低于广州、佛山两市。此外，在主导产业、产业集聚、园区建设、转型升级等各个方面都与广州和佛山存在显著差距。

---

①　肇庆发展的关键是接受广州的辐射，但它与广州并不接壤，必须通过佛山来间接实现，这就使其效力打了折扣。

二是与广佛同城化相比，广佛肇一体化的力度相对不足。广佛同城化起步最早，且由于广州和佛山距离非常近，已经取得了十分显著的效果。如广州目前已有约150万市民居住在佛山，通过地铁等低成本便捷交通方式实现了通勤往来，等于完全实现了同城化的效果。但肇庆对佛山、广州的融入还远不能与之相比，交通往来仍不够方便快捷、要素流动仍然受到明显制约，肇庆接受广州的辐射还很不足。尽管三市设立了产业合作区作为利益共同体，但合作区发展的力度和速度仍然不够，没能起到撬动区域整体发展的作用。

（三）肇庆进一步融入广佛肇经济圈的思考和建议

肇庆融入广佛肇和珠三角将是一个长期的过程，其内容也是方方面面具体而微的。但就当前来说，比较重要和迫切的是在三个方面进行完善。

1. 克服“落差”带来的对接困难

广佛肇三个城市之间存在次第下降的经济社会发展水平落差，这种落差构成产业转移、要素流动的动力，为肇庆接受佛山和广州经济辐射创造了有利的条件。然而，这种发展落差的存在同时也会给肇庆与佛山、广州的对接带来实际的困难。

——积极性不对等的问题。由于对接给后发地区带来的利益更多、给先发地区带来的利益相对较少，往往是后发地区对共建项目需求更为迫切、态度更为积极。如肇庆和佛山的基础设施对接，往往是肇庆方面急于设计、动工，而佛山方面积极性相对较低，无法对肇庆的要求进行对等响应。

——标准不对等问题。在共建项目中，后发地区和先发地区的建设标准往往存在差异，后发地区由于财力等限制，往往标准较低。如肇庆和佛山进行道路对接或改造，佛山由于财力更雄厚，往往标准更高或在建设过程中提高标准，如公路由 6 车道改为 8 车道，而肇庆由于财力不足，仍只能按照 6 车道进行建设，造成对接困难和其他衍生问题。

——诉求不对等问题。广州、佛山由于发展水平比较高，对环境保护的要求比较高，要求肇庆减少污染物排放，但肇庆面临发展经济的迫切任务，同时囿于国内的生态补偿机制尚未建立，绝对地削减污染物排放存在现实困难，由此造成利益的冲突。

对这种由于发展“落差”带来的对接困难，建议肇庆做好以下三个方面。一是要立足自力更生。目前的共建项目中，广州和佛山已经给予肇庆一定的照顾①，由于基础设施建设大多遵循“各扫门前雪”的原则，加上当前经济下行压力较大，广州和佛山的财政余力降低，再加上广佛肇经济圈持续外扩，清远、云浮和韶关必将摊薄原来由肇庆独享的利益，肇庆只能立足自力更生解决现有难题。二是抓好重点。规划中的对接项目数量繁多，往往超过自身的承担能力，对这些项目应当准确“掂量”，具有战略价值的、需求比较迫切的项目，应当给予全力重点保障，意义相对较小、需求没有那么迫切的项目，可以适当从简或暂时搁置，“好钢用在刀刃上”，将财力配置在最需要的项目上。三是不断提高自己在经济圈中的话语权。广佛肇经济圈实行的是平等协商的协调机制，其实质是利益交换。肇庆应不断提高市场意识，改变现有等待和请求对方给予帮助的方式，着眼于三市协同可以给经济圈带来的共同利益，用市场化的方式讲好“三家故事”，借以实现自身的利益诉求。

---

① 如肇庆和佛山跨境公路中边界河流上的桥梁往往是佛山单独承担成本，再如三市在肇庆怀集共建经济合作区，广州提供了 5000 万元的工作经费支持。

2. 利用城际轻轨契机加速融入广佛肇经济圈

肇庆融入广佛肇经济圈尤其是接受广州经济辐射的最大障碍是空间距离。肇庆城区距离广州约 100 公里，即便是实现城区东移之后，其距离也在 80 公里以上。肇庆境内多山，不具备珠三角平原地区的蛛网式交通便利条件，其向东需要经过狭窄谷口才能与佛山相连，从而构成肇庆对外交通的瓶颈。随着经济活动流量日益增大，公路交通不可避免会出现拥堵现象。目前，贵广和南广两条高铁线已经贯穿肇庆，并在肇庆东站会合，进而向东连通佛山和广州。但这两条高铁线的定位均为连通广东与其他西部省份，对连通广州、佛山和肇庆三个城市的意义不大。具体地说，如果从肇庆东站乘坐高铁前往佛山和广州，不仅车次较少，而且由于都是路过车，在肇庆东站经停的时段极不方便，难以起到支撑三市间通勤往来的作用。因此，通过轨城际道交通构建贯通广州、佛山和肇庆的快捷交通走廊，实现经济要素的顺畅流动，对肇庆融入广佛肇具有战略性的意义。

广佛肇城际轻轨建设为肇庆接受广州辐射和分担广州人口带来了契机。肇庆新区正在大力推进新城区的规划和建设，提出以新区建设引领新型城市化，规划人口 60 万，但目前规划区域内人口只有约 16 万，主要是原有乡镇的农业人口。根据经验来看，这部分人口的城市化需求非常小，因此新区实现其远景规划的关键在于能否切实吸引佛山和广东的“候鸟”，实现肇庆居住、广佛工作，并以城际轻轨作为通勤往来的主要方式。广佛肇城际轻轨正带来了这一契机，它全长约 80 公里，贯通广州、佛山和肇庆三市，设计时速 200 公里，预计建成后从肇庆新区到广州站用时可控制在 1 小时以内，从而大大缩短广州到肇庆的距离感。肇庆新区作为这一路线的重要枢纽，为建成广州的“城外之城”提供了必要的条件。

目前广佛肇城际轻轨佛肇段已经竣工，并将通过广茂铁路接入广州火车站，已于2015年底开始试运营。为了充分发挥广佛肇城际轻轨的作用，实现肇庆新区分担广佛人口的作用，建议肇庆：一是协调佛山加速城际轻轨佛山西站的建设进度，尽快实现肇庆、佛山、广州的全线直通；二是协调广铁集团，合理制定广佛肇轻轨各段票价，体现城际交通特有的低价、快捷、适合通勤往来的优势，使肇庆居住、广佛工作成为可能；三是在肇庆新区完善基础设施和公用事业建设，适当调减工业用地比例、调增居住用地比例，通过控制住宅用地供给的方式有效抑制房价上涨，保持房价落差和对广佛居民的吸引力。

3. 处理好承接产业转移与环保的矛盾

肇庆作为广佛肇经济圈的后发地区，利用产业发展水平的梯度差异承接广州和佛山的产业转移是其实现经济增长和追赶的重要途径，但这不可避免的会产生与环保要求的矛盾。后发地区都希望引进技术含量高、附加值高、能耗低、污染排放少的产业，但在珠三角产业发展整体水平尚且不高的背景下，先发地区对这些“好”产业留之唯恐不及，缺乏向后发地区转移的内在动力，一般情况下多是污染较重的产业，迫于先发地区环保要求的提高而转移到后发地区，从而给后发地区造成环保压力。肇庆正面临这一矛盾。

肇庆此前承接的佛山陶瓷产业已经给其大气污染造成压力。从2004年起，肇庆已经开始承接佛山建筑陶瓷的产业转移，从2007年3月开始佛山陶瓷企业大规模向肇庆转移，这一过程一直持续到2011年。至2015年，肇庆共有规模陶瓷企业65家，生产线268条，生产能力约7亿平方米/年，在全国十大建筑陶瓷产区中已经上升到第5位。然而，由于肇庆中心城区三面环山、大部分为河谷，独特的地形条件造成其风速低、扩散能力弱，容易引发大气重污染事件。陶瓷行业是 PM2.5 的重要排放源，在此影响下，肇庆的空气质量出现下降，2014 年在广东省城市空气质量中肇庆以 PM2.5 年度均值 53.1 排名垫底。

鉴于肇庆环境容量小、环保任务重，在承接产业转移时务必处理好与环保的矛盾，建议肇庆做好以下三点。一是承接区域产业转移有所接有所不接。改变以往过于看重工业、产值和增加值的习惯做法，在承接产业转移时更加重视第三产业，着力引进战略投资、先进经营理念和管理模式，对可能带来污染的产业以“拒”为主。二是对已有的污染企业加强管控。加大执法力度，严格环保要求，促进污染企业集中入园、提高能源效率、降低单位排放，并积极引导其向更外围进一步转移搬迁。三是按照城市圈的分工要求错位发展产业。肇庆应当积极参与城市圈分工，利用广州和佛山经济发达、人口众多带来的市场需求，发挥自身地域辽阔、资源多样的优势，大力发展为广佛居民提供生活服务的产业，如居住、旅游、休闲、观光等，实现产业互补式协同发展。

执笔人：赵俊超

案例研究三

京津冀协同发展的实践与启示

在经济发展过程中，区域经济发展不平衡是不可避免的现象。我国区域发展差距尤为明显，京津冀区域发展更具有典型性。京津冀地区经济社会发展状况远落后于长三角、珠三角区域，同时区域内发展差距也日趋严重，尤其是北京、天津与河北之间的差距较大。解决区域经济发展不平衡，关键在于构建区域协同发展的体制和政策。本专题以京津冀协同发展为案例，通过分析京津冀地区发展的阶段特征，归纳梳理相关领域合作的主要政策举措，从体制机制安排、具体政策工具运用、操作实施过程三个方面总结主要经验教训。

一、京津冀地区发展的阶段特征

京津冀地区是首都所在地，地理区位和所承担的经济社会功能具有重要的战略意义。近年来，京津冀区域在经济发展、社会保障、生态保护、交通建设等领域取得了积极进展，但同时也面临区域一体化程度较低、城镇体系结构失衡、生态环境问题日趋严重等一系列突出问题。京津冀三地所处的发展阶段各不相同，要素资源配置的行政干预色彩较浓，协同发展的任务十分艰巨。

（一）三地经济社会发展差距明显

根据国家统计局北京调查总队发布的统计数据显示，2014 年，京津冀三地 GDP 总量达到 66474.5 亿元，占全国的 10.4%。地方公共财政预算收入为 8863.8 亿元，占全国的 11.7%，但三地经济社会发展差距明显。不平衡性是京津冀地区空间发展的重要特征。

其一，三地所处发展阶段落差较大。从人均 GDP 看，北京、天津人均 GDP 超过 1.6 万美元，而河北仅 6500 余美元，不到北京和天津的 1/2。相比之下，河北的贫困问题尤为严重，目前河北有国家级贫困县 39 个，其中在北京周边有 9 个。过大的发展差距通过“虹吸效应”进一步强化了发达地区的优势地位。从产业结构看，北京以第三产业为主，比重达 77.9%，并且呈现高端化趋势；天津、河北第二产业比重仍在一半左右，分别为 49.4% 和 51.1%。从城镇化率看，京津冀三地城镇化率分别为 86.4%、82.3% 和 49.3%。综合判断，北京已进入后工业化阶段，天津处于工业化阶段后期，而河北尚处于工业化阶段中期。

其二，自然资源承载分布严重不均衡。北京、天津作为京津冀经济发展的核心地区，土地面积 21.6 万平方公里，占全国土地面积的比重分别为 0.2% 和 0.1%。从人口聚集度看，京津冀地区常住人口 1.11 亿人，占全国的 8.1%。其中，北京、天津人口高度聚集，人口密度分别为 1311.1 人/平方公里和 1289.8 人/平方公里，均为河北省 393.4 人/平方公里的 3 倍以上，是全国平均水平 142.1 人/平方公里的 9 倍以上。此外，京津冀地区还是水资源匮乏且污染最严重的区域之一。水资源总量不足全国的 1%，相对于常住人口和 GDP 占全国的比重明显偏低。区域内国控省界断面中劣 V 类断面接近 44%。

其三，要素资源空间配置效率不高。这主要受所处发展阶段和体制机制等方面因素的影响。北京、天津的职能过于集中，对周边地区的辐射带动有限，造成中心城市与外围城市发展差距较大，过于悬殊的二元结构直接导致了生产要素向发达地区或中心城市流动，而落后和边缘地区却没有享受产业扩散带来的红利，影响了合理的经济梯度形成。由于区域内各城市发展目标相似，产业同构现象严重，导致三地产业横向纵向联系不紧密、专业化程度不够。以基础设施为例，缺乏统筹布局，既存在资源闲置的现象，也面临部分地区基础设施严重不足、三地基础设施资源衔接与共享不够的问题，严重制约了资源利用效率和区域整体竞争力的提升。

（二）跨区域合作机制的已有尝试

京津冀区域合作最早始于1986年天津提出的“环渤海经济区”，设立的环渤海地区经济联合市长联席会①被认为是京津冀地区最正式的区域合作机制。之后，河北于1996年提出“两环”② 开放带动战略，但在实践中发挥作用十分有限。同年，《北京市经济发展战略研究报告》提出“首都经济圈”这一概念。2004年2月，由国家发改委主持的京津冀地区经济发展战略研讨会在河北廊坊召开，会上京津冀三省市政府达成“廊坊共识”，标志着京津冀地区合作由务虚转为务实，开始共同编制京津冀都市圈发展规划。2006年，国家发改委提出“京津冀都市圈（2+8）”方案，包括北京市、天津市、保定市、廊坊市、沧州市、唐山市、秦皇岛市、张家口市、承德市等9个城市。

---

① 这个类似地方政府自己组织的沟通协调平台，在实际工作层面很难真正解决行政藩篱带来的难题，也没有改变大都市与周边贫困区县相对立的现实困境。此后，机构改名为环渤海区域合作市长联席会。

② “两环”指的是环京津、环渤海地区。

近年来，京津冀之间的同城概念得到进一步提升，三地交流与合作不断深化。2011年，“京津冀一体化”“首都经济圈”的概念写入国家“十二五”规划并成为国家战略，有利于更加全面、深度地整合周边地区的经济、产业、环境等资源，带动周边地区的全面发展。2013年3月，北京市与天津市签署《北京市天津市关于加强经济与社会发展合作协议》。5月，河北省分别与北京市、天津市签署《北京市—河北省2013至2015年合作框架协议》和《天津市河北省深化经济和社会发展合作框架协议》。

除了上述提及的都市圈发展规划和省际间战略合作外，三省市在交通设施共建共享、产业跨区域转移、大气污染联防联控等领域也进行了试点探索。其一，2009年5月，三地交通运输管理部门签署交通一体化合作备忘录，建立京津冀交通合作联席会议，并就推进的具体交通项目进行对接。其二，经济全球化与信息化进程加快使产业价值链发生重大变化，京津冀都市圈呈现愈发明显的总部在北京、生产基地在天津和河北的聚集趋势。此外，一些不符合北京功能定位、资源禀赋和环境要求的产业也逐渐搬迁到河北具有较强产业基础的地区，比如首钢将钢铁生产迁移到河北曹妃甸，成立新的首钢京唐公司。其三，由于大气污染的流动性和持续性，京津冀及周边地区必须共同推进环境治理和生态建设。2013年9月，环保部及其他六部委发布《京津冀及周边地区落实大气污染防治行动计划实施细则》，强调要建立联防联控机制①。

---

① 根据北京市环保局副局长方力的介绍，联防联控指的是京津冀及周边地区治理大气污染经验要共享，同时形成互相的竞争机制，也是良性的互帮互助激励机制；还要实现空气信息的共享，统一对重污染情况进行预测，令预测更加准确，为重污染应急提供更好的保障；最后是要加强联合执法，破除地方保护。

（三）跨区域合作机制亟待突破的难点

现有的区域战略与合作机制，对各地发展条件和发展能力的差异考虑不足，缺乏有效的区域协调机制。京津冀地区已有合作历经许多坎坷，河北在合作过程中不仅与京津的发展差距越拉越大，而且还被周边的山东、内蒙等省区超过。京津冀协同发展战略提出之前，由于三地定位尚未统一、尤其是北京和天津的关系处理较为复杂，河北与京津两地之间的政治地位、经济实力差距大，这些因素都导致三地利益诉求很难得以平衡。

最为关键的是，京津冀区域整体合作机制仍没有建立起来，尤其是缺乏区域整体高层协调机制、企业跨地区转移的利益协调机制、合理的财政转移支付机制等。以高层协调机制为例，以往主要议事协调机构还是省际联席会议，京津冀一体化规划编制仅是由国家发改委牵头协调，这样的顶层设计既难以摆脱“一亩三分地”的思维定式，也很难协调三地的不同利益需求。正因为如此，京津冀都市圈规划和首都经济圈规划由于种种原因，几经调整和修改最终没有出台。

总体来看，北京与周边省市区近年来虽然签署了一系列双边合作协议，但受现有行政体制束缚，加之三省市的现实需求不在同一层级，使得在政策资源分配上弱势地区很难享有平等机会，而在公共服务均等化、构建统一要素市场等方面的实质性合作也举步维艰。已有的区域合作框架主要停留在规划层面，区域合作的顶层设计没有真正确立。

二、京津冀协同发展的总体思路与政策举措

推动京津冀协同发展，是适应我国经济发展进入新常态，应对资源环境压力加大、区域发展不平衡矛盾日益突出等挑战，加快转变经

济发展方式、培育增长新动力和新的增长极、优化区域发展格局的现实需要，也是探索改革路径、构建区域协调发展体制机制的需要。2014 年 2 月 26 日，习近平总书记在北京考察工作时发表重要讲话，全面深刻阐述了京津冀协同发展战略的重大意义、推进思路和重点任务。自此，京津冀协同发展与"一带一路"、长江经济带成为新时期国家区域发展三大战略。

（一）牢固树立全局性战略定位

功能定位是科学推动京津冀协同发展的重要前提和基本遵循，也是顶层设计的关键环节，它通常围绕现实需求与目标展开，按照一定的原则和程序进行协商讨论，从而体现整体定位与三地定位之间的关系。因此，必须牢固树立全局性战略定位，既要对京津冀地区进行整体规划设计，也要充分发挥各自比较优势，考虑三地在协同发展过程中的各自利益诉求，加快推动错位发展和融合发展，创新合作模式和利益分享机制。在有序疏解北京非首都功能进程中实现区域良性互动，促进三省市协同发展、协调发展、共同发展。

2015 年 6 月，《京津冀协同发展规划纲要》（以下简称《规划纲要》）正式印发，标志着京津冀协同发展顶层设计基本完成。《规划纲要》明确了京津冀地区整体定位和三省市功能定位。京津冀地区整体定位是"以首都为核心的世界级城市群、区域整体协同发展改革引领区、全国创新驱动经济增长新引擎、生态修复环境改善示范区"，其中，北京市定位为"全国政治中心、文化中心、国际交往中心、科技创新中心"；天津市定位为"全国先进制造研发基地、北方国际航运核心区、金融创新运营示范区、改革开放先行区"；河北省定位为"全国现代商贸物流重要基地、产业转型升级试验区、新型城镇化与城乡统筹示范区、京津冀生态环境支撑区”。

整体定位与三省市功能定位是在充分听取多方意见、反复研究论证基础上形成的，体现了区域整体和三省市各自特色，符合协同发展、促进融合、增强合力的要求。区域整体定位体现了三省市“一盘棋”的思想，突出了功能互补、错位发展、相辅相成。三省市功能定位服从和服务于区域整体定位，符合京津冀协同发展的战略需要。从协同发展的政策内涵看，新的功能定位更加突出了“分工协作、共同发展”的理念，具体而言：

其一，与以往首都经济圈规划定位相比，京津冀协同发展更加强调各方的平等参与、主动融入。首都经济圈主要着眼于解决北京以及北京周边地区的发展问题，区域协调的政策工具都是围绕如何发挥首都的强大辐射和带动作用展开的。相比之下，如何解决天津、河北以及更为宏观的发展问题规划阐述明显不足，天津、河北始终处于相对被动的位置，特别是“承载地”“支撑区”“保护区”等提法不利于河北腹地功能的发挥。

其二，与以往三地功能定位相比，京津冀协同发展充分突出了首都中心特点，也充分体现了津冀尤其是河北的利益诉求，具体定位的政策内涵更加科学合理。《规划纲要》明确了北京的“四个中心”定位，但却淡化了以往对经济中心的表述，这并不意味着北京不再发展经济，而是更加凸显首都的核心功能。北京也成为京津冀地区唯一以“中心”命名定位的城市。功能定位调整较大的是天津和河北。以往关于天津北方中心的提法有些过高，尤其是“北方经济中心”“北方国际航运中心”的表述不太切合实际，过多的中心定位也容易导致没有中心。以往关于河北的定位始终比较模糊，略显空洞、缺乏特色和针对性。

其三，与以往区域协调发展战略相比，京津冀协同发展体现了整体性与区域性的关系，强调三省市定位服从和服务于区域整体功能定位，特别是在疏解北京非首都功能、推动区域协同发展中所扮演的角色。新的功能定位形成不再是过去那种“闭门商议、简单汇总、领导拍板”情形，而是建立在充分征求利益相关方意见和专家咨询意见基础上的。《规划纲要》提出的功能定位增强了整体性和协同性，较好地解决了以往按照行政区划范围定位与一体化协同发展要求的矛盾问题。比如，津冀两地功能交叉、河北功能分散、已有定位的衔接与调整，这些影响功能定位的关键因素都充分予以考虑。

（二）三个率先突破的主要举措与做法

《规划纲要》立足现实基础和长远需要，把握好疏解北京非首都功能、推动协同发展的步骤、节奏和力度，不搞齐步走、平面推进，对已达成共识、易于操作的领域率先突破，选择有条件的区域率先开展试点示范，努力推动三地“一张图”规划、“一盘棋”建设、“一体化”发展。交通、生态环保、产业三大领域不仅符合协同发展总体目标的要求，也是当前促进京津冀协同发展急需解决、具备一定条件且取得共识的领域。根据京津冀协同发展领导小组的统一部署，按照“开工建设一批、投产达标一批、储备报批一批”三个层次制定重大项目滚动计划，正有序推进实施交通、生态、产业等重点领域重大项目。

1. 交通领域协同发展的具体举措

交通一体化是京津冀协同发展的基础和条件，当前推进交通一体化面临的主要障碍和困难是管理体制机制和法规、规范、标准不协调以及资金需求量大，已有建设项目缺乏有效协调，容易产生建设浪费、交界断头路等问题。因此，必须从体制机制上入手，实现交通一体化规划，在重大项目建设上取得实效。2015 年 12 月，国家发改委、交通运输部正式印发《京津冀协同发展交通一体化规划》，明确指出要构建“安全、便捷、高效、绿色、经济”的一体化综合交通运输体系。从已有实施进展情况看，采取的主要举措有以下三个方面。

一是联合组建投资运营公司，专门负责重大交通项目建设和融资。比如，2014 年 12 月，京津冀三省市政府和铁路总公司共同成立京津冀城际铁路投资有限公司。它以三地为一个整体对象，突破了现有以行政区划为界限的建设模式，有利于形成统一的线网和市场，而相关税收由沿线省市共同分享。2014 年 8 月，天津港集团与河北港口集团共同组建津冀渤海港口投资有限公司，集聚津冀港口资源，共同参与区域内新建码头等项目，不断扩容京津冀无水港，带动京津冀三地临港产业、现代物流业、服务业等产业发展。

二是共同推进京冀之间的“断头路”建设，拓宽改造三地的“瓶颈路段”。比如，京台高速天津段、京昆高速北京段和河北段已经建成通车，京港澳高速河北段完成了 8 车道拓宽改造，国道 111 线北京怀柔—河北承德段一级公路全线通车，京新高速、京开高速拓宽工程、京秦高速、首都地区环线高速开工建设。一批高速公路“断头路”、国省干道“瓶颈路段”正在打通或扩容。2017 年有望打通京津冀国家高速公路的所有“断头路”。

三是加速构建京津冀一体化交通网络，不断提升交通管理与运输组织智能化水平。比如，民航局出台《关于推进京津冀民航协同发展的意见》，提出要构建功能完善的区域机场体系。目前，北京新机场已动工建设，河北机场集团公司纳入首都机场集团公司管理，区域内各大航空公司的定位与资源分配将由首都机场统一协调，实现了京津冀三地主要机场统一管理、一体化运营。京津城际延长线、津保、张唐铁路建成通车，京张、京霸、大张等高铁开工建设。此外，京津冀交通“一卡通”工作正式启动，高速公路 ETC 联网收费实现全覆盖，电子收费通行量占总通行量的比重达 35%。

2. 生态环保领域协同发展的具体举措

生态环境既是重要的民生问题，也是京津冀可持续发展的重要保障。当前生态环境保护面临的主要障碍和困难是，尚未形成制度层面明晰划分的责任与义务，城乡布局、产业发展与生态环境保护缺乏整体统筹设计，产业准入标准、污染物排放标准、环保执法力度、污染治理水平三地存在明显差异。因此，必须突破行政区划和条块分割的掣肘，率先在生态修复和环境综合治理上实现“四个统一”，即统一规划、统一标准、统一监测、统一执法。从已有实施进展情况看，采取的主要举措有以下三个方面。

一是共同签署系列合作协议，完善生态环保领域顶层设计。2015 年 12 月，国家发改委、环境保护部印发实施《京津冀协同发展生态环境保护规划》，从国家层面首次给出京津冀地区 PM2.5 年均浓度红线。之后，京津冀三地环保厅局签署了《京津冀区域环境保护率先突破合作框架协议》（以下简称协议），明确以大气、水、土壤污染防治为重点，以联合立法、统一规划、统一标准、统一监测、协同治污等十个方面为突破口。针对跨区域的环境污染事件以及区域性、大范围的空气重污染，建立预警会商和应急联动工作机制，协同开展大气、水、土壤污染治理，共同实施生态建设。

二是积极推进生态环境联防联治，完善生态环境保护协作机制。加快建设京津冀大气污染防治工程、重点地区秸秆综合利用项目和城镇污水垃圾处理设施。初步完成张承生态功能区建设实施方案，持续实施京津风沙源治理和防护林体系建设工程。三省市签署京津冀水污染突发事件联防联控机制合作协议、林业有害生物防治框架协议等，京津冀生态环境保护基金加紧设立。

三是联手开展治理雾霾行动，共同改善区域生态环境。三省市共同开展压减产能、节能环保等专项工作，重点开展燃煤锅炉节能环保提升、余热余压利用、脱硫脱硝除尘等工程项目。2015 年上半年，京津冀三地压减燃煤 1021 万吨，水泥产能 150 万吨，平板玻璃 300 万重量箱；推广应用新能源车 2.21 万辆，京津两地已全部淘汰黄标车。此外，三省市还结合各地实际开展重点流域水污染防治、地下水超采综合治理、白洋淀综合治理、百万亩连片植树造林等重大项目。

3. 产业领域协同发展的具体举措

北京非首都功能疏解、大城市病治理与津冀地区的产业发展相辅相成，产业协同发展也是京津冀协同发展的关键支撑。当前产业转型升级面临的主要障碍和困难是，三地之间在经济发展水平、公共服务、市场环境建设等方面存在较大差距，不利于要素资源的自由流动和优化配置，影响了北京非首都功能疏解和相关产业转移。因此，要着力加快推进产业对接协作，理顺三地产业发展链条，形成区域间产业合理布局和上下游联动机制，做好产业发展规划的衔接，更好实现产业分工协作。从已有实施进展情况看，采取的主要举措有以下三个方面。

一是签署区域合作协议及备忘录，加强产业领域对接协作。2014 年，北京分别与天津、河北举行工作交流座谈会，双方签署了系列区域合作协议及备忘录，其中 3 份与天津产业对接协作直接相关，4 份与河北产业对接协作直接相关（如表1所示）。此外，三地还积极推动京津冀产业协同发展投资基金设立，出台产业转移对接企业税收收入分享办法。

表1　　京津、京冀区域协作对接协议主要情况（2014年）

合作对象	签署时间	协议名称	所属类别
河北省	7月31日	共同打造曹妃甸协同发展示范区框架协议	产业、园区
		共建北京新机场临空经济合作区协议	产业、园区
		共同加快张承地区生态环境建设协议	生态环境
		共同加快推进市场一体化进程协议	市场、产业
		共同推进物流业协同发展合作协议	产业
		交通一体化合作备忘录	交通
天津市	8月6日	贯彻落实京津冀协同发展重大国家战略推进实施重点工作协议	重点工作
		共建滨海—中关村科技园合作框架协议	产业、园区
		关于进一步加强环境保护合作的协议	环境保护
		关于加快推进市场一体化进程的协议	市场、产业
		关于共同推进天津未来科技城京津合作示范区建设的合作框架协议	产业、园区
		交通一体化合作备忘录	交通

资料来源：作者整理。

二是政府主动牵线搭桥，共同打造产业合作对接平台。比如，2014年北京搭建了30个产业疏解合作平台，推进产业转移疏解项目53个。在此过程中，曹妃甸协同发展示范区、张承生态功能区、天津滨海—中关村科技园、新机场临空经济区等重点功能区正有序加快推进。2015年11月，由工信部与京津冀三地政府联合举办京津冀产业转移系列对接活动，建立了更加高效的产业对接合作机制，推动产业有序转移承接，现场签约51个项目，涉及工业园区、高端装备制造业、生物制药、传统产业转型升级等领域。

三是寻求重大合作项目取得突破，带动相关产业对接协作。比如，北汽集团黄骅整车项目建成投产，北京现代汽车第四工厂25万辆整车项目、北京22家生物制造企业项目在沧州开工建设，唐山国丰钢铁启动重组搬迁。张北云联数据中心开工建设，曹妃甸千万吨炼油项目已核准。一批重大产业合作项目落户曹妃甸区、张承生态功能区和滨海新区等功能承接区，同时也带动了相关产业项目的积极对接，京津冀三地产业深度融合逐步显现，正逐步从行政规划的推动转为市场主体自主的自发行为。据统计，2015年1～10月，天津市全部利用内资的43%来自北京和河北，而河北引进资金的47.3%来自京津，资金达到2748亿元，引进京津项目3621个。

（三）其他领域合作的主要举措与做法

在三个重点领域率先突破的同时，稳妥有序开展北京非首都功能疏解，积极推进京津冀公共服务一体化，不断深化改革创新和试点示范工作。虽然涉及领域众多、各自推进进度不一，但在跨区域合作中的主要做法具有相似性。因此，主要从科技创新、金融服务、教育医疗等领域进行简要阐述。

一是建设京津冀协同创新共同体。2015年8月，国家发改委、科技部印发《京津冀创新驱动发展指导意见》，中关村海淀园秦皇岛分园、清华大学（固安）中试孵化基地、保定中关村创新中心等协同创新共同体启动实施，相关配套措施相继出台。具体举措有：设立京津冀科技成果转化创业投资基金；中关村试点政策优先在京津冀落地；探索共建共管共享科技产业园区模式；优化布局京津冀地区重大创新平台；京津冀被确定为全国8个全面创新改革试验区之一，试点方案正在加紧制定。此外，三地还推动形成跨京津冀科技创新产业链，依托中关村—滨海大数据创新战略联盟，加快打造“中关村数据研发—张北数据存储—天津数据装备制造”等上下游环节贯通的“京津冀大数据走廊”。

二是不断加大金融改革创新力度。《规划纲要》中提出要推进金融市场一体化改革，目前，国家层面还没有专项规划和指导意见，三省市共同设立京津冀开发银行还处在研究论证阶段。但是，三地金融机构之间的合作对接异常频繁。2015 年 9 月，三省市工商联以及相关金融机构、产业园区共同签署《京津冀协同发展金融服务合作框架协议》，主要为首都疏解企业提供更多高效、便捷的金融服务。京津冀地区金融合作的主要做法有：鼓励三地互设金融机构，推动各机构参与京津冀协同发展重点项目；成立京津冀产权市场发展联盟，在信息联合披露、重点项目推介、投资人引进、会员资源共享等方面开展合作；建立区域金融风险协同处置机制，具体工作层面也建立了相应的信息沟通、信访协作、直接对接等合作机制。

三是继续深化教育医疗卫生合作。教育领域的主要做法有：编制完成《京津冀协同发展教育专项规划》；相继成立京津冀卫生职业教育协同发展联盟、京津冀三省市工业大学和建筑类高效协同创新联盟；加紧组建跨区域职教集团、京津冀教育协同发展研究中心；研究制定首都高校外迁总体规划。医疗卫生领域的主要做法有：编制完成《京津冀协同发展医疗卫生专项规划》；三省市签署《京津冀卫生计生事业协同发展合作协议》，强调将建立区域会诊转诊中心和医学影像共享中心以及联通三地的区域信息平台；加快推进异地就医结算系统建设；采取机构托管、对口支援等形式建立北京市与河北省有关医院的合作关系。

三、主要经验与政策启示

党的十八大以来，京津冀协同发展正式迈入实质性推进的“快车道”。京津冀协同发展的主体框架日臻完善，相关体制机制创新也在不断探索，这也是顶层设计赋予京津冀协同发展的重大使命。《规划纲要》明确指出将“区域整体协同发展改革引领区”作为京津冀整体定位之一。因此，需要将京津冀协同发展的体制机制改革经验进行总结，同时也对执行操作过程中存在的问题提出思考建议。

（一）跨区域合作体制机制安排

以往跨区域合作的实践表明，如果缺乏一个高层级的区域整体协调机制，很难形成统一的区域合作动力，尤其是在政治地位、经济实力差距较大的跨区域合作中，很有可能出现逆向调节作用。京津冀地区合作的已有尝试也证明了这一点。因此，跨区域合作中需要有特殊的体制机制安排，对于行政资源高度集中的京津冀地区更应如此。目前，京津冀协同发展在体制机制安排上重点突出了决策协调机构的权威性、顶层设计制定的整体性、合作推进步骤的协调性。

第一，组建形成了以京津冀协同发展领导小组为核心，三省市及相关部委共同参与、专家咨询委员会提供辅助的最高决策议事机构。京津冀协同发展领导小组组长由中共中央政治局常委、国务院副总理担任，领导小组成员由国家有关部门负责同志和三省市主要负责同志组成，领导小组办公室设在国家发改委地区司。这是迄今为止跨区域合作协调机构的最高层级，更加突出了领导小组统领各方资源的权威性。与此同时，为提高决策咨询的科学性，还专门成立了京津冀协同发展专家咨询委员会，就京津冀协同发展面临的重点难点问题提供决策咨询意见。这也是首次针对某一特定区域成立专家咨询委员会，并由中央办公厅发文任命。由此可见，这样的组织架构设计兼顾了决策的权威性与科学性，也在一定程度上确保三省市合作的平等地位，使之能够更加客观地看待三地之间的利益诉求，合理权衡政策取舍。在此基础上，京津冀三地也各自成立了京津冀协同发展领导小组，具体负责协同发展过程中的相关事宜。

第二，首次在国家层面将京津冀作为整体统一编制各项规划，协同发展规划体系加快建立。在顶层设计上，从中央到两市一省，始终聚焦“一张图”、展开“一盘棋”，上下同心、主动作为，共同推进京津冀协同发展。2015 年 6 月，《京津冀协同发展规划纲要》正式印发，标志着京津冀协同发展顶层设计基本完成。在此基础上，先后编制完成了交通一体化、生态环境保护、产业转型升级、科技创新等四个专项规划。土地利用、农业、城乡、教育、卫生和京津冀城际铁路网等专项规划也在修改完善中，并与相关规划进行主动衔接。与此同时，由领导小组办公室牵头编制了《“十三五”时期京津冀国民经济和社会发展规划》，着力体现“三地一盘棋”，进一步增强发展整体性，加强对三省市“十三五”规划的指导。由中央部委牵头、三省市共同参与编制一项区域性规划，这在区域协调发展中尚属首次，标志着新时期区域协同发展逐步由规划分散向战略协同转变，更加强调各种战略和政策之间的衔接性。

第三，充分考虑京津冀地区实际情况，按照“政府主导、企业参与、市场选择”的原则，有节奏、分步骤、协调推进各项合作。京津冀面临的问题，是困扰全国诸多城市群问题的一个缩影，然而其发展不协调、不平衡的矛盾最为突出、最为复杂，关注度最高，解决难度也最大。2014 年 2 月，习近平总书记在北京考察工作时发表重要讲话，全面深刻阐述了京津冀协同发展战略的重大意义、推进思路和重点任务，规划设计的总体框架和先行先试的突破领域初步形成。具体来说，一是进一步统一思想认识，确立了京津冀整体定位和三地各自功能定位；二是从非首都功能疏解的现实问题出发，有步骤地在交通、生态环保、产业三大领域率先突破；三是稳步推进改革创新和试点示范工作，不断发挥疏解示范项目和重大功能承接平台的引领示范作用；四是各层级政府间合作领域进一步拓宽，社会事业领域协同发展开始显现，市场主体的自发行为逐步形成。

（二）区域协同治理的政策工具

在我国现有的政治框架下，政府仍然是改革的主导者和主要推进者，现有的跨区域合作体制机制安排仍然体现政府主导的特点。促进京津冀协同发展，关键是在跨区域协同治理中合理运用各种政策工具，从而避免政策碎片化。如何突破行政壁垒障碍、建立跨域性利益补偿机制，是当前京津冀协同发展需要解决的核心问题，具体涉及产业引导、财政税收、人才流动等相关政策。因此，需要对相关政策在区域协同治理中运用进行科学评价，总结经验与不足。

产业政策方面。根据疏解北京非首都功能要求，更加注重运用经济、法律手段引导产业有序转移。北京市通过修订发布 2015 年版新增产业的禁止和限制目录，更加突出产业的高精尖特点。与此同时，配合出台全国力度最大的差别水价和最严的差别电价政策。天津、河北通过构建产业合作对接平台，根据项目需求类型和产业分工特点建设集中承载地，不断完善相关配套设施，积极承接非首都功能项目。但从前期进展情况看，三地有关区县承接北京非首都功能存在同质化倾向，由于缺乏细化产业的布局规划和功能分区，加之各地产业转移优惠政策竞相攀比，使得各地争抢批发市场、争抢重大项目、争抢科研院所等现象时有发生。

财税政策方面。大量资金需求是京津冀协同发展面临的重大瓶颈，在交通一体化领域更为突出。现有的通常做法是：由三省市和相关部委出资，联合组建投资运营公司，以市场化方式筹措资金；中央财政给予一定专项补助；设立京津冀发展各类专项基金，主要用于特定领域发展的资金支持。相比之下，税收政策运用更多是实现跨域性利益补偿，扫除产业转移过程中因地区间税收利益博弈带来的障碍，主要表现为税收分享比例设计。比如，财政部、国家税务总局出台的《京津冀协同发展产业转移对接企业税收收入分享办法》明确了企业迁入地和迁出地三大税种（增值税、企业所得税、营业税）税收收入五五分成。此外，对于鼓励类产业和重大承接转移项目各地还出台了相应的税收减免政策。但从已有实施进展看，一些财政补助、税收分配的政策实施细节还不完善，三地财政、税收部门间的沟通协调还不到位。产业疏解过程中涉及项目选址、人员安置、资质认定等方面的政策工具协调性较弱。

人才政策方面。京津冀区域发展不平衡，一定程度上导致了人才分布和吸引力差距过大。长期以来，三省市在产业布局、人才培养及需求规划方面处于各自为政的状态，人才并没有充分流动起来。因此，必须在承接产业转移的同时促进人才合作与流动，要通过各种政策打破劳动力人口层级分布的极化现象。目前，有关京津冀人才政策主要以柔性引进、提高待遇、营造环境为主，三省市人才开发在政策衔接、资源共享和服务联通方面还有待进一步加强。各地在抢抓人才机遇中也在不断尝试政策创新。比如，天津通过设立“京津人才驿站”，与北京工作站共建合作机制，同步发布天津紧缺人才需求目录，打造“一才双城”工作生活圈。与此同时，制定《天津引进人才“绿卡”管理暂行办法》，研究出台人才评价互准互认政策和海外高层次人才共引共育政策。

舆论引导方面。京津冀协同发展作为新时期国家重大战略，受到社会各界高度关注，尤其对周边房地产市场波动和北京非首都功能疏解的影响最为明显。舆论引导是否恰当，直接关系到京津冀协同发展的推进节奏。目前，已推动建立了统一的京津冀协同发展信息发布机制，发挥专家咨询委员会作用做好正面宣传和政策解读，合理引导社会预期，避免舆论炒作和误导。此外，三省市还积极做好舆情监测和社会风险评估，努力营造社会各界关心支持参与京津冀协同发展的良好氛围。

（三）具体执行操作过程中的困境

推进京津冀协同发展，关键在于将顶层设计落到实处，在具体执行操作过程中寻求一套行之有效的解决办法。习近平总书记在北京考察工作时专门提到，“京津冀合作，北京也好，天津也好，河北也好，经常互访，也经常座谈，也签了协议，如何整体协同发展，没有落到实处，没有真正启动起来”。京津冀协同发展战略正式提出至今已有三年的时间，顶层设计和主体架构基本搭建完成，部分工作在一些地区已经产生了积极的效果，下一步要在拓展协同发展的广度和深度上下功夫。从调研了解情况看，在具体执行操作过程中也面临一些政策困境，这里主要从宏观层面进行阐述。

一是如何确保政策制定的公平性。现有的区域战略和政策，对各地发展条件和发展能力的差异考虑不足，一个地区能否获得中央政府的支持有时并不取决于这个地区发展的实际需要，而取决于它的政策游说能力。目前，京津冀三地都希望中央政府给予其特殊优惠政策，通过各种渠道以不同形式表达了自身利益诉求，只是在优惠政策争取上的侧重点不同。但从已有实践经验看，许多政策试点或政策实施大都从基础较好、优势明显的地区开始，相比之下，现有给予河北的政策倾向力度还不够，反而北京、天津更有能力获取中央政府的支持，三地在政策争取上的差距也仍然很大。

二是如何看待分工模式的割裂性。现有的区域协同政策落实基本采用“上级指导、部门分工、专项部署”的方式，对总体规划的各项部署进行任务分解，由各有关部门分别牵头组织实施。在这种模式下，能够有效推进政策逐步落地，但受到各部门职能分工的影响，就会产生政策之间的割裂。此时，如果缺乏一个有力的协调指导部门，政策执行容易出现矛盾与冲突。目前，三省市分别召开省（市）委全会通过《规划纲要实施意见》，逐项落实《规划纲要》分工方案中的各项任务。与此同时，印发实施了交通、生态环保、产业、科技创新等专项规划，由相关部委会同三省市共同实施。但是，政策落实越往下面，越容易感受到政策条块分割带来的问题，特别是到市县一级，贯彻落实顶层设计的想法更容易受到部门利益影响，对于具体部门和执行主体而言，可能形成政策价值的偏离。

三是如何提升执行方式的效率性。积极消除地方性政策壁垒，建立相关制度，引导、约束和保障区域公共政策合作的良性发展，是提升政策执行效率的主要前提。政策执行效率低下，在很大程度上是由于具体操作部门众多、沟通协调难度大、上位政策来源不一致造成的。还受政策相关配套措施不完善、部门自身工作效率等因素影响。在京津冀地区实际调研中，一些部门和企业也都有所反映。比如，尽管出台了《京津冀协同发展产业转移对接企业税收收入分享办法》，企业所在园区和开发区也初步达成了框架协议，但在具体操作层面仍然尚未落实，因为还涉及两地财政、税收等多个部门的沟通协调问题，地方政策性壁垒和自身利益仍然存在。此外，在政策落实过程中还经常出现“选择性执行”现象，对于协同发展能带来地区或部门利益的政策执行效率可能更好，而对于那些会造成地区或部门利益损失但有利于整体利益实现的政策执行可能会受到阻碍。

执笔人：龙海波

案例研究四

协同发展中的京津冀地区功能定位研究

京津冀协同发展是我国区域发展总体战略的重要内容。我国在深入实施西部开发、东北振兴、中部崛起和东部率先的区域发展总体战略基础上，不断完善区域发展机制，以“一带一路”建设、京津冀协同发展、长江经济带发展为引领，形成沿海沿江沿线经济带为主的纵向横向经济轴带，塑造要素有序自由流动、主体功能约束有效、基本公共服务均等、资源环境可承载的区域协调发展新格局。其中，京津冀协同发展战略着眼于探索人口经济密集地区优化开发新模式，建设以首都为核心的世界级城市群，辐射带动环渤海地区和北方腹地发展。

本专题基于京津冀地区定位的历史梳理，在借鉴国外主要首都区域定位经验的基础上，提出“以首都为核心的世界级城市群”是京津冀地区战略定位的重点，有效疏解北京非首都功能是京津冀协同发展战略的核心。

一、问题的提出

京津冀地区战略定位的调整滞后于该地区经济社会发展的进程。

京津冀协同发展战略之所以被提出，很大程度上源于北京交通拥堵、环境污染等“大城市病”以及北京与周边区域存在发展落差等矛盾累积到了相当的程度。大城市病是京津冀地区发展定位和发展阶段错位的集中表现。世界发达国家的首都区域多有着上百年的工业化、城镇化历史，其首都地区的定位以及定位之下的功能结构和治理能力，是在长期发展历程中逐步积累形成的。与这些国家相比，我国在近半个世纪的工业化、城镇化过程中发展速度更快，作为首都所在区域的京津冀地区相比其他发达国家首都区域也以更快的速度向现代化世界城市迈进。但在京津冀地区经济社会结构快速变动的过程中，短时期内的压缩式发展导致城市治理与人口聚集难以协调适应，大城市病问题比历史上主要大国首都区域在相应发展阶段更为突出。究其原因，很重要的一点是京津冀地区的定位并没有根据发展阶段转换适时作出相应的转变，发展定位之下的规划布局、管理方式、权责划分等的调整也较为滞后。

赋予京津冀地区新的发展定位，对于顺利推动京津冀地区协同发展至关重要。如何通过合理设定京津冀地区的功能定位，实现优化产业人口布局、改善城市治理，缓解北京的“大城市病”问题，是推动京津冀地区协同发展首先需要回答的问题。我们需要将京津冀地区置于国际经济分工、全国生产力布局、区域经济格局的框架中，从地缘经济、产业分工等角度研究其在新时期的功能定位。从全球定位来看，京津冀地区应成为重要的世界级城市群，是我国未来参与国际区域竞合、提升全球产业链的位置、提高国际话语权的重要支撑。从国内和区域定位来看，实现协同发展的京津冀地区既需要疏解北京非首都核心功能，也要成为我国新的区域增长引擎，带动我国北方地区经济社会的发展。

本专题的第二部分通过对京津冀地区定位的历史梳理和现实比较，分析原有定位存在的改进空间；第三部分对国外重要首都区域定位进行比较，总结了首都区域基于复合型功能和简单型功能两种定位的经验与启示；第四部分基于前述研究，重点从建设以首都为核心的世界级城市群和优化北京首都功能两个角度，分析未来京津冀地区的发展定位。

二、京津冀地区战略定位的变迁与影响

新中国成立后，北京、天津、河北的定位几经变化，进而影响到三地间的分工与各自发展。梳理三地定位的变迁脉络并分析其影响效果，有利于总结经验规律、探寻改进空间。对京津冀三地的定位，大体可分为以下四个阶段。

（一）第一阶段：1949～1952年

新中国定都北京后，北京重新成为全国政治中心，天津则延续北方经济中心的地位。两地产业结构相异，经济水平则是天津更高一筹（见图1）。

北京重归政治中心。作为元、明、清与民国初年的首都，北京长期是全国的政治中心。新中国定都北京，是政治中心的回归。这一时期，北京呈现消费城市特征。1949年，北京工业总产值不到1亿元，基本没有现代机器制造工业与化学工业；第三产业比重达到40%，一直到1953年都超过第二产业，并远远高于同时期的全国平均水平。

天津延续北方经济中心地位。历史上，天津长期作为北京的卫城。第二次鸦片战争后，天津开埠，对外贸易、现代工业与商业金融均迅

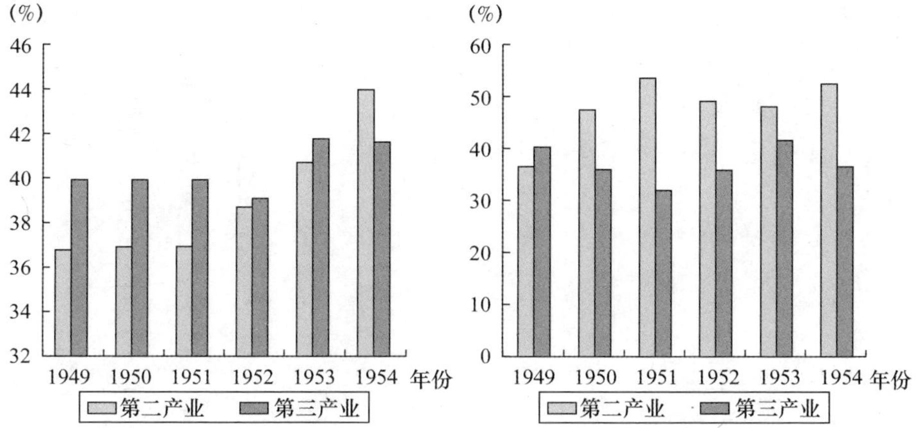

北京　　　　天津

图1　北京与天津产业结构（1949~1954年）

资料来源：《新中国六十年统计资料汇编》。

速发展（罗澎伟，2011）。到了20世纪20~30年代，天津正式成为我国北方经济中心，形成“北天津、南上海”的全国经济格局。1949年，天津工业产值为1.43亿元，并在1952年达到6.12亿元（该年北京为2.69亿元）。而自1950年起，天津的第二产业比重就超过了第三产业，这一结构性变化的发生要早于北京。

这一时期，天津作为北方经济中心，无论是在地区生产总值的绝对水平还是人均水平上，均高于同期的北京。直到1953年和1954年，这两项指标才分别被北京反超（见图2）。上述转折正是缘于发展定位的改变。

（二）第二阶段：1953~1978年

社会主义建设时期，北京的定位由政治中心延伸至经济中心，大力发展工业。京津两地经济水平接近，但产业同构严重。与此同时，河北产业升级较为缓慢。

北京定位为经济中心、生产城市，强调发展大工业。1953年编制

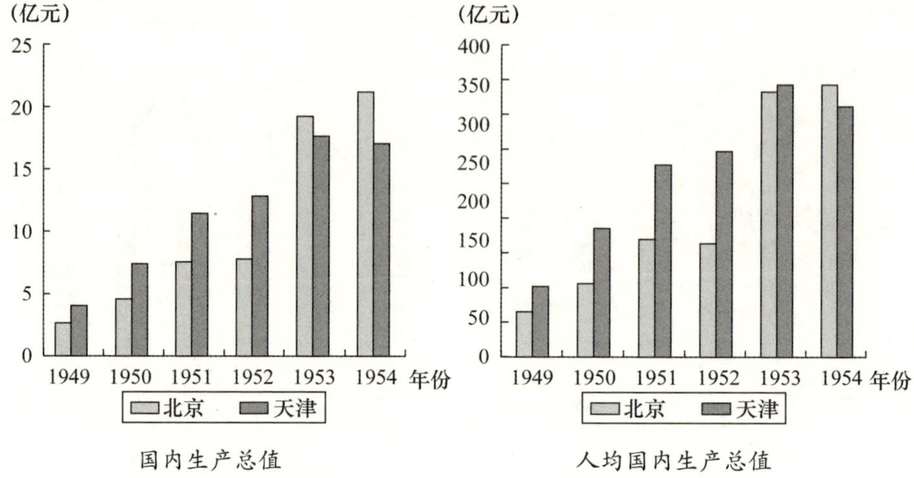

图2　国内生产总值与人均国内生产总值现值（1949～1954年）

资料来源：《新中国六十年统计资料汇编》。

的《改建与扩建北京市规划草案的要点》提出，要将北京建成为我国政治、经济和文化中心，特别是大工业城市，从而将北京由消费城市转变为生产城市；1958年《北京城市规划初步方案》与1973年《北京市建设总体规划方案》进一步强调要发展首都工业（陈志楣，2014）。随着北京大力兴办各类工业企业，第二产业比重迅速上升，并超过第三产业占据了绝对主导地位。1978年，北京第二产业比重达到峰值，占地区生产总值的71.14%，而同年第三产业所占比重仅为23.69%。具体见图3。

天津在直辖与省辖间摇摆，城市定位模糊，主要强调工业发展。1949年建国伊始，天津便正式列入中央直辖市。1955年，天津的“一五”计划将自身定位为沿海工商业大城市与老工业基地。但到了1958年，天津降格为河北省辖，直到1968年才再次恢复中央直辖。受行政区划变更以及北京建设经济中心的影响，天津城市定位比较模糊。其“二五”计划只强调“继续以工业为中心”，“三五”计划提出建设成全国先进的生产科学技术基地，“四五”计划提出建设成全国化学工

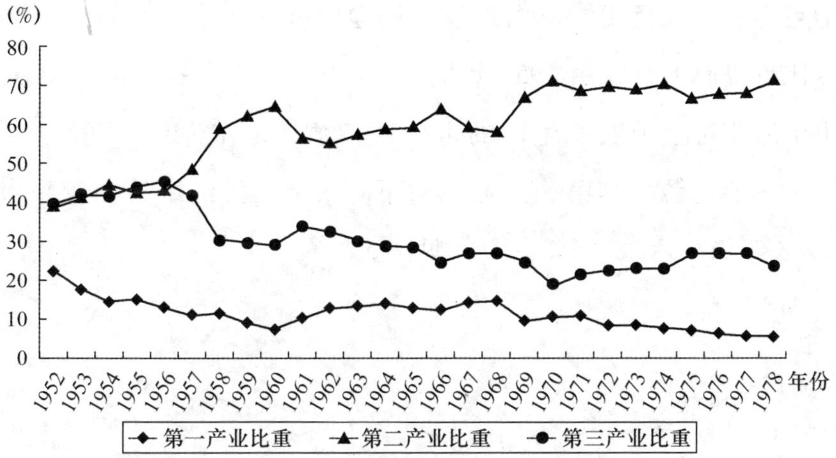

图 3　北京市产业结构（1952～1978 年）

资料来源：华通数据库。

业基地（杨振江，2004）。这一时期，天津的第二产业比重迅速上升，从 1949 年的 36.36%，上升到 1975 年顶峰时的 72.12%，远超过当时 21.61% 的第三产业比重。具体见图 4。

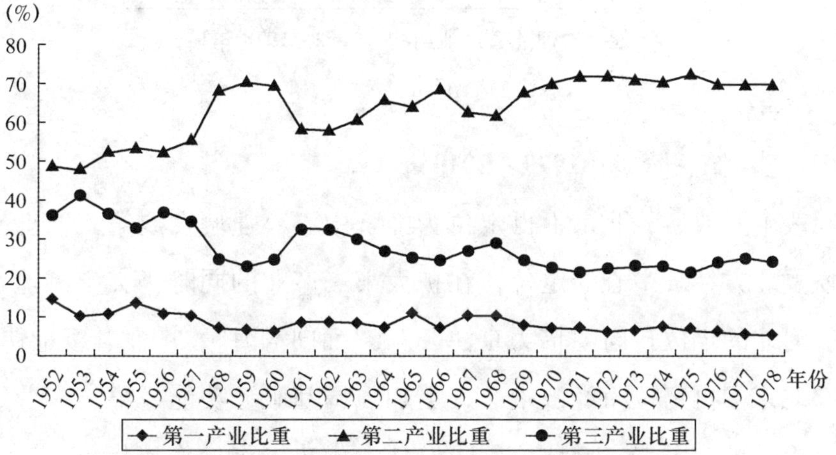

图 4　天津市产业结构（1952～1978 年）

资料来源：华通数据库。

河北定位为服务京津，在发挥农业支撑作用的同时，促进内陆工业发展。计划经济时期，河北的发展思路可归纳为“提高两线、狠抓两片、建设山区、开发沿海”，即重点开发京广和京山铁路沿线、黑龙港与坝上、太行山、燕山以及沿海地区（薛维君，2006）。其第二产业比重快速上升，由 1952 年的 18.79% 上升到 1978 年的 50.46%。但由于河北对全国农业生产的重要性，尤其是作为京津两地“菜篮子”的重要地位，其第一产业比重下降缓慢，始终维持在较高水平，至 1978 年仍高达 28.52%。具体见图 5。

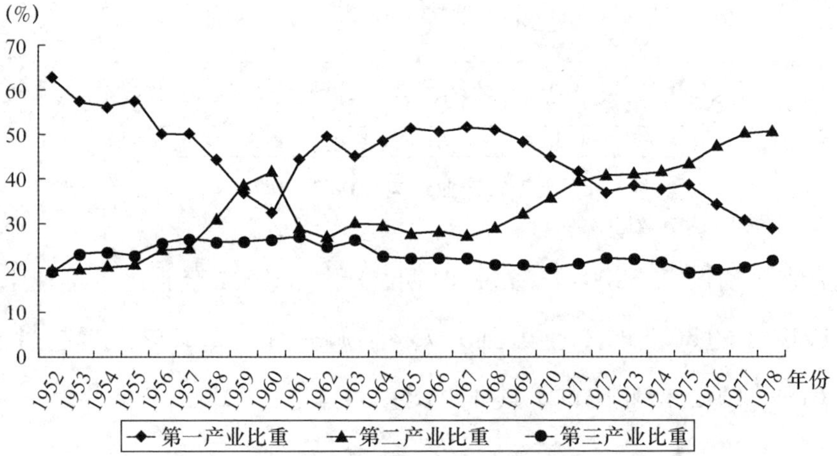

图 5　河北省产业结构（1952～1978 年）

资料来源：华通数据库。

（三）第三阶段：1979～2010 年

改革开放后，北京不再定位为经济中心，强调发展第三产业。天津恢复北方经济中心的定位，在扩大第三产业的同时仍突出制造业发展。河北的定位转向“借力京津”与“面向渤海”，产业升级加快。

北京不再定位为经济中心，更加强调其服务功能，第三产业迅速超过第二产业占据主导地位。1980 年，中央书记处作出指示，要求北京建成全国科学、文化、技术最发达，教育程度最高的城市，不再发展重工业。1983 年，《北京城市建设总体规划方案》进一步明确北京的战略定位是“政治中心”和“文化中心”，不再提“经济中心”与“现代化工业基地”。2005 年，《北京城市总体规划（2004－2020 年）》

增加了“世界著名古都”和“现代国际城市”的战略定位，并提出世界城市的建设目标。这一时期，北京的产业结构与增长动力转化剧烈。第二产业比重迅速下降，从1979年的70.92%减少到2010年的24.01%；第三产业比重持续上升，从1978年的24.78%增加到2010年的75.11%。具体见图6。

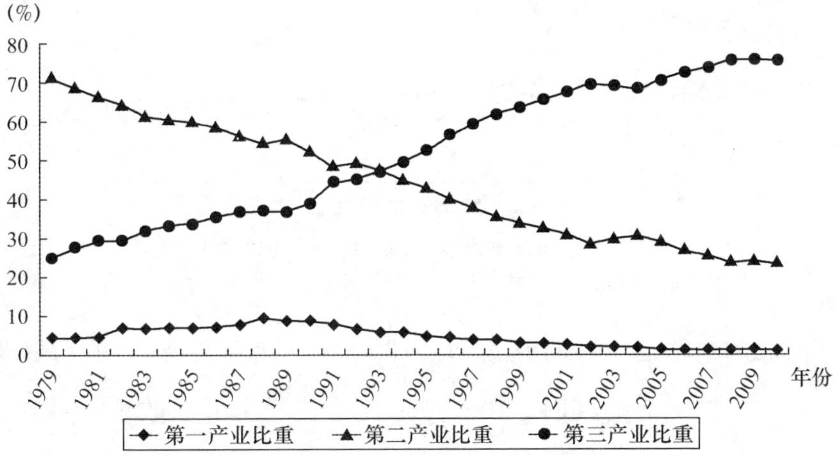

图6　北京市产业结构（1979~2010年）

资料来源：华通数据库。

天津重新恢复对“北方经济中心”的定位，在第三产业比重扩大的同时，更加突出先进制造业发展。1983年，天津“六五”计划作出“华北经济中心”与“北方重要口岸”的定位；1986年，国务院批复《天津市城市总体规划（1986-2000年）》，要求天津建成为“拥有先进技术的综合性工业基地”“开放型、多功能的经济中心”和“现代化的港口城市”；1997年，国务院第157次总理办公会明确将天津定位为“环渤海地区的经济中心”“现代化港口城市”和“北方重要的经济中心”，这一定位随后体现于天津的“十五”计划与“十一五”规划（杨振江，2004）。这一时期，天津的第二产业占比从1979年的69.69%下降到2010年的52.47%，但下降幅度明显缓于北京，2002

年以后甚至略有回升。具体见图7。

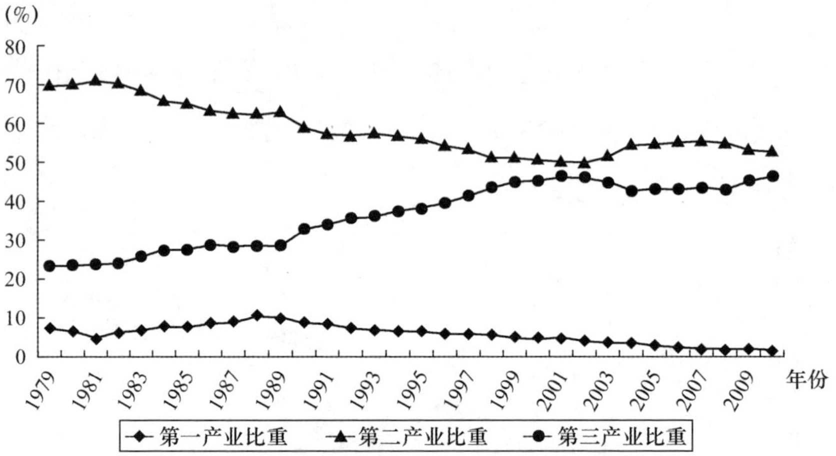

图7　天津市产业结构（1979～2010年）

资料来源：华通数据库。

河北的战略定位转向“借力京津”与“面向渤海”，在保留原有第二产业发展优势的同时，第三产业比重快速上升。改革开放后，河北最初提出“山海坝”战略，即发展太行山、渤海、坝上草原等落后地区。此后，内陆均衡发展思路得到调整。从“环京津”（1986年），“一线（沿海）两片（冀中南和冀东）带多点（开发区）”（1992年），“两环（环京津、环渤海）开放带动”（1993年），到“打造沿海经济强省”（2007年），河北的战略定位更加立足其“环京临海”的区位优势，但在“向京”与“向海”间摇摆（薛维君，2006；刘玉海，2011）。由于京津地区尚处集聚阶段，向海发展又受制于天津，两种发展思路均未取得突破性进展。即便如此，河北的发展成绩仍然很大，产业结构逐渐优化。第三产业比重明显提升，从1979年的19.86%，增加到2010年的34.93%；第二产业比重则维持不变且略有增加，从1979年的50.07%，增加至2010年的52.5%。具体见图8。

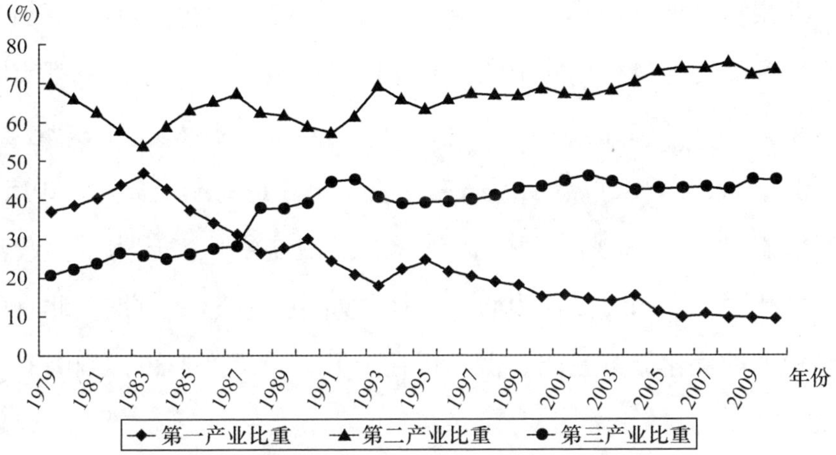

图 8　河北省产业结构（1979～2010 年）

资料来源：华通数据库。

（四）第四阶段：2010 年至今

近年来，京津冀地区逐步成为全国增长新引擎，但三地发展不协同的负面效应开始显现。为此，三地协同发展正式启动。不仅京津冀整体定位得到明晰，三地围绕整体定位也重新确立各自分工。

京津冀地区整体定位，从中国三大城市群之一，到以建设世界级城市群为目标，进而拓展至改革引领、创新驱动、生态修复各领域。早在 2006 年，国家“十一五”规划就将京津冀定位为与长三角和珠三角并列的三大城市群之一。2014 年出台的《国家新型城镇化规划》，则将京津冀的定位提升至建设世界级城市群。在 2015 年的《京津冀协同发展规划纲要》中，京津冀的战略定位得到进一步拓展，表述为“以首都为核心的世界级城市群、区域整体协同发展改革引领区、全国创新驱动经济增长新引擎、生态修复环境改善示范区”。伴随日益明晰的整体定位，京津冀定位所覆盖的范围也在扩大，从最初北京、天津与河北省环京津地区，进一步拓展至北京、天津与河北全境。

北京在坚持“政治中心”和“文化中心”定位的同时，更加突出其在国际交往与科技创新中的重要地位。2010 年的《京津冀都市圈区域规划》将北京城市功能定位为“国家首都、国际城市、文化名城、宜居城市”，并要求重点发展第三产业，尤其是高端服务业。2015 年，《京津冀协同发展规划纲要》则将北京的战略定位表述为全国政治中心、文化中心、国际交往中心、科技创新中心。这一时期，北京的产业结构继续优化，第三产业占比仍在上升，第二产业占比则略有下降（见图 9）。

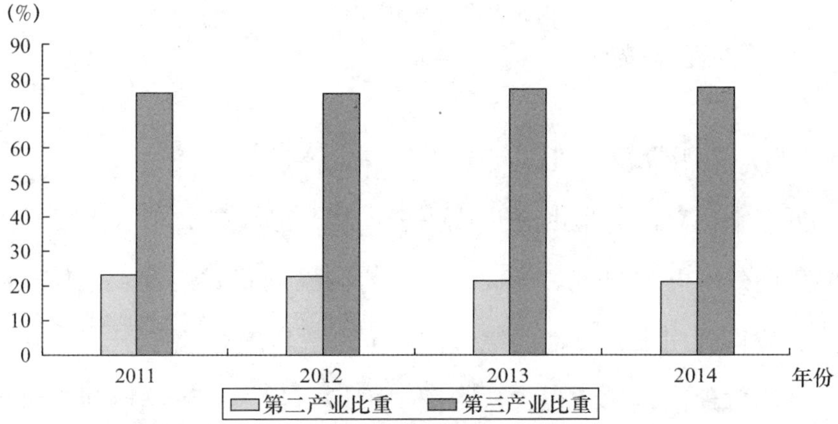

图 9　北京市产业结构（2011 ~ 2014 年）

资料来源：华通数据库。

天津逐渐淡化对“北方经济中心”称号的争夺，战略定位更加具体，强调其在先进制造业、北方航运、金融创新与改革开放中的重要作用。2010 年的《京津冀都市圈区域规划》，虽仍将天津定位为北方经济中心，但拓展了对其国际港口城市和宜居生态城市的定位。2015 年，《京津冀协同发展规划纲要》则不再提及“北方经济中心”，而将天津定位为“全国先进制造研发基地、北方国际航运核心区、金融创新运营示范区、改革开放先行区”。这一时期，天津的产业结构优化取得重大进展，第三产业所占比重逐步上升，并在 2014 年超过了第二产业所占比重（见图 10）。

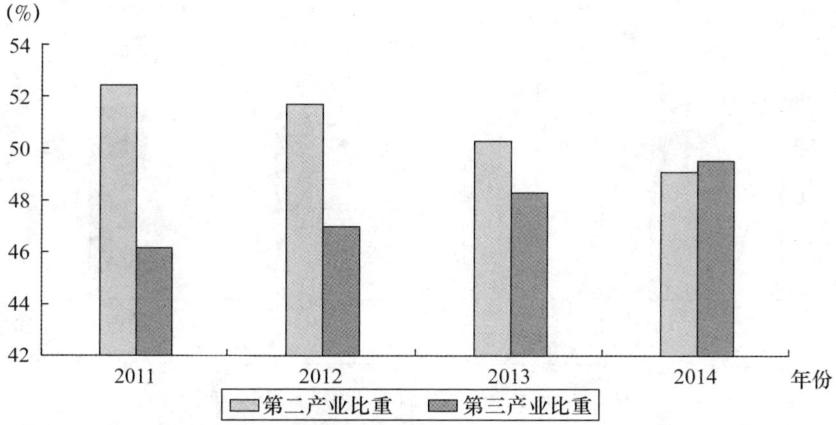

图 10　天津市产业结构（2011～2014 年）

资料来源：华通数据库。

河北不再局限于传统区位禀赋，战略定位更加着眼全国，从服务京津、发展沿海与发挥重化工传统优势，转向突出其在全国商贸物流、产业升级、城乡发展与生态环境等方面的作用。2010 年，《京津冀都市圈区域规划》明确河北作为原材料重化工基地、现代化农业基地和重要的旅游休闲度假区域，并承担京津高技术产业和先进制造业研发转化及加工配套基地。这一《规划》拓展了河北的定位范围，但总体上仍更多表现为服务于京津的功能。2015 年，《京津冀协同发展规划纲要》则进一步将河北定位为全国现代商贸物流重要基地、产业转型升级试验区、新型城镇化与城乡统筹示范区、京津冀生态环境支撑区。这一时期，河北的产业结构变化呈现新趋势，第二产业比重有所下降（见图 11）。

（五）京津冀定位变迁的效果与趋势

1. 京津冀整体经济水平得到提升

京津冀三地的产业结构由趋同走向趋异。在新中国成立初期，为

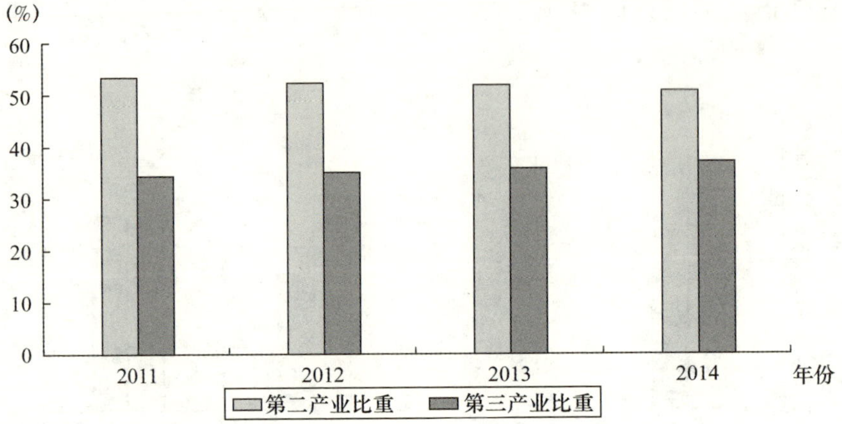

图 11　河北省产业结构（2011～2014 年）

资料来源：华通数据库。

保障国防安全，也为了快速实现经济赶超，三地均大力发展工业，同质化严重。随着中国步入改革开放的新阶段，京津冀三地实现差异化发展。在北京，第三产业迅速占据主导地位；在天津，第三产业迅速增长的同时，第二产业仍保留相当比重且质量逐渐优化；在河北，第二产业与第三产业长期同步增长，近年第二产业比重才略有下降。

京津冀占全国经济的比重呈 U 型曲线变化。新中国成立初期，为缩小内陆与沿海的差距，国家重点开发内陆地区。1978 年以后，沿海地区率先发展，但改革开放及其影响呈“先南后北”的阶段性特征。以 1994 年为界，京津冀地区占全国生产总值比重在前半阶段不断下降，从 1978 年的 10.26% 下降到 1994 年的 8.39%；随着改革开放的拓展与深化，这一比重在后半阶段不断回升，至 2014 年达到 10.45%（见图 12）。

京津冀地区的城镇化进程快于全国平均水平。受限于历史资料来源的有限性，我们以非农就业比重的变化来观察城镇化进程。京津冀地区非农就业比重在 1985 年为 49.82%，是全国平均水平的 1.33 倍；在 2012 年已经上升为 74.07%，是全国平均水平的 1.12 倍（见图 13）。京津冀具备建设世界级城市群的基础。

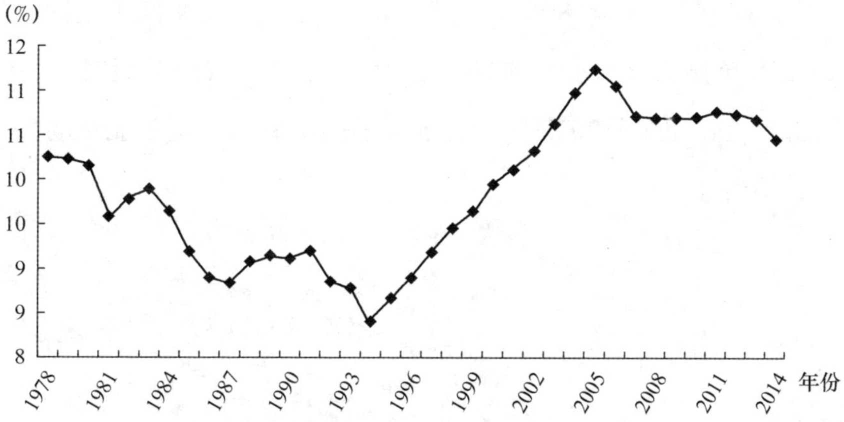

图 12　京津冀地区生产总值占全国比重（1978～2014 年）

资料来源：华通数据库。

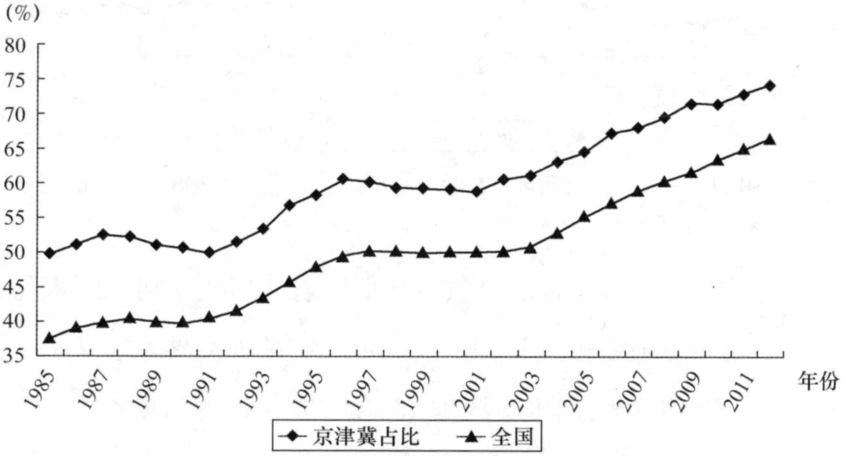

图 13　非农就业人数占比（1985～2012 年）

资料来源：华通数据库。

2. 京津冀三地发展存在分化

三地城镇居民收入差距拉大。我们以城镇居民人均可支配收入与全国水平之比衡量三地差距（见图 14）。北京城镇居民收入，1978 年是全国水平的 1.06 倍，2006 年最高时达到 1.6 倍，2013 年仍有 1.5 倍。天津城镇居民收入，1978 年高于同期北京水平，20 世纪 80 年代与北京仍然相近，但 90 年代后差距迅速拉开，2013 年为全国水平的

1.2 倍，相当于北京的 80%。河北城镇居民收入长期低于全国平均水平，1978 年只有全国水平的 80%；20 世纪 90 年代最接近时为 90% 左右，此后再次下降；2013 年为全国水平的 84%，相当于北京的 56% 和天津的 70%。

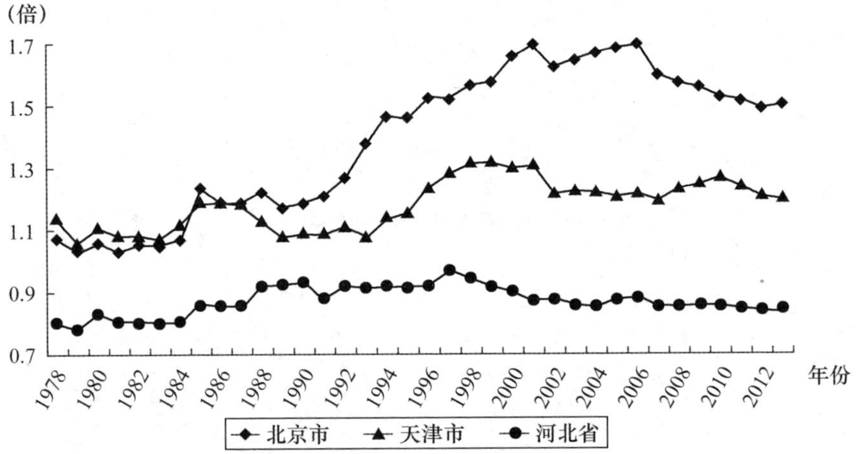

图 14　城镇居民人均可支配收入与全国水平之比（1978～2013 年）

资料来源：华通数据库。

三地农村居民收入未能收敛。我们以农村居民人均纯收入与全国水平之比衡量三地差距（见图 15）。北京农村居民收入远高于全国其他地区，1978 年为全国水平的 1.68 倍，2006 年达到顶点为 2.31 倍，2013 年仍高达 2.06 倍。天津农村居民收入低于北京，1978 年为全国水平的 1.34 倍，相当于北京的 79.76%；2013 年增加到全国水平的 1.78 倍，相当于北京的 86.4%。河北农村收入水平，1995 年之后才超过全国平均，2013 年为全国水平的 1.02 倍，相当于北京的 49.5% 和天津的 57.3%。

京津两地城镇化水平接近，远高于河北。我们用非农就业比重的升幅衡量城镇化水平（见图 16）。北京非农就业比重，1985 年为 83.10%，至 2012 年达到 94.83%。天津非农就业比重，1985 年为

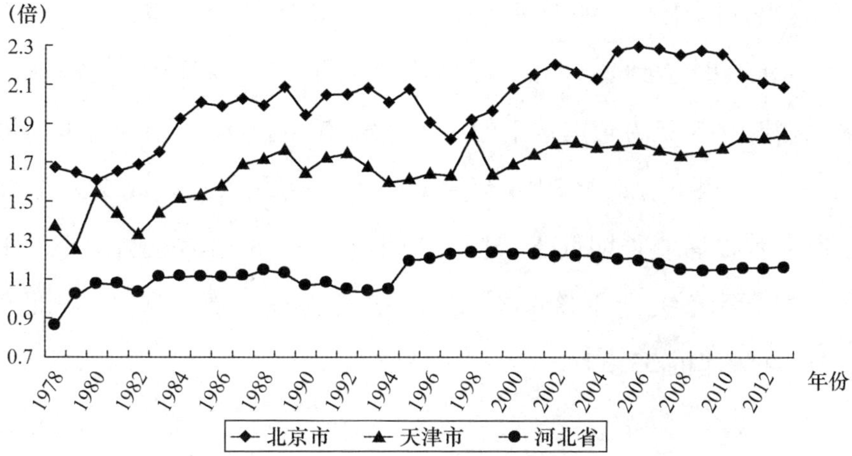

图 15　农村居民家庭人均纯收入与全国水平之比（1978～2013 年）

资料来源：华通数据库。

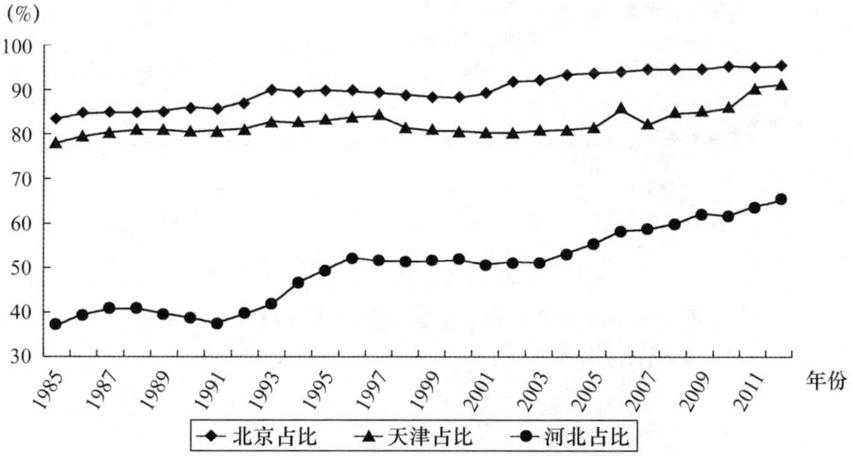

图 16　非农就业人数占比（1985～2012 年）

资料来源：华通数据库。

78.26%，至 2012 年达到 91.13%。河北非农就业比重，1985 年仅为 37.26%，至 2012 年达到 65.09%，相当于北京的 68.64%，天津的 71.43%。

京津两地人均财政支出由发散走向收敛，远高于河北。我们以人均财政支出与全国水平之比衡量三地差距（见图 17）。京津两地人均财政支出远高于全国平均水平。北京 1978 年是全国水平的 3.91 倍，2000 年最高时达到 3.97 倍，此后不断下降，至 2014 年仍高达 2.23 倍。天津 1978 年为全国水平的 3.28 倍，20 世纪 80 年代初一度超过北京，此后波浪下行，至 2014 年为 2.01 倍。河北人均财政支出在 20 世纪 80 年代以后便长期低于全国平均水平，1978 年为全国水平的 1.05 倍，其后平稳缓慢下降，至 2014 年仅为全国的 67%，是北京的 29.1% 和天津的 33.3%。

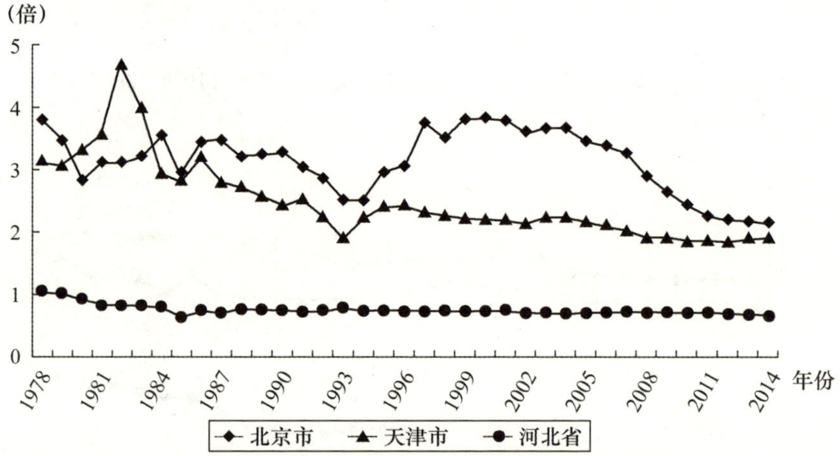

图 17　人均财政支出与全国水平之比（1978～2014 年）

资料来源：根据华通数据库数据计算。

三、首都区域发展定位的国际经验和启示

第二部分从历史的纵向发展分析了京津冀地区定位的演变及其经济社会影响，本部分着眼于国际横向比较，探讨首都区域发展定位的类型与特点。从主要国家的经验来看，首都是国家主权的象征城市，对内肩负政治管理中枢，对外体现国家形象和竞争力，由此决定了国家管理、对外交往是首都的根本职责所在，属于最基本的核心功能，

而文化、科技创新功能则是首都基本功能的重要支撑。同时，由于首都在很多发展资源的占有上具有绝对优势，首都功能与城市功能二者具有紧密关联性和依附性。

（一）首都区域发展有复合功能型和简单功能型两种定位

根据首都在国家中的地位及其担负的主要功能的差异性，世界首都城市大致可划分为两种类型（见表1）。一类是复合功能型首都，即具有“政治中心＋经济中心”功能及附属功能，首都既是国家的政治、文化中心，也是全国重要的经济中心。另一类是简单功能型首都，即主要是政治中心或政治文化中心，经济功能不突出。这两类首都的

表1　典型国家首都功能类型总结

类型	典型国家	典型首都	功能定位和发展特征
复合功能型首都	日　本	东　京	既是国家的政治中心或政治—文化中心，也是全国重要的经济中心，经济总量与人口规模大
	英　国	伦　敦	
	俄罗斯	莫斯科	
	法　国	巴　黎	
	意大利	罗　马	
	沙　特	利雅得	
	墨西哥	墨西哥城	
	印　尼	雅加达	
	阿根廷	布宜诺斯艾利斯	
	韩　国	首　尔	
简单功能型首都	美　国	华盛顿	政治或文化功能突出，经济功能不突出。功能相对单一，仅作为全国的政治中心或政治—文化中心，一般不是经济中心
	澳大利亚	堪培拉	
	加拿大	渥太华	
	巴　西	巴西利亚	
	印　度	新德里	

资料来源：国务院发展研究中心“大国首都城市发展与治理模式比较研究”课题组收集整理。

最主要区别在于是否兼具“经济中心”这一功能。一般而言，复合功能型首都往往同时也是一国第一大城市，简单功能型首都在人口、经济规模等指标上并不会处于领跑者的地位。从数量上来看，复合功能型首都在世界上占有较大比例，首都为简单功能型的国家虽然覆盖陆域面积大，但数量并不多。

世界上约80%以上国家的首都属于复合功能型首都。复合功能型首都主要见于单一制国家，一般在现代国家建国之前就有一定的发展基础，具有有利的政治经济地缘优势，以伦敦、巴黎、东京、首尔、莫斯科等为典型代表。此类城市在确立为国家首都后，政治中心优势与经济地缘优势会进一步相互强化，最终形成国家的首位城市或特大城市，成为全国的政治、经济、文化等综合中心，人口、经济在国内占比往往很高，在国家城市体系中的地位举足轻重，全球影响力也较大。

与之相对应，简单功能型首都则基本形成于特定的历史背景与社会条件，主要见于少数几个现代国家历史相对较短的联邦制国家，且多是由迁都形成的，如华盛顿、堪培拉、渥太华、巴西利亚等。而且此类首都的选址多出于平衡不同联邦成员利益的考虑，定都之时城市往往不具较大的先发优势，在发展过程中才会相对适度地保持城市的规模和能级。

（二）复合功能型首都区域的发展定位随经济功能调整而演变

复合功能型大国首都的功能定位是其经济地理优势和政治中心优势长期共同作用的结果。一方面，从地理区位条件来看，伦敦、巴黎、东京等城市都是区域门户或区域中心，经济区位优势非常明显，这是其集聚人口和各类经济资源的一个基础性因素。我们能够看到，拥有类似区位条件的非首都城市也常常会发展到相当大的规模。另一方面，政治中心的功能会为首都发展和扩张带来相当大的益处。特别是在国家现代化发展初期，不同城市间的差距不大，一定的政策和资源支持会对城市发展序位产生很大的长期影响。

从伦敦、巴黎、东京等城市的历史经验来看，大国首都要发展成为具有全球竞争力的世界城市，将首都定位于复合功能型是一个优势。发挥首都城市优势，集中资源打造综合而强大的复合功能型首都，是英国、法国、日本等许多国家提升国际竞争力的重要战略。伦敦、巴黎、东京是典型的复合功能型首都，人口规模占全国比重均在10%以上，GDP规模占20%以上，对国家发展影响巨大，并且在全球城市体系中占据重要位置，分别是欧洲、亚洲的核心城市。

复合功能型首都的功能定位变化主要围绕其经济功能的调整而演变。长期来看，复合功能型大国首都的政治、文化、科技等功能定位是较为稳定的，经济功能定位的变化则是较为明显的。从伦敦、东京等典型首都的发展来看，可粗略分为工业化和后工业化两个阶段。工业化阶段，区位优势和政治资源推动工商业的繁荣和扩张，成为城市经济和人口增长的主要动力。这一阶段，各类资源向城市集聚，人口由农村向城市转移，城市化与工业化相互促进。在后工业化阶段，这些首都城市在以往的工商业发展中积累起来的人力资本、专业化知识和制度基础环境开始发挥作用，生产性服务业、高端制造业等成为城市经济的主要支撑。后工业化阶段的产业发展主要基于人力资本、基础设施和制度，在一定程度上减弱了对地理条件和政府扶持的依赖。

复合功能型大国首都的经济功能定位的演变，决定了其人口和空间的调整。我们在京津冀协同发展中提出的“疏解”一词，实质是复合型首都城市由工业化阶段的单中心集聚向后工业化阶段多中心形态转变的一个结果。这一过程虽然根本上还是由产业发展和空间经济规律所决定的，但政府以法律、规划、财税、产业政策等手段对首都功能定位的重构，也起到了重要的引导和调节作用。如果政府不能及时根据经济发展阶段对首都功能定位做出调整，并通过规划等手段在基础设施建设、公共服务供给等方面发挥应有作用，那么在生产空间和生活空间重新布局的过程中，大规模的微观个体迁移将出现分散化行动的趋势，容易造成无序混乱等变迁成本。

（三）简单功能型首都区域的发展定位也有复合化的趋势

简单功能型的功能定位，限制了这些首都在全球城市体系中的竞争力。美国、澳大利亚等联邦制国家受历史条件和制度限制，首都的选址和发展要兼顾区域发展利益平衡，形成了华盛顿、堪培拉这样简单功能型的首都。但即便如此，经过长期的发展，这些简单功能型首都也出现了经济功能不断强化、城市治理压力较大的情况。

日本、韩国等国家曾想通过迁都的方式从复合功能型首都向简单功能型首都发展，以解决首都过大的问题。但是政策代价很大，实际效果也不如人意。20 世纪 90 年代初，日本“迁都构想”中规划的人口为 60 万人，面积 90 平方公里，遇到最大的一个难题是财政问题。据估算，迁都经费大约需要 123 亿美元，政府财政难以承担，加上遇到经济萧条，1998 年日本政府决定迁都工程延期三年，之后反对迁都的声音逐渐增强，迁都之事就此搁浅。韩国希望通过迁都带动中南部地区，实现全国均衡发展，经过近十年的曲折反复，韩国的新行政首都世宗市终于在 2012 年 7 月正式启用，但包括韩国总统府和国会在内的外交、国防、统一等部门仍然留守首尔。行政中心迁往世宗，使得韩国政府机构更为分散，新旧行政中心之间产生大量的城际通勤，影响了政府效率，拉高了世宗市当地的生活成本。

简单功能型首都的定位有复合化的趋势。简单功能型首都作为政治中心，对城市或其所在都市区经济发展和扩张的影响相当明显。这类首都在不长的时间内里已形成很强的经济功能。例如，建成仅50多年的巴西利亚，经济总量目前已是巴西第三，拉丁美洲第五；华盛顿大都市区的GDP总量全美排名近年来在第四、第五间摆动。从人均收入来看，这些首都城市也基本都属于国内最富有城市。这类首都在发展过程中并非一定能够避免中心集聚和城市治理压力。例如，华盛顿的拥堵状况两度排名美国第一。

（四）国际经验对京津冀地区发展定位的启示

通过考察典型国家对复合功能型首都和简单功能型首都的定位，我们可以总结出如下几方面的经验。

一是无论何种类型首都，政治中心功能都会对其城市经济增长形成巨大推动作用。在工业化、城镇化发展到一定阶段后，对比而言，反倒是复合功能型首都的产业结构与政治资源的关联度更低，经济自生性更强。

二是首都城市治理问题的产生，主要与发展阶段和治理能力相关，与人口绝对规模无必然关系。交通拥堵等问题的产生，主要是由城市产业和人口空间结构向现代化发展模式不断转变所引发的。集聚经济发展到相应阶段，人口不到1000万的伦敦、东京，以及人口不到100万的华盛顿，都会有巨大城市治理压力。

三是复合功能型首都人口和产业的外迁，表象上是功能“疏解”，实质上是功能“分散”，以城市经济发展为基础动力，并需要政府适时、合理地进行规划、引导和推动。

四是复合功能型首都改善城市治理问题，从根本上要依靠更好地发展和提升城市治理能力。

四、京津冀地区定位中的两个关键问题

《京津冀协同发展规划纲要》对京津冀地区的整体定位是以首都为核心的世界级城市群、区域整体协同发展改革引领区、全国创新驱动经济增长新引擎、生态修复环境改善示范区。这一整体定位以有序疏解北京非首都功能、推动京津冀协同发展为出发点，体现了区域整体和三省市各自特色，突出了功能互补、错位发展、相辅相成，符合协同发展、促进融合、增强合力的要求。

（一）“以首都为核心的世界级城市群”统领京津冀地区的战略定位

城市群是城市社会发展到较高阶段的空间组织形态。城市群是在一定的地理范围内，以大型或超大型城市为核心，借助于现代化的交通和信息技术，将具有不同性质、类型和等级规模的多个城市联接成一体的集合。在区域协同发展的高级阶段，城市形态的演变趋势不是朝着“中心极化”的方向发展，而是以更大的联接性与开放性，朝着城市网络的方向发展，在一个区域内部形成互联互通的网络和布局合理的分工，提高区域作为一个整体的对外交换技术、资金、物流等能力。

世界级城市群，顾名思义是对全球政治、经济和文化都有着广泛影响力的城市群。世界级城市群已成为国际产业链分工的重要空间组织形式，是一国开展政治、经济、文化竞争的重要空间载体。随着全

球分工体系的深化，世界上最优质的生产要素向一些地区不断集中，形成了北美五大湖城市群、纽约城市群、伦敦城市群、巴黎城市群、东京城市群、长三角城市群等世界公认的六大世界级城市群。这些世界级城市群往往都是资金流、人才流、信息流、商品流和技术流的交汇点，有能力在全球范围内配置资源。

在京津冀地区的整体定位中，打造“以首都为核心的世界级城市群”是重中之重，统领着其他三项功能定位。京津冀地区不仅是首都功能承载区，也是国家新型城镇化规划部署建设的我国三大世界级城市群之一。以首都为核心的世界级城市群的定位，反映了不断崛起的中国深化和扩大对内对外开放及空间一体化的内在需求。

以首都为核心的世界级城市群的战略定位，有利于疏解北京非首都功能和解决大城市病。京津冀协同发展的出发点和落脚点是解决北京的“大城市病”。由于北京承担了过多的城市功能，交通拥堵、环境污染等问题无法在既有的行政区划空间内得到解决。缓解“大城市病”的关键在于有序疏解北京的非首都功能。只有在京津冀城市群的范围内实现城市功能更优化的分布，“大城市病”才能迎刃而解。建设以首都为核心的京津冀世界级城市群，能为北京疏解非首都功能提供巨大的调整空间，并使北京更好地发挥全国政治中心、文化中心、国际交往中心、科技创新中心的功能。

以首都为核心的世界级城市群的战略定位，有利于实现区域整体协同发展。京津冀城市群的经济密度远低于长三角和珠三角，仅相当于长三角、珠三角的32.24%和15.68%。城市群合理健康的发展，有利于打破要素流动的行政壁垒，实现城市群内部各城市生产、生活、生态空间的优化。建设以首都为核心的京津冀世界级城市群，将强化京津冀地区各城市产业分工的耦合效应，推动产业集群化发展，并形成一批专业化功能城市，从而形成中国第三增长极，并引领我国北方进一步对外开放，平衡我国南北方的发展布局。

以首都为核心的世界级城市群的战略定位，有利于形成全国创新驱动经济增长新引擎。京津冀地区是我国创新资源最丰富、创新能力最强的地区，但是其区域科技合作机制并不完善，创新链与产业链对接融合不充分。京津冀三地处于不同的发展阶段，北京属于后工业化的高级阶段，天津属于工业化后期阶段，河北是工业化中期阶段。京津冀地区建设世界级城市群，有利于提高基于产业价值链的空间分工效率，发挥城市在知识积累、信息共享、技术外溢的功能，按照“北京科技创新中心、天津产业研发和高端制造基地、河北产业升级和科技成果落地”的思路，形成分工明确、产业链与创新链高效连接的区域创新共同体。

以首都为核心的世界级城市群的战略定位，有利于京津冀地区建成生态修复环境改善示范区。京津冀协同发展是探索生态文明建设有效路径，是促进人口经济资源环境相协调的需要。京津冀地区建设世界级城市群，将通过以下三个途径改善生态环境：一是改善城镇的最优规模和交通基础设施条件，提高资源利用效率，有利于推动大中小城市和小城镇协调发展；二是实现低碳绿色发展，有利于优化京津冀地区的产业结构；三是有协同构建统一的生态环境规划、标准、评价、监测、执法体系，利于推进京津冀生态环境协同治理。

（二）京津冀地区定位问题关键在于合理定位首都的功能

有效疏解北京非首都功能，是整个京津冀协同发展战略的核心。而准确定位北京的功能特别是经济功能，又关系到整个地区的要素重组、产业重构和区域分工。《京津冀协同发展规划纲要》将北京市定位为“全国政治中心、文化中心、国际交往中心、科技创新中心”。值得注意的是，北京的四个功能定位中并没有提到“经济中心”。

1. 不提经济中心定位将减缓北京城市治理压力

从国外特大首都城市的发展经验来看，兼具政治中心和较强经济功能的首都城市对于区域乃至全国的人口具有极强的集聚引力。在工业化和城镇化快速发展阶段，首都人口规模会以比一般城市更快的速度增长。而进入后工业化和城镇化中后期发展阶段，生产性服务业在中心城区高密度集聚、制造业和居住向城市外围地区扩散、城市居民的职住分离程度上升等特征也表现得十分突出。这些因素会在不同发展阶段造成首都城市的治理压力。

因此，在经济发展方面，北京应转向优化经济功能”其与“建设经济中心”的主要区别如下。

——经济发展导向上，不单纯以追求经济规模或数量增长为目标，而是以更加注重提升增长质量和改善民生为目标。

——产业结构上，不是追求大而全，而是围绕更好支持首都核心功能和最大化发挥首都优势要素资源，选择和布局产业。

——发展手段上，政府应减少对于经济发展的直接参与，将精力更多放在优化经济发展环境和提升公共服务供给能力上。

2. 应进一步发挥首都对周边区域的扩散效应

改革开放后，北京不再定位为“经济中心”，但人口集聚效应依然明显，根本原因在于京津冀三地发展存在分化。纾解北京人口的根本途径是缩小三地发展差距，这要求更多发挥首都经济的扩散效应。图 18 展示了改革开放以后，京津冀三地与全国的五年人口平均增长率。其基本态势是北京高于天津，天津高于河北，河北则与全国水平接近。2010 年以前，北京虽不再承担“经济中心”功能，也基本不再发展大工业。人口增长速度却不仅没有减缓，反而不断增加。也正是由于人口的高度集聚，导致一系列“大城市病”开始在首都爆发。2010年以后，北京人口增长出现滑落并被天津超过。人口纾解初见效果，其原因并不是北京收入水平出现下降，而是随着协同发展的推进，其他两地收入水平得到提高，产生吸引力。因此，纾解北京人口的核心举措是发挥首都经济的扩散功能，与津冀两地协同发展。

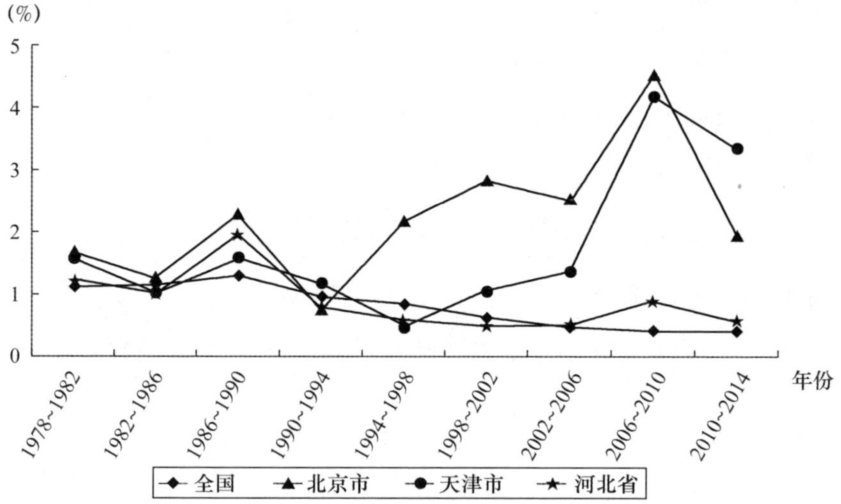

图18　人口五年平均增长率（1978－2014）

资料来源：根据华通数据库各年人口数算数平均而得。

3. 构建“双核心、一基础”的首都功能体系

北京作为复合功能型的大国首都，应着力构建“双核心、一基础”的功能体系。“双核心”指的是“作为世界城市的核心功能、作为全国首都的核心功能”，包含政治中心、文化中心、对外交往中心、科技创新中心、国家金融服务、高精尖产业体系等方面。其中政治中心属于首都功能，科技创新中心属于世界城市功能，文化中心、国际交往中心是世界城市功能、首都功能的交集。“一基础”指的是北京作为国际竞争力城市、可持续发展城市应具备的城市基本功能。北京应该在教科文卫体、商业商贸设施、交通及市政基础设施、居住等四个方面提升城市基本功能。

执笔人：卓　贤　贾　珅　施戍杰

参考文献

[1] 罗澎伟．天津史话．北京：社会科学文献出版社，2011

[2] 彭兴业．首都城市功能研究．北京：北京大学出版社，2000

[3] 陈志楣．首都特色的发展战略演变．前线，2014（5）

[4] 顾朝林．城市群研究进展与展望．地理研究，2011（5）

[5] 刘玉海．京津冀一体化之后：河北向海的已知和未知．21世纪经济报道，2011－12－12

[6] 肖金成，李娟，马燕坤．京津冀城市群的功能定位与合作．经济研究参考，2015（2）

[7] 薛维君．河北省区域经济发展战略．财经界，2006（8）

[8] 杨振江．天津定位的演变与今后目标的思考．天津经济，2004（7）

[9] 张燕．城市群的形成机理研究．城市与环境研究，2014（1）

案例研究五

长株潭协同发展的经验和启示

以长沙、株洲、湘潭三市为核心的长株潭地区，是我国中部的重要城市群和增长极。三市地处京广线与长江流域交汇处，呈“品”字形怀抱湘江，中心城区彼此毗邻，历史文化相互交融，具备协同发展的区位优势与人文基础。20 世纪 50 年代就曾有将三市合建为“毛泽东城”的设想，后被毛泽东本人否定。20 世纪 90 年代中后期，湖南省委省政府正式提出长株潭一体化战略，开启三市协同发展的实践。其探索历程被评为“中国第一个自觉进行区域经济一体化实验的案例”①。2007 年，国家发改委批准长株潭城市群为全国“资源节约型和环境友好型社会建设综合配套改革试验区”，标志着三市协同发展上升到国家层面。以长株潭地区为案例，有利于丰富我们对后发地区实施协同发展的认识，总结其面临的任务、采取的机制与呈现的特征。

① 易颖：“长株潭一体化悬念”，《南方周末》，2004 年 5 月 6 日。

一、长株潭协同发展的探索

（一）探索历程

长株潭协同发展的探索大体可以分为三个阶段。三个阶段探索的方式、推进的层级存在差异，但有一点是共同的，就是其出发点均是力求通过促进长株潭的协同发展，带动湖南整体经济实现后发赶超。

第一阶段：初步提出

在我国历史上，株洲、湘潭长期隶属长沙。湘潭（辖株洲）1922年从长沙划出，株洲1951年又自湘潭分离，才正式形成三地并立的局面。20世纪50年代末，在计划经济大背景下，长株潭三地为争夺工业项目内部竞争激烈。建设“毛泽东城”就是在当时背景下，有专家为化解三地矛盾，仿照苏联列宁格勒与斯大林格勒而提出的建议。但在当时避免个人崇拜的大背景下，毛泽东本人拒绝了该项提议。

20世纪80年代初，与湖南相邻的广东开始设立经济特区，经济增长与城镇化进程加速。而同一时期，湖南还存在计划经济条件下的条块分割等问题，缺乏广东所具备的城市发展引擎。作为湖南最大的城市，省会长沙当时在全国城市排名中已在30名以后。[①] 为此，有专家提出建立长株潭经济区的建议，通过打造经济增长极，化弱势为强势，带动全省经济增长。这一建议反响很大。湖南省委高度重视，设立了长株潭经济区规划办公室及协调会议制度。但有人担心，长沙、株洲、湘潭已是湖南发展最好的三个城市，如果再给予政策倾斜会拉大同其他地区的差距。受均衡发展思路的影响，方案最终未能落地。

---

① 张萍：“长株潭经济一体化的提出和决策”，《学习与实践》2002年第10期。

第二阶段：正式实践

20 世纪 90 年代，随着改革开放进入新阶段，无论是城镇化水平还是经济增长速度，作为农业大省的湖南都逐渐落后于全国其他地区。面对不利的发展态势，有学者指出，湖南应改变过去控制大城市发展的战略，转为大力发展长株潭城市群。① 该提议再次引起广泛关注。

1997 年，时任湖南省委书记主持召开了“长株潭座谈会”，长沙、株洲、湘潭三市主要负责人和省直有关部门领导参加。1998 年，长株潭经济一体化协调领导小组成立，小组办公室设在当时的省计委。1999 年，三市“交通同环、电力同网、金融同城、信息同享、环境同治”五项基础网络规划开始实施。长株潭协同发展正式进入实践。

2005 年，《长株潭城市群区域规划》印发。这是我国内地首份城市群区域规划，被认为对推进长株潭协同发展进程至关重要。规划对长株潭区域发展的功能定位是“提高湖南省的区域竞争力”。具体而言，是通过区域经济一体化，在国家战略层面“支持湖南省发挥后发优势，实施反梯度战略，统筹区域发展，提高湖南省在国内省份中的核心竞争力和区域整体实力”；在省域战略层面“实现城市群在湖南省的非均衡极化发展、跨越式发展。……带动湖南省全面实现小康”。

同年，《长株潭经济一体化“十一五”规划》编制实施。规划提出推进长株潭“区域布局一体化、基础设施一体化、产业发展一体化、城乡建设一体化、市场体系一体化、社会发展一体化”，以及交

---

① 张富泉：“湖南省城市建设发展的几个战略问题”，《湖南经济》，1993 年第 6 期。

通同网、能源同体、信息同享、生态同建、环境同治等“新五同”建设。

第三阶段：全力推进

2006 年，《中共中央国务院关于促进中部地区崛起的若干意见》印发，长株潭地区入选中部地区崛起所要重点发展的城市群。2007 年，国家发改委下发《关于批准武汉城市圈和长株潭城市群为全国资源节约型和环境友好型社会建设综合配套改革试验区的通知》。这标志了长株潭协同发展实践正式上升为国家层级战略。2009 年，国务院进一步批准《长株潭城市群资源节约型和环境友好型社会建设综合配套改革试验总体方案》，及其附件《长株潭城市群区域规划 2008 - 2020 年》。长株潭协同发展的目标被定位为“全国‘两型’社会建设的示范区，中部崛起的重要增长极，全省新型工业化、新型城市化和新农村建设的引领区，具有国际品质的现代化生态型城市群”。其协同发展的意义也被明确为“既关系到湖南自身发展，也是落实国家中部崛起战略的需要，是促进东中西区域协调发展的重要实践”。2014 年，面对区域经济发展的新形势和新背景，《长株潭城市群区域规划 2008 - 2020 年》进一步调整，为长株潭协同发展提供了新的动力。具体见表 1。

表 1　　长株潭协同发展的探索历程

时　间	内　容
20 世纪 50 年代初期	建设毛泽东城的提议
20 世纪 80 年代中期	建设长株潭经济区的提议
1997	由时任湖南省委书记主持，长沙、株洲、湘潭三市主要负责人和省直有关部门领导参加的“长株潭座谈会”召开

续表

时　间	内　容
1998	长株潭经济一体化协调领导小组成立
1999	长株潭经济一体化的“交通同环、电力同网、金融同城、信息同享、环境同治”等五项基础网络规划开始实施
2000	编制实施《长株潭经济一体化“十五”规划》。
2002	编制实施《长株潭产业一体化规划》
2003	颁布实施《湘江长沙株洲湘潭段开发建设保护办法》
2004	编制实施《2004－2010年长株潭老工业基地改造规划》
2005	颁布实施《长株潭城市群区域规划（2003－2020年）》《长株潭经济一体化“十一五”规划》，提出“六个一体化”与“新五同”建设
2006	召开首届长株潭三市党政领导联席会议，签订《长株潭区域合作框架协议》《长株潭工业合作协议》《长株潭科技合作协议》《长株潭环保合作协议》
2007	获批“全国资源节约型和环境友好型社会建设综合配套改革试验区”
2007	湖南省人大通过《湖南省长株潭城市群区域规划条例》
2009	《长株潭城市群资源节约型和环境友好型社会建设综合配套改革试验总体方案》及《长株潭城市群区域规划2008－2020年》获批
2009	长株潭三市长途区号统一为0731
2009	《长株潭城市群城际轨道交通网规划（2009－2020年）》获批
2011	长株潭城市群作为国家级“信息化和工业化融合”试验区正式授牌
2012	《长株潭城市群国土规划》通过专家评审
2014	《长株潭城市群区域规划（2008－2020年）》（2014年调整）颁布，长株潭国家自主创新示范区获批

（二）协调机制

长株潭协同发展的体制机制不断完善。从“经济区规划办公室”“经济一体化办公室”“两型办”“市长联席会议”，到两型试验区“管委”和“工委”，长株潭协同发展的协调机构，层级不断提高，发挥的作用也不断扩大，成为促进三地协同发展的重要推动力。

长株潭协同发展协调机制的建立，可以追溯到20世纪80年代。1984年，湖南省委通过了《关于建立长沙、株洲、湘潭三市经济区的问题》的会议纪要，提出建立长株潭经济区规划办公室及经济技术开发协调会议制度。[①] 这一协调机制为长株潭协同发展的初步探索奠定了基础，但遗憾的是因反对意见的存在而未能真正进入实践操作。

随着长株潭协同发展再次启动，1998年湖南省政府成立了长株潭经济一体化协调领导小组，并设立长株潭经济一体化发展协调办公室（即"经济一体化办公室"），由时任计委主任兼任办公室主任。这一协调机制为长株潭协同发展做了大量工作。但由于"经济一体化办公室"本身不是一个独立部门，长株潭三市各自独立的主体利益难以得到协调。2006年召开的第一届长株潭三市党政领导联席会议（即"市长联席会议"），实现三地横向协调的常态化，推进了协同发展。

2009年，湖南省人民政府印发《两型社会建设综合配套改革试验总体方案》，成立长株潭"两型社会"建设改革试验区领导协调委员会，并以长株潭"两型社会"建设改革试验区领导协调委员会办公室（即"两型办"）作为常设机构。"两型办"为正厅级，归省发展和改革委员会管理，主任由省发改委主任兼任，常务副主任高配正厅。

2011年，湖南省进一步成立长株潭"两型社会"建设综合配套改革试验区工作委员会（即"工委"）和长株潭"两型社会"试验区建设管理委员会（即"管委"），作为省委派出机构，专门负责统

---

① 1984年12月28日中共湖南省委常委第六十六次会议纪要，《张萍经济文选》，社会科学文献出版社2013年版，第629页。

筹、协调和指导长株潭城市群“两型社会”试验区改革建设各项工作。两型试验区工委、管委实行两块牌子、一套人马，为正厅级行政机构。主任由省委、省政府有关领导同志担任，常务副主任配正厅长级。跨行政区协调机制的实体化，提高了组织权威，有助于打破行政区壁垒。具体见表2。

表2　　长株潭协同发展的协调机制

时　间	内　容
1984	长株潭经济区规划办公室及经济技术开发协调会议制度
1997	长株潭经济一体化发展协调办公室
2006	长株潭三市党政领导联席会议
2009	长株潭“两型社会”建设改革试验区领导协调委员会办公室
2011	长株潭“两型社会”建设综合配套改革试验区工作委员会，长株潭“两型社会”建设综合配套改革试验区管理委员会

二、长株潭协同发展的成绩

（一）经济集聚增强

提高经济集聚程度，培育经济增长极，是长株潭协同发展实践的关键动因。因此，经济集聚程度是衡量三地协同发展绩效的首要指标。

长沙、株洲、湘潭是湖南发展最好的三个城市，也是促进省域经济增长的核心动力。1996年长株潭协同发展正式实践，三地生产总值占湖南地区生产总值的比重为33.02%。随着三地协同发展不断推进，2014年该比重已高达42.74%，提高了9.72个百分点。尤其是长株潭获批“两型试验区”后协同发展进程加速，该比值迅速上升，从2007年的36.74%增长到2013年的42.83%，六年提高6.09个百分点。见图1。

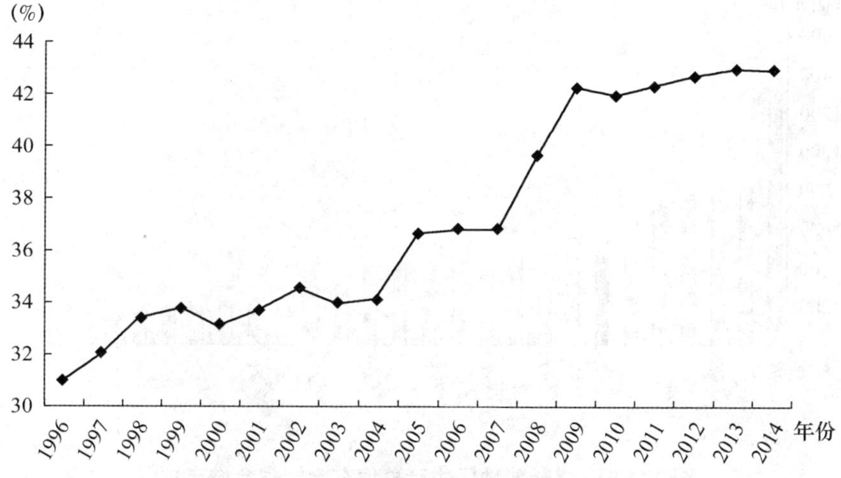

图1　长株潭地区生产总值占全省比重

资料来源：中国统计数据应用支持系统，《湖南统计年鉴2015》。

省会作为区域行政中心，拥有较强的经济集聚力，对经济增长的带动作用不可忽视。1996年，长沙市国内生产总值在全国省会城市中排名仅为15（见图2）；2013年，这一名次上升到第7位（见图3）。长株潭协同发展正式实践后，长沙在全国排名的提升，也说明省域经济集聚度的提高。

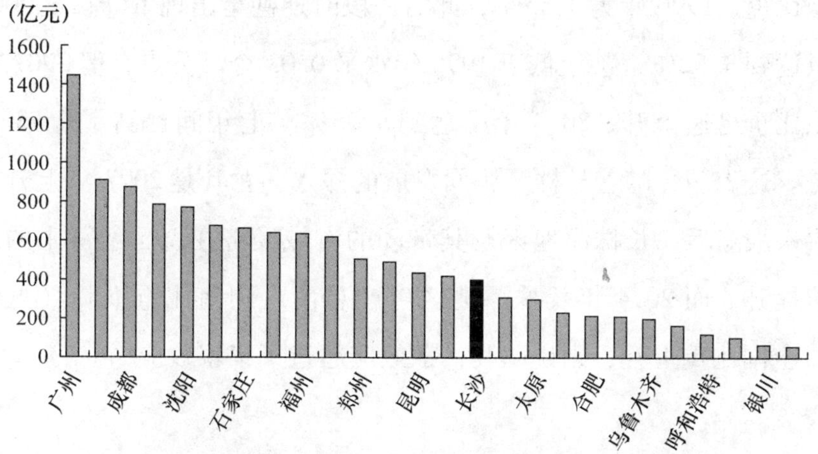

图2　1996年长沙地区生产总值在全国省会城市排名

资料来源：中国统计数据应用支持系统。

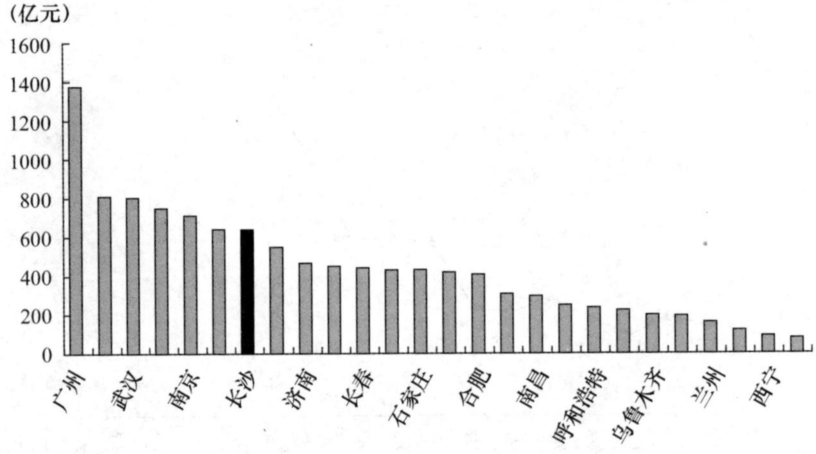

图 3　2013 年长沙地区生产总值在全国省会城市排名

资料来源：中国统计数据应用支持系统。

（二）相对规模扩大

随着经济集聚增强，长株潭与整个湖南经济的相对规模扩大。就增长极本身而言，长株潭地区生产总值占全国比重，1996 年为 1.1%，2007 也仅达到 1.29%，提高 0.19 个百分点；此后迅速上升，至 2014 年达到 4.25%，提高 2.96 个百分点。就全省而言，湖南地区生产总值占全国比重，1996 年为 3.55%，此后一段时期甚至出现下降，至 2007 年仍只达到 3.52%，甚至低于 1996 年水平 0.03 个百分点；但 2007 年之后该比重迅速上升，2014 年已达到 4.25%，七年间提高了 0.73 个百分点。这表明，随着长株潭协同发展的深入，尤其是 2007 年上升至国家层次战略后，长株潭地区及其带动的省域经济在全国经济中的地位迅速提升。而 2014 年长株潭地区生产总值占湖南比重下降（见图 4），占全国比重上升，则说明其扩散效应超过了集聚效应。

（三）产业结构升级

产业结构升级是经济增长的重要动力。后发地区首要的产业升

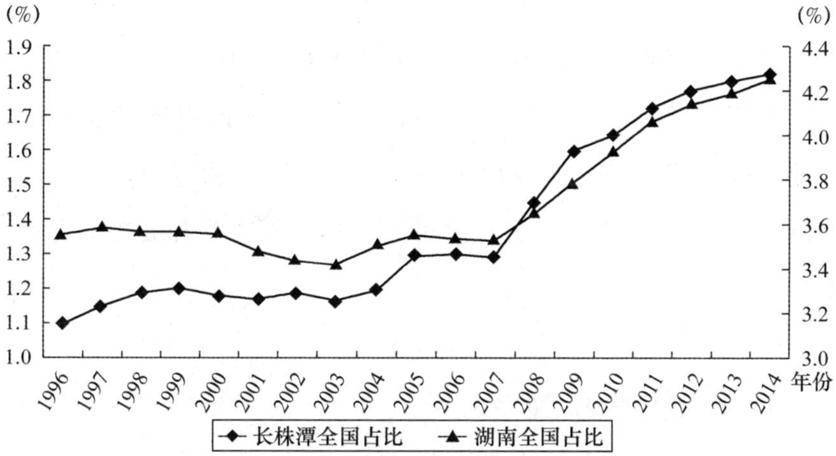

图4　长株潭与湖南地区生产总值占全国比重

资料来源：中国统计数据应用支持系统，《湖南统计年鉴2015》。

级，是从农业向工业和服务业转变，可以用第一产业比重的下降幅度衡量。

长株潭产业结构升级领先于全国平均水平，且差距不断扩大；湖南全省产业结构升级则落后于全国平均水平，但差距在逐渐缩小（见图5）。长株潭第一产业比重，1996年为17.95%，低于全国平均水平

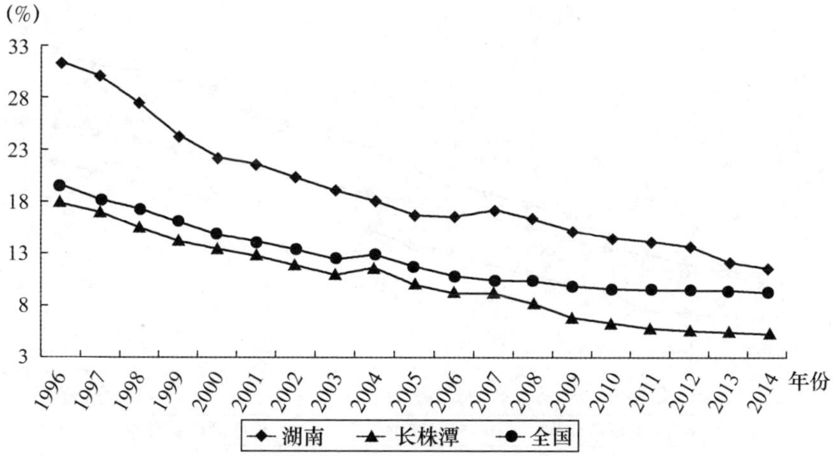

图5　第一产业增加值占地区生产总值比重

资料来源：中国统计数据应用支持系统，《湖南统计年鉴2015》。

1.44 个百分点；2014 年则是 5.25%，比全国平均水平低 3.93 个百分点。湖南作为农业大省，第一产业比重在 1996 年仍高达 31.26%，超过全国平均水平 11.87 个百分点。随着长株潭协同发展带动湖南全省的产业升级，省域第一产业比重不断下降，2014 年为 11.65%，仅高出全国平均水平 2.47 个百分点。可见，长株潭产业升级对全省具有拉动效应。

（四）城镇化进程加速

城镇化是劳动力由低效率的农村部门向高效率的城镇部门转移的过程，不仅能促进经济增长，而且能有效改善城乡二元结构。非农产业的发展是城镇化进程的动力。但由于城乡劳动力市场分割，中国的常住人口城镇化速度通常慢于产业结构升级，故作为单独指标衡量。

湖南的城镇化水平长期低于全国平均，但两者差距不断缩小（见图 6）。全国城镇化率从 1996 年的 30.48% 上升到 2014 年的 54.77%，提高了 24.29 个百分点。湖南省城镇化率从 1996 年的 25%，上升到

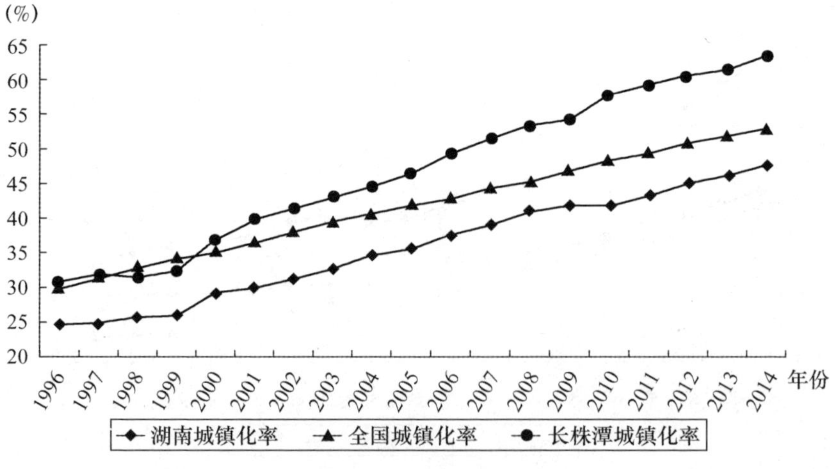

图 6　城镇化水平

资料来源：中国统计数据应用支持系统，历年《湖南统计年鉴》。

2014年的49.28%，提高了24.28个百分点。两者差距从1999年最高时的约9.4个百分点，下降到2014年的约5.5个百分点。湖南城镇化率与全国平均水平的接近，很大程度是缘于长株潭协同发展所带来的城镇化加速。长株潭城镇化率1996年仅为31.40%，高于同期全国水平约0.92个百分点；至2014年已上升到66.00%，高于同期全国平均水平11.23个百分点。这一时期，长株潭城镇化的发展水平也始终超过湖南平均水平，对湖南城镇化进程起到了巨大的推动作用。

（五）经济水平提升

经济规模扩大尚不能完全反映经济发展水平，后者的理想指标是人均生产总值。作为中部省份，湖南人均生产总值长期低于全国（见图7），1996年仅占全国水平的67.42%，至2007年达到73.11%，十一年上升5.69个百分点；2007年后该比值升速加快，2014年达到86.36%，七年提高13.25个百分点。长株潭人均生产总值则始终高于全国，1996年是全国水平的110.81%，至2007年达到130.91%，上

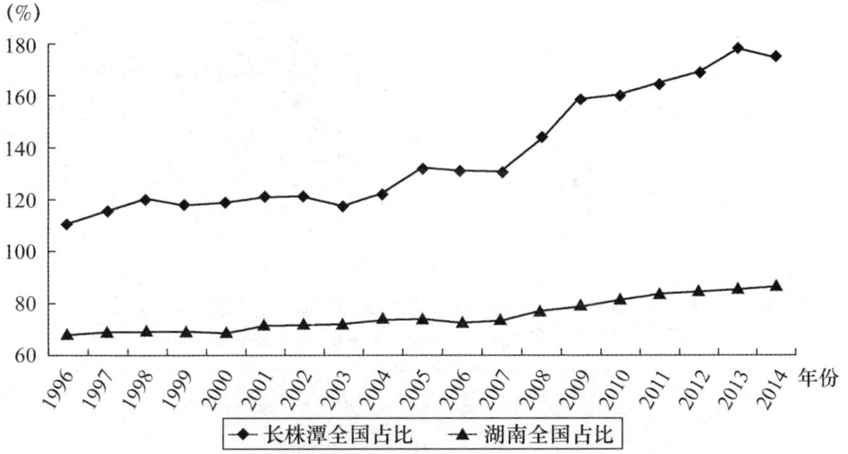

图7　长株潭与湖南人均生产总值占全国比重

资料来源：中国统计数据应用支持系统，《湖南统计年鉴2015》。

升20.1个百分点；2007年后该比值升速加快，2014年达到176.86%，七年提高45.95个百分点。长株潭经济水平迅速上升，且带动了湖南省域经济发展。

三、长株潭协同发展存在的问题

（一）集聚效应不平衡

长株潭协同发展，是要将三个增长极合并为一个，以产生集聚效应。就长株潭整体而言无疑是成功的，但三地内部却存在不平衡。

长沙地区生产总值占湖南比重，从1996年的15.75%上升到2014年的28.94%，提高了13.19个百分点。与此同时，株洲和湘潭地区生产总值所占比重反而下降，从1996年的8.45%和6.69%，下降到2014年的7.99%和5.81%，降幅为0.46和0.88个百分点（见图8）。这说明在协同发展的过程中，经济主要向长沙集聚，株洲和湘潭受益并不明显。

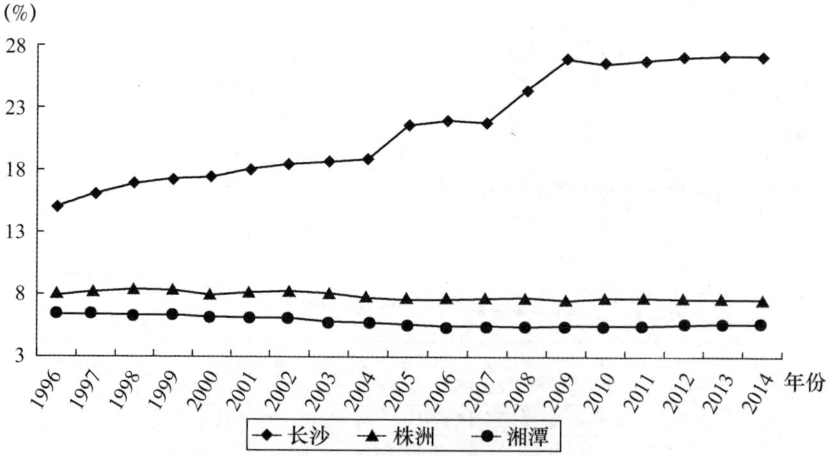

图8　长株潭生产总值分别占全省比重

资料来源：中国统计数据应用支持系统，《湖南统计年鉴2015》。

（二）人均收入存在分化

随着长株潭协同发展的推进，三地人均收入不断提高，但区域差距同样在不断扩大（见图9）。以长沙为基准，长株潭三地人均生产总值之比分别从2004年的100∶70.05∶69.17，扩大到2014年的100∶50.84∶51.97。三地城镇居民人均可支配收入之比分别从2004年的100∶91.22∶77.99，扩大到2014年的100∶85.1∶73.5。三地农村居民人均纯收入之比则从2004年的100∶81.92∶87.85，扩大到2014年的100∶66.13∶64.87。其中，收入差距无论是绝对水平还是扩大幅度，都是人均生产总值超过农村居民收入，后者再超过城镇人均收入。这应是由于财政再分配，使得人们的收入差距小于人均GDP的差距。

表3　　　　**居民收入水平**　　　　单位：%

年份	人均地区生产总值			城镇居民人均可支配收入			农村居民人均纯收入		
	长沙	株洲	湘潭	长沙	株洲	湘潭	长沙	株洲	湘潭
2004	100	70.05	69.17	100	91.22	77.99	100	81.92	87.85
2005	100	60.48	56.76	100	90.32	77.89	100	80.62	85.11
2006	100	59.06	55.23	100	89.45	78.60	100	77.23	80.29
2007	100	60.48	56.87	100	89.78	78.88	100	76.26	79.03
2008	100	53.67	51.73	100	88.94	80.36	100	72.94	76.01
2009	100	48.63	46.99	100	86.14	79.60	100	68.94	71.91
2010	100	50.58	48.64	100	86.10	79.16	100	68.34	69.75
2011	100	50.84	51.24	100	85.57	77.93	100	69.61	70.90
2012	100	50.32	51.44	100	85.56	77.75	100	69.60	71.79
2013	100	45.17	46.12	100	85.25	73.70	100	65.48	64.29
2014	100	50.84	51.97	100	85.10	73.50	100	66.13	64.87

资料来源：中国统计数据应用支持系统，《湖南统计年鉴（2014、2015）》。其中，自2013年起农村居民人均纯收入统计指标改为农村居民人均可支配收入。

（三）城乡差距离差增加

如果城乡间或区域间的要素流动愈加充分，则该地的城乡与地区间收入差距将逐步缩小。因此，如果相邻地区间的要素流动逐步充分，则各自城乡收入差距的离差值也应逐渐降低。随着长株潭协同发展的推进，三地的城乡收入差距不断缩小，分别从2004年的2.56、2.85、2.27倍下降到2014年的1.70、2.18、1.92倍（见图9）。这说明三地的城乡间要素流动不断加快。但与此同时，三地城乡收入差距却始终存在分化。株洲、湘潭两地的城乡收入差距长期高于长沙，且仍在扩大，分别从2004年的1.11和0.89倍，扩大到2014年的1.28和1.13倍。这说明，三地城市间、农村间与城乡间的要素流动尚不充分。

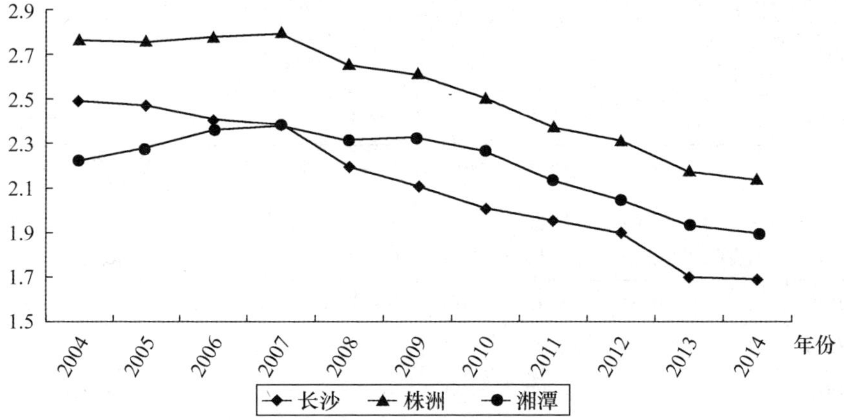

图9　长株潭三市城乡收入差距

资料来源：中国统计数据应用支持系统，《湖南统计年鉴（2014、2015)》。

（四）城镇化水平未能收敛

长沙、株洲、湘潭三地的城镇化水平上升迅速，分别自1996年的35.41%、26.65%和29.45%，上升到2014年的72.34%、61%和56.55%（见图10）。但三地城镇化水平的差距不仅没有缩小，反而有所扩大。株洲与湘潭的城镇化水平，1996年分别低于长沙8.76和

5.96个百分点，2014年分别低于长沙11.34和15.79个百分点。这说明长沙的内生增长动力，也就是对周边乡村的辐射能力，要高于株洲和湘潭。

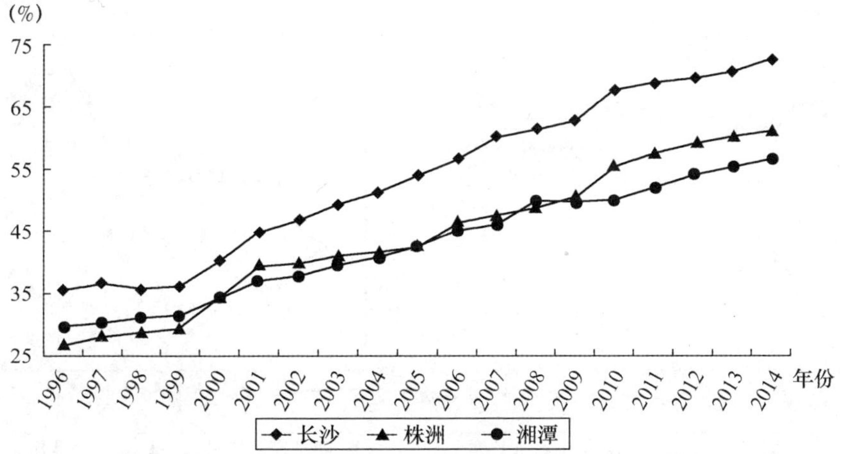

图10　长株潭三地城镇化水平

资料来源：中国统计数据应用支持系统，《湖南统计年鉴2015》。

（五）第三产业发展相对滞后

一般而言，随着产业结构的升级，第三产业所占比重会逐步提高，成为吸收农村劳动力进入城市的主渠道，并最终超过第二产业。但在长株潭地区，第二产业比重却相对过高，远远超过第三产业比重。

长株潭三地的第二产业比重，分别从1996年的42.70%、46.60%、44.70%，上升到2014年的54.20%、59.24%、56.98%，分别上升11.5、12.64和12.28个百分点；第三产业比重，自1996年的42.7%、31.3%和34.6%，形成先上升、后下降、再回升的轨迹，至2014年仍仅为41.81%、33.04%和34.89%，与期初水平几乎持平，且远低于第二产业比重。而从全国范围看，第三产业比重在1996年仅占33.57%，此后迅速上升，至2014年达到48.09%，提高了14.52个百分点，并于2012年就超过第二产业比重。三地产业结构趋势一致，且均以第二产业的发展为主，说明产业同构严重。而相较长沙，株洲和湘潭第三产业发展更加滞后，这可能是两地城镇化水平相对较低的重要原因。具体见图 11。

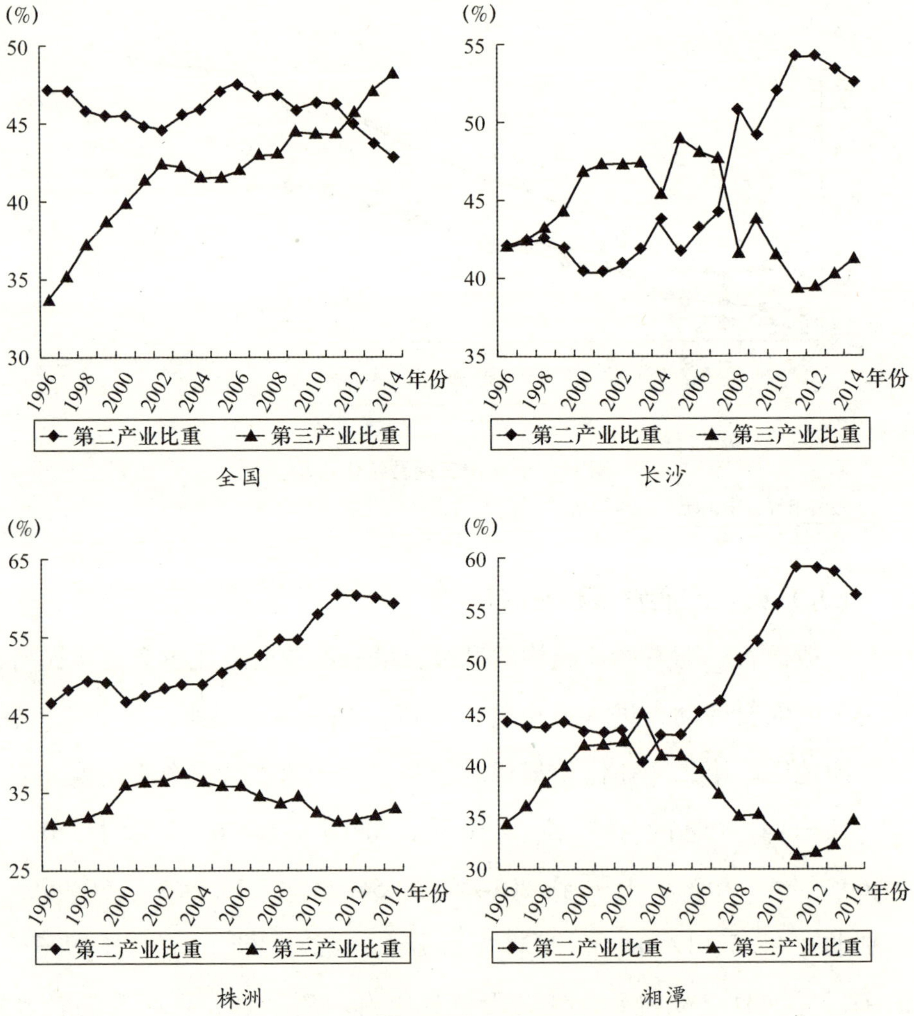

图 11　全国与长株潭三地产业结构

资料来源：中国统计数据应用支持系统，《湖南统计年鉴 2015》。

（六）金融资源分布不均

金融资源是经济发展的“血液”。其中，贷款会直接转化为投资，促进经济增长。而存款则是贷款的重要来源。从人均年末金融机构贷款余额来看，长沙、株洲、湘潭之比从 2003 年的100∶21. 13∶23. 20，演变到2013 年的100∶16. 66∶23. 85，差距很大且未能收敛；人均年末金融机构各项存款余额，长株潭之比则从 2003 年的100∶34. 36∶36. 54，演变到2013 年的100∶30. 36∶31. 56，差距略低但也有所扩大；三地城乡居民储蓄余额的相差幅度则相对较少，说明储蓄资源的主要差异在于企业储蓄（见表4）。三地贷款差距大于存款差距，则说明长沙的金融贷存比要高于株洲、湘潭两地。金融贷存比，就是区域金融贷款余额与存款余额的比重，可以衡量一地金融资源的利用效率。长沙金融资源利用率高，其实说明了株洲、湘潭的金融资源在向长沙流动。

表 4　　人均金融资源年末分布情况　　单位：%

年份	金融机构贷款余额			金融机构存款余额			城乡居民储蓄余额		
	长沙	株洲	湘潭	长沙	株洲	湘潭	长沙	株洲	湘潭
2003	100	21. 13	23. 20	100	34. 36	36. 54	100	53. 60	61. 42
2004	100	21. 18	21. 07	100	33. 92	30. 39	100	57. 00	55. 40
2005	100	19. 09	19. 66	100	33. 93	30. 61	100	55. 96	53. 92
2006	100	17. 16	19. 63	100	33. 55	30. 79	100	56. 47	54. 17
2007	100	17. 07	18. 24	100	32. 72	26. 94	100	57. 51	51. 98
2008	100	16. 65	20. 19	100	32. 71	32. 60	100	55. 65	56. 51
2009	100	15. 60	18. 85	100	29. 67	29. 02	100	51. 85	53. 22
2010	100	14. 54	19. 26	100	29. 47	27. 24	100	52. 11	51. 83
2011	100	15. 03	19. 88	100	30. 78	28. 51	100	52. 66	52. 82
2012	100	16. 45	22. 38	100	30. 45	29. 25	100	52. 91	53. 63
2013	100	16. 66	23. 85	100	30. 36	31. 56	100	51. 43	54. 00

资料来源：中国统计数据应用支持系统。

（七）财政资源差距明显

作为长期由政府主导经济增长的国家，财政支出不仅影响到一地公共资源的供给，还会影响到该地的经济发展。以人均财政支出与全国水平之比衡量三地差距，长沙人均财政支出长期高于全国平均，2003 年是全国水平的 0.98 倍，2004 年便超过后者，至 2014 年已达到 1.16 倍；株洲与湘潭的人均财政支出均长期小于全国水平，2003 年分别为全国水平的 0.62 倍和 0.52 倍，至 2014 年则分别达到 0.78 倍和 0.77 倍（见图 12）。这一差距三地未能收敛，株洲、湘潭 2003 年分别相当于长沙的 63.3% 和 53.1%，2014 年分别相当于长沙的 67.2% 和 66.4%。

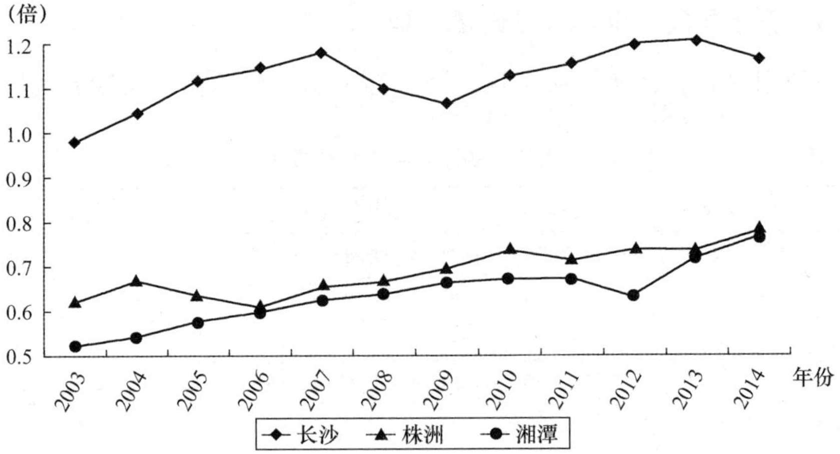

图 12　长株潭人均地方财政支出与全国水平之比

资料来源：中国统计数据应用支持系统，《湖南统计年鉴 2015》。

四、对长沙“一城独大”的进一步思考

根据前文分析，在协同发展的进程中，长株潭整体绩效斐然，但三地之间却存在长沙“一城独大”的问题。株洲、湘潭与长沙间的差距不仅没有缩小反而有所扩大。协同发展的实践反而造成经济分化，并不能简单认为这是由于上述实践不够充分，甚至未发挥效力而导致

的。“协同”不只是一种发展状态，更是一种发展政策。作为中部地区的湖南，其初衷就是通过发展政策的协同，打破行政区壁垒，集聚增长极，实现赶超发展；而随着经济起飞的实现，未来将更多发挥增长极的扩散效应，达到发展状态的协同。

发展状态的协同，是指区域经济逐步走向收敛的过程，也即区域库兹涅茨曲线的后半段，其反面为区域经济分化。经济发展在区域间通常会经历先集聚后扩散的“倒U型”曲线。正如佩鲁指出，“增长并非同时出现在所有地方，它是以不同的强度首先出现在一些增长点或增长极上，然后通过不同的渠道向外扩散，并对整个经济产生不同的影响”。[①] 在前一阶段，通过“回波效应”或“极化效应”，劳动力、资金、技术等生产要素向增长极聚集。在后一阶段，通过“扩散效应”或“淋下效应”又将各生产要素由增长极向周围欠发达地区扩散。[②]

发展政策的协同，是指地方政府通过在区域发展中横向协作，打破行政区壁垒，实现区域内要素自由流动的过程，其反面是依靠“特惠政策”的单兵突进式发展。从这个角度看，设立东南沿海特区、开发浦东新区、实施西部大开发、振兴东北老工业基地和促进中部崛起，均是通过获取中央特惠性政策，打造“政策洼地”来汇聚资源要素，区块间的地方政府相互竞争而无横向协作。随着经济发展进入新常态，原有的“特惠”政策开始“普惠”化，边际效力递减。通过地方政府间的政策协同来打造“改革高地”，成为当前区域政策的重要选项。

---

① 弗朗索瓦·佩鲁：“增长极概念”，《经济学译丛》，1988年9月。

② 艾伯特·赫希曼：《经济发展战略》，经济科学出版社1991年版；冈纳·缪尔达尔：《亚洲的戏剧——对一些国家贫困问题的研究》，北京经济学院出版社1992年版。

发展政策的协同与发展状态的协同并非一一对应的关系。对于后发地区而言，自然资源、物质资本与企业家是稀缺的，构成发展瓶颈。应将有限的资源集中投向效益较高的区域以获得高速增长，再通过交互需求引致其他区域发展。由于中国的行政区经济，不同地区有着独立的财政利益且面临晋升锦标赛压力，市场相互分割，生产要素难以自发汇集到发展潜力较大的区域。此时，吸引要素流入主要有两种区域政策：一是通过实施“特惠政策”形成“政策洼地”，增强吸引力；二是通过地方政府的横向协作，打破区域内要素流动桎梏，降低阻力。因此，在经济追赶期，发展政策的协同也可能导致区域内经济的分化。而当追赶阶段完成，依靠特惠政策集聚的增长极，则需要通过政策协同发挥其扩散作用，此时发展政策的协同与发展状态的协同相统一。

长株潭协同发展中长沙“一城独大”的原因有二。一方面，这是通过协同政策集聚增长极的自然结果。在20世纪90年代中期，湖南的经济赶超迫切需要一个增长极，而在行政分割体制下，生产要素难以自发流动，省域经济集聚度较低。与此同时，作为中部省份的湖南当时也缺乏中央特惠政策的支持，难以打造政策洼地。通过长株潭三地的政策协同，打造省域经济增长极，就成为湖南自觉实践的结果。长沙拥有更强的区位优势和发展潜力，在协同发展的过程中更容易汲取资源。另一方面，长沙作为省会城市，行政资源要多于株洲和湘潭，在协同发展的渐进过程中，一些行政干预也加剧了资源的单向流入。

五、结　语

在本案例研究中，我们梳理了长株潭协同发展的探索历程，明晰了这一自觉探索的由来、目标、困难与应对，并利用统计数据分析这一进程所产生的成绩与存在的不足。同时，案例还结合增长极理论与中国行政区经济的现实特征，阐释了对后发地区城市群协同发展的启示。

未来长株潭协同发展的路径有两种思路。一是打破现有的行政格局，通过长株潭管委会实体化，或直接争取三市合并，形成统一的行政框架配置域内资源。二是在遵循现有行政区划的前提下，进一步推进三地的政策协同，并通过法律予以规范化、稳定化，打破行政壁垒对于域内资源的桎梏。前一种思路，成本更高、不确定性更强，并且随着"协同发展"被越来越多的地区推行，不可能所有这些区域都实施行政一体化。因此，用法治手段进一步深化协同发展应是努力方向。

政策协同的法治化可以保障政策的稳定性与统一性，有效约束地方政府追求本地利益而产生的失范行为，实现市场秩序规则的融通衔序。具体而言，需要做到四点。一是协同立法。三地在立法前信息共享，依据自身制定的联合立法程序与争端解决机制，就区域公共事务同步制定相关法律。二是法律清理。审查三地现有的法律规范，及时修改与协同发展要求相悖的法律制度。三是协同执法。统一执法尺度，实现执法结果相互确认，落实交叉区域的执法责任，在避免执法留白的同时提高执法效率。四是建立地方政府合作的法律框架。如对我国地区间行政协议的签订、修改、退出与效力做出明确的法律规范。

执笔人：施戌杰

参考文献

[1] 艾伯特·赫希曼. 经济发展战略. 北京：经济科学出版社，1991
[2] 冈纳·缪尔达尔. 亚洲的戏剧——对一些国家贫困问题的研究. 北京经济学院出版社，1992
[3] 张萍. 张萍经济文选. 北京：社会科学文献出版社，2013
[4] 弗朗索瓦·佩鲁. 增长极概念. 经济学译丛，1988（9）

[5] 贺曲夫、刘友金、向云波．长株潭城市群区域整合与行政管理体制创新研究．湖南科技大学学报（社会科学版），2013（9）
[6] 匡跃辉．长株潭城市群：整合、融合与一体化，湖南行政学院学报（双月刊），2012（5）
[7] 林毅夫、刘培林．中国的经济发展战略与地区收入差距．经济研究，2003（3）
[8] 刘瑞明、石磊．中国城市化迟滞的所有制基础：理论与经验证据．经济研究，2015（4）
[9] 刘生龙、王亚华、胡鞍钢．西部大开发成效与中国区域经济收敛．经济研究，2009（9）
[10] 卢爱国．城市群行政管理体制改革：国际经验与长株潭选择．湖南师范大学社会科学学报，2013（6）
[11] 陆铭、向宽虎．破解效率与平衡的冲突——论中国的区域发展战略．经济社会体制比较，2014（4）
[12] 彭丽群．长株潭经济一体化立法模式的选择．湘潭大学学报（哲学社会科学版），2011（3）
[13] 吴博、郭渐强．论长株潭城市群行政管理体制创新面临的五大挑战．湖南社会科学，2014（3）
[14] 余吉祥、沈坤荣．跨省迁移、经济集聚与地区差距扩大．经济科学，2013（2）
[15] 张富泉．湖南省城市建设发展的几个战略问题．湖南经济，1993（6）
[16] Barro R，Sala－i－Martin X. Convergence. Journal of Political Economy，1992.
[17] Brandt L，Hsieh C T，Zhu X. Growth and structural transformation in China. China's great economic transformation. Cambridge university presss，New York，2008
[18] Caselli F，Coleman II W J. The US structural transformation and regional convergence：A reinterpretation. Journal of Political Economy，2001

案例研究六

长江经济带区域协同发展

一、长江经济带区域协同发展的重要意义与主要任务

（一）长江经济带概况

长江经济带依托长江黄金水道和沪昆（铁路、高铁、高速 G60）综合交通干线，覆盖上海、江苏、浙江、安徽、江西、湖北、湖南、重庆、四川、云南、贵州 11 省市，面积约 205 万平方公里，是我国国土空间开发最重要的东西轴线，在区域发展总体格局中具有重要战略地位。2015 年长江经济带域内省市基本情况见表 1、图 1。

表 1　　2015 年长江经济带域内省市基本情况

省市名称	地区生产总值（亿元）	人口（万人）	人均地区生产总值（万元）	城镇化率（%）	第三产业增加值比重（%）	人均可支配收入（元）
上　海	24965.0	2415.3	10.3	89.0	67.8	49867.0
江　苏	70116.4	7976.3	8.8	66.5	48.6	29539.0
浙　江	42886.0	5539.0	7.8	65.8	49.8	35537.0
安　徽	22005.6	6143.6	3.6	50.5	37.3	18363.0
下游小计	159973.0	22074.2	7.3	—	—	—
江　西	16723.8	4565.6	3.7	51.6	38.6	—

续表

省市名称	地区生产总值（亿元）	人口（万人）	人均地区生产总值（万元）	城镇化率（%）	第三产业增加值比重（%）	人均可支配收入（元）
湖　北	29550.2	5851.5	5.1	56.9	43.1	20026.0
湖　南	29047.2	6783.0	4.3	50.9	43.9	19317.0
中游小计	75321.2	17200.1	4.4			
重　庆	15719.7	3016.6	5.2	60.9	47.7	20110.0
四　川	30103.1	8204.0	3.7	47.7	41.1	17221.0
贵　州	10502.6	3529.5	3.0	42.0	44.9	13696.6
云　南	13717.9	4741.8	2.9	—	45.0	—
上游小计	70043.3	19491.9	3.6			
沿江合计	305337.4	58766.2	5.2			
全　国	676708.0	137462.0	4.9	56.1	50.5	21966.0

注：表中为全国和各省的公报数据。

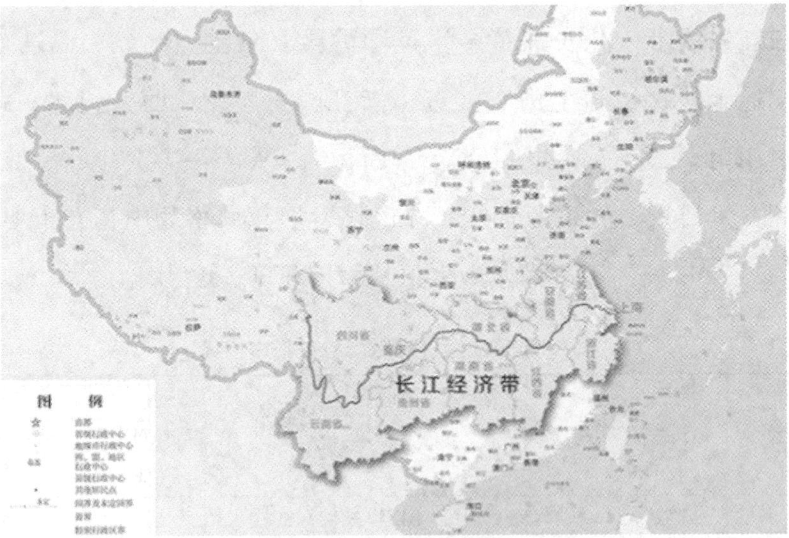

图 1　长江经济带范围示意图

2014 年，国务院发布《国务院关于依托黄金水道推动长江经济带发展的指导意见》（国发〔2014〕39 号）（以下简称《意见》），明确了长江经济带的范围，将长江经济带定位为具有全球影响力的内河经济带、东中西互动合作的协调发展带、沿海沿江沿边全面推进的对内对外开放带和生态文明建设的先行示范带，并从长江水道、综合交通廊道、产业转型升级、新型城镇化、对外开放、绿色生态廊道和区域协调发展等 7 个方面对长江经济带建设进行了具体的部署。

【专栏 1】　长江经济带大事记

• 20 世纪 80 年代初，提出“一线一轴”战略构想，即沿海一线、长江。

• 1985 年 9 月，“七五”计划提出东中西部的概念，要求加快长江中游沿岸地区的开发，大力发展同东部、西部地带的横向经济联系。

• 20 世纪 90 年代，国家提出发展“长江三角洲及长江沿江地区经济”的战略构想。

• 2005 年，长江沿线七省二市在交通部牵头下签订《长江经济带合作协议》。

• 2009 年以来，七省二市不断地共同向中央呼吁，“将长江经济带的发展上升为国家战略”。

• 2013 年 7 月，习近平总书记在湖北考察时指出，“长江流域要加强合作，发挥内河航运作用，把全流域打造成黄金水道”。

• 2013 年 9 月，国家发改委会同交通运输部在京召开关于《依托长江建设中国经济新支撑带指导意见》研究起草工作动员会议，当时包括上海、重庆、湖北、四川、云南、湖南、江西、安徽、江苏等 9 个省市。

• 2013 年 10 月，国家发改委赴上海、湖北等地调研，听取各地对依托长江建设中国经济新支撑带的意见和建议。

●2014 年 3 月，李克强总理在政府工作报告中提出“依托黄金水道，建设长江经济带”。

●2014 年 4 月 25 日，习近平总书记主持中共中央政治局会议，提出“推动京津冀协同发展和长江经济带发展”。

●2014 年 4 月 28 日，李克强总理在重庆召开 11 省市座谈会，研究依托黄金水道建设长江经济带问题。提出让长三角、长江中游城市群和成渝经济区三个板块产业和基础设施连接起来、要素流动起来、市场统一起来，形成直接带动超过五分之一国土、约 6 亿人的强大发展新动力。

●2014 年 9 月 25 日，国务院出台《关于依托黄金水道推动长江经济带发展的指导意见》。正式明确长江经济带的范围、目标、任务。

（二）长江经济带区域协同发展的重要意义

长江经济带区域协同发展是目前我国境内最大规模的区域发展战略，与“一带一路”等战略紧密结合，其协同发展具有重要的意义。

从生态的角度而言，长江流经我国三大地理阶梯，是我国境内的第一大流域，生物多样性丰富，沿途人口众多，产业发达，同时也是生态破坏和环境污染较为严重的区域，保护和治理好了长江流域，对全国生态文明建设的意义不可估量。

从经济发展和城镇化布局的角度而言，长江流域地跨我国经济最发达的长三角区域，同时也涉及我国较为贫困的云贵等省份，通过长江黄金水道及其综合交通系统的连接，发掘中上游广阔腹地蕴含的巨大发展潜力，促进经济增长空间从沿海向沿江内陆拓展，深化中西部地区对外开放，有利于缩小东中西部地区发展差距，全面建成小康社会。

从提升我国政府治理水平的角度来看，长江经济带涉及范围广，省（市）级主体多，协调难度较大，实现长江经济带的政府间区域协同发展，有利于我国建设全国统一市场，完善区域协同发展机制。

正因为长江经济带发展具有全国乃至国际层面的战略意义，2016年伊始，习近平总书记即赴重庆调研，并召开推动长江经济带发展座谈会，凸显了中央对长江经济带的高度重视。

（三）长江经济带区域协同发展的主要任务

习近平总书记在推动长江经济带发展座谈会上明确了推动长江经济带发展必须坚持生态优先、绿色发展的战略定位，指出当前和今后相当长一个时期，要把修复长江生态环境摆在压倒性位置，共抓大保护，不搞大开发。并建立统筹协调、规划引领、市场运作的领导体制和工作机制，推动长江经济带发展领导小组更好发挥统领作用。按照这一指示，结合《意见》中的主要任务，长江经济带区域协同发展的重点任务可以归纳为如下五个方面。

第一，生态文明建设是长江经济带区域协同发展的重中之重。其主要任务包括三个方面。一是协同实施重大生态修复工程，包括长江防护林体系建设、水土流失及岩溶地区石漠化治理、退耕还林还草、河湖和湿地生态保护修复等工程，以增强水源涵养、水土保持等生态功能。二是正确处理防洪、通航、发电的矛盾，自觉推动绿色循环低碳发展。包括优化已有岸线使用效率，把水安全、防洪、治污、港岸、交通、景观等融为一体，抓紧解决沿江工业、港口岸线无序发展的问题；有条件的地区率先形成节约能源资源和保护生态环境的产业结构、增长方式、消费模式，真正使黄金水道产生黄金效益。三是鼓励和支持沿江省市共同设立长江水环境保护治理基金，按照“谁受益谁补偿”的原则，探索上中下游开发地区、受益地区与生态保护地区试点横向生态补偿机制。依托重点生态功能区开展生态补偿示范区建设。推进水权、碳排放权、排污权交易，推行环境污染第三方治理。

第二，产业经济协同发展是长江经济带区域协同发展的核心任务。其重点在于通过使市场在资源配置中起决定性作用和更好发挥政府作用，加快政府职能转变，提高公共服务水平，创造良好市场环境，清理阻碍要素合理流动的地方性政策法规，打破区域性市场壁垒，实施统一的市场准入制度和标准，推动劳动力、资本、技术等要素跨区域流动和优化配置，尤其是强调通过金融合作推进企业和资本间的交流合作，推动航运资源标准化建设和沿江航运业务合作。

第三，基础设施共建共享是长江经济带区域协同发展的物质基础。其重点是长江黄金水道的综合利用，同时《意见》还特别强调通过推动社会信用体系建设，扩大信息资源开放共享，提高基础设施网络化、一体化服务水平。

第四，社会事业协同发展是长江经济带区域协同发展的重要保障。包括建设区域间统一规范的劳动用工、资格认证和跨区域教育培训等就业服务制度；加强基本养老保险、基本医疗保险等社会保险关系转移接续政策的落实力度；应对长江事故灾难、环境污染、公共卫生等跨区域突发事件的协同联动治理机制；以及完善集中连片特殊困难地区扶贫机制，加大政策支持力度等。

第五，规划协同和政府间协商合作是长江经济带区域协同发展的前提条件。

中央对长江经济带的协同发展寄予厚望，其重要目的是在我国经济发展逐步步入新常态的发展阶段后，如何更好地划分政府和市场的边界，尤其是政府如何在生态环境、社会事业等公共事务中更有效地发挥作用，减少各地竞争带来的负外部性效应，并促进市场机制发挥决定性作用，实现各方利益的妥善协调，从而最终实现长江经济带、沿线城市群间的协同发展，促进上中下游协同发展、东中西部互动合作。

二、长江经济带区域协同发展的工作进展与主要经验

自2014年《意见》发布以来，长江经济带区域协同发展的一些重点工作已经先期推进并取得了良好的成效。

（一）规划和体制改革先行，协同发展的顶层设计初步完善

一是规划体系逐步建立。2014年发布的《国务院关于依托黄金水道推动长江经济带发展的指导意见》（国发〔2014〕39号）是长江经济带建设的总纲，在《意见》发布前后，中央经济工作会议、国家“十三五”规划等均对长江经济带作出了重要战略部署，并先后出台了《长江经济带综合立体交通走廊规划（2014－2020）》《关于开展长江经济带海关区域通关一体化改革的公告》《长江流域环境联防联治合作协议》《长江经济带创新驱动产业转型升级方案》，以及最高人民法院出台的《关于为长江经济带发展提供司法服务和保障的意见》等配套落实文件，从而形成了以《意见》为核心，涵盖产业、交通基础设施、环境治理、区域开放等一揽子实施规划，率先实现了规划协同。

二是成立了以张高丽同志为组长的推动长江经济带发展领导小组，统筹谋划沿江九省二市，以及省部间协调机制。领导小组下设办公室，位于国家发改委。同时，沿线省份如重庆、湖北、湖南、安徽、浙江、上海等也均成立了推动长江经济带发展领导小组和相应的办公

室，以贯彻落实中央要求，统筹省内建设和省际协作等工作。甚至部分地级市、县区等都成立了相应的领导小组和工作组，从而实现了自上而下政令畅通。

三是充分发挥了区内次区域规划协同发展和政府间合作的积极性。长江经济带虽然提出时间较晚，但区内的次区域合作起步较早，其中长江三角洲城市群间的合作起步最早，已经形成了较为完善的省市间协调机制，既有三省一市主要领导出席的长三角地区主要领导座谈会，也有着重于落实的常务副省（市）长参加的省市经济合作与发展座谈会、城市市长的城市经济协调会，以及一些重点领域的专业委员会，并成立了区域发展促进基金，实现了从决策到落实的各层级协同发展制度。长江中游城市群近年来也初步形成了长江中游城市群省会城市协调会、会商会等制度，这些次区域合作机制也为长江经济带的协同发展体制机制建立提供了有益的经验。

（二）市场主导，以上海港为龙头的沿线港口体系初步建成

长江通道是长江经济带协同发展的重要依托，是我国国土空间开发最重要的东西轴线，长江也是货运量位居全球内河第一的黄金水道。目前，长江航道全长 2838 公里，流域内内河航道近 9 万公里。2013 年，长江干线港口生产泊位达到 4296 个，万吨级以上泊位 459 个，拥有 10 个亿吨大港。

但是长江上中下游的航道条件差异较大。2003 年三峡大坝建成蓄水以后，长江上游航道受到三峡大坝船闸通行能力的严重制约。三峡船闸设计通行能力是到 2030 年每年单向通行 5000 万吨，在 2013 年即已经基本达到这一设计运力。通过挖掘潜力，三峡船闸最大双向通过能力也仅仅只有为 1.5 亿吨，在 2014 年也已经达到，这导致船舶待闸

成为常态。长江中游航道则受制于沙质河床，河道九曲回肠，航道的变迁频繁，很不稳定，且易发事故。只有下游航道条件较好，大港也主要集中在下游地区。基于这一航道特性，长江航道上的港口竞争十分激烈，突出表现在两个方面：一是上海港和宁波港的腹地之争，尤其是对武汉、重庆等干线港口的外运主导权的争夺；二是长江下游港口群之间的激烈竞争，尤其是江苏省内各港口以及江苏和安徽沿江城市港口间货物转运枢纽间的争夺。

近年来，上海国际港务集团以资本投资为纽带，通过相互投资参股、持股、码头泊位共建共享等方式，先后投资和控股了包括武汉港、长沙港、南京港、九江港、江阴港、芜湖港、重庆港、南通港、宜宾港口等在内的港务集团或集装箱码头（公司），初步形成了围绕上海国际航运中心目标的区域港口战略联盟，从而为以市场为基础，实现港口专业化分工和功能定位分工，共同建设上海国际航运中心组合港群奠定了良好的基础。

但是，由于运输标准化、智能化水平低，黄金水道运输能力和效率还待提升。目前，区域内94.9%的客运量和80.6%的货运量仍由公路承担，而由于船型标准化程度不高，集装箱运输在长江航运中比重偏低，铁水联运一直没有发展起来，长江港口铁水联运货运量只占总吞吐量的2.1%，集装箱海铁联运比例不足5%。此外，尽管航道管理部门已经掌握了航道水深、暗礁、浅滩等数字化信息，但不少船舶未达到相应的智能化水平，无法使用这些信息。

（三）简政放权，长江经济带海关区域通关一体化初见成效

2014年8月，海关总署正式批准下达《长江经济带海关区域通关一体化改革方案》，海关通过建立区域通关中心，构建统一的申报平

台、风险防控平台、专业审单平台和现场接单平台，形成涵盖长江经济带海关通关全流程的一体化管理机制和运行模式，以实现长江经济带通关作业一体化。

同年9月底，该政策率先在长三角三省一市（上海市、江苏省、浙江省、安徽省）内的上海、南京、杭州（温州海关隶属于杭州海关）、宁波、合肥海关全面展开，位于上述地区的企业在长三角地区各口岸海关进出口货物，可自主选择向经营单位注册地、货物实际进出境地海关或其直属海关集中报关点办理申报、纳税和查验放行手续。同年12月，南昌、武汉、长沙、成都、重庆、贵阳、昆明等7个海关也加入改革，同时，流域12个关区的海关特殊监管区域也纳入区域通关一体化，这标志着长江全流域真正实现了“12关如1关”。

海关特殊监管区域一线进境业务纳入一体化改革后，不但省去了从口岸海关到属地海关的转关手续，而且除海关布控查验的货物需使用监管车辆运输外，其他情况企业完全可以自行安排车辆运输，自行掌握运输节奏，将进一步降低企业物流成本，提高通关效率。

（四）投资引领，长江经济带区域交通基础设施协同程度不断提升

“十二五”期间，按照《长江干线航道总体规划纲要》《长江经济带综合立体交通走廊规划（2014－2020）》等要求，国家对长江经济带区域内交通基础设施进行了重点投资，目前已经初步形成了质量较高的区域交通基础设施体系。

在航运方面，“十二五”期间长江航道局共实施了28项建设工程，完成投资近90亿元，这还不包括长江南京以下12.5米深水航道的近100亿元投资，其投资总额超过“十二五”之前全部投资的总

和。经过治理，长江上游宜宾至重庆河段由五级航道提升至三级，实现昼夜通航；重庆至三峡大坝河段也提升至一级航道；宜昌至岳阳城陵矶水深枯水位达到3.5米，提升至一级航道；城陵矶至武汉段，武汉段至九江段均加深0.5米，枯水期水深分别达到3.7米和4.5米；长江下游南京以下至南通全面实现12.5米水深。

在高速铁路方面，2015年中，沪昆高铁已经通车至贵阳，成为长江经济带又一大交通动脉，极大的释放了原沪昆铁路货运运能。同时，2013年年底，上海到重庆、成都的铁路也全线贯通（但尚不能达到全程高铁的水平）。“十三五”期间，随着郑万高铁等的建成通车，上海至成都段有望实现高铁全线贯通。

（五）中央统筹，长江经济带区域生态协同明确水质监管率先突破

当前长江干流总体水质较好，但部分支流污染严重，涉危涉重企业数量多、布局不合理、污染事故多发频发，部分饮用水水源地存在安全隐患，废水排放量逐年增加，部分河段总磷、氨氮超标，船舶污染没有得到有效控制，江湖关系紧张，部分地区生态问题突出。

更深层次来看，当前长江流域的生态问题还包括森林覆盖率下降，长江水质泥沙含量增加，枯水期不断提前；物种受到威胁，珍稀水生物日益减少；固体废物严重污染，威胁水闸与电厂安全；湿地面积缩减，流域水的天然自我清洁功能日益降低等问题。

生态问题千头万绪，当前长江经济带生态协同率先突破的重点领域是跨省界断面水质监管。目前，各省市已经初步建成布局合理、功能完善的跨省界考核断面监测网络，省界断面实时自动监测能力已经形成。同时，国家上收跨省界断面水环境质量监测及考核事权，由环

境保护部统一负责。未来这一考核结果将作为财政转移支付、区域限批、地方党政领导问责的重要依据。

三、长江经济带区域协同发展的难点

长江经济带涉及范围广、沿江各省市利益诉求很不一样。尽管有中央的强力支持和诸如长三角、中三角、成渝等次区域合作的基础，但要实现全经济带的协同发展，仍然存在着若干难点和问题。

（一）生态协同的难点在于跨区域生态补偿

“共抓大保护，不搞大开发”是中央对长江经济带发展的殷殷期望，然而长江经济带区域协同发展中最难的也是生态协同发展和保护。长江经济带集中了我国40%以上的人口和经济总量，同时也集聚了我国40%以上的污染，污染治理尚且不易，生态恢复更加艰难。

一是长江经济带区域生态协同中最核心的问题是上下游水污染排放权的问题。在GDP发展导向下，长江沿江地区竞相上马重化工产业，多数沿江城市都布局了大量石化项目，仅江苏境内就布局了8大临港化工区，钢铁行业中长江沿岸更是聚集了宝钢、南钢、马钢、武钢、重钢、攀钢等钢铁基地，因此必须要设计出一条包容性增长的有效道路，以克制地区发展冲动，实现产业发展与生态容量相适应。

二是上游水电站以及能源资源富集地区矿产资源开采带来的生态风险，以及西电东输的市场化补偿问题。长江上游地区资源丰富，但交通条件、要素条件等较差，经济相对落后，因此长江上游地区实现生态友好型的后发追赶难度很大，大量水电站开发和矿藏开发对生态环境造成了严重的破坏，甚至导致一些河流断流、山体滑坡、地下水严重污染等事件。但另一方面，由于资源要素的价格机制不合理，高层级政府和国企收益较多，当地基层政府和人民收益较少，甚至变相补贴了中下游发达地区，造成了上游更加无力保护生态，也更加竭泽而渔式的进行资源开发，因此通过中央转移支付和下游生态补偿，为上游经济发展和环境保护创造一个良好的条件迫在眉睫。

三是全球气候变化背景下长江自身过度利用带来的生态问题，近年来突出的表现为中下游干旱问题、湿地减少、物种濒危等问题。如175 种长江流域特有物种一半以上已难觅踪迹。主要经济鱼类低龄化和小型化，沿江主要省市天然捕捞量仅为 20 世纪 80 年代的一半，一些重要经济鱼类已经不能形成实际产量。区域内人工林地多处于幼林或未成林状态，涵养水分、保持水土、调节水文等生态功能十分有限，自然生态系统退化的趋势还没有得到有效遏制。这是需要全流域甚至全国共同投入和参与的重大生态问题。

（二）产业协同的难点在于次区域内的产业竞争

从长江经济带的尺度来看，上中下游的产业差异是较为明显的。按照按 41 个工业行业的产值和国家统计局 36 种主要工业产品的数量来看，下游主要集中于电子、化工、电气机械、钢铁、通用设备、汽车等高科技产业、重化工业和装备工业等领域；上游主要集中于矿物采选和加工（包括有色、钢铁、煤、非金属矿等）、特色农副产品加工（包括食品、烟、酒、茶、饮料）等采掘工业、轻纺工业领域，以及化工、汽车、电子、电气机械等部分装备工业领域；中游则介乎于下游与上游之间，形成了各自独特的优势产业类型，为上中下游之间的产业分工与合作奠定了坚实的基础。

但从次区域的竞争来看，长三角、长江中游和成渝三大经济区内的竞争十分激烈。从长三角内部来看，2014 年苏浙、苏沪、浙沪三省的产业相似度系数分别达到 0. 89、0. 83 和 0. 7，均处在较高水平，尤其是苏浙、浙沪两地的相似度系数还在不断提高。从长江中游城市群内部来看，赣鄂之间的产业相似系数为 0. 67，相对较小，但湘鄂、湘赣之间的相似系数分别达到 0. 77 和 0. 85。此外，在区域间，如武汉、重庆在产业转移上的竞争也十分激烈，尤其是在一些先进制造业领域如汽车、电子产品等领域更加明显。

可以想见，未来随着产业梯次转移步伐加快，长江中上游地区对于优质产业和要素的争夺将更趋激烈，次区域间协调发展的难度可能会越来越大。

（三）要素协同的难点在于破解中西部地区的人才瓶颈

要素协同是产业协同的基础，其中人力资源的自由流动也是社会事业协同中的重要内容，但长期以来各个地方政府已经形成了各不相同的地区市场准入、资格认证、信用等级、行业技术标准和产业政策环境。如上海、宁波和南京 3 市对外来务工人员的社保政策覆盖范围各不相同，上海规定范围是在上海务工但不具有上海常住户籍的外来人员，宁波规定范围是与宁波用人单位建立劳动关系但不具有宁波常住户口的外来人员，而南京的规定范围则是用人单位使用的外来农业户口的从业人员，社保政策的不同一方面导致了劳动力流动受限，一方面也导致了外来务工人员弃保现象严重。

与社保政策相似的是各地对于职业技能的认定标准、程序各不相同，这就导致了中高水平的人才不能相互流动，如重庆、上海、浙江等地对于培训师的要求各不相同，有的要求教师证，有的要求经过一年或半年脱产培训等，这对于中上游人力资本相对匮乏地区引进中级人才也是较大的阻碍。而长江中上游区域的人力资源的数量多但质量相对较低，今后要适应现代化的发展、实现产业向高端的转型升级，所需要的高素质人才、高级管理人才、外向型人才和技术工人等方面仍有较大不足。

总之，长江经济带流域范围极广，沿江的省市差异极大，总体上具备合作共赢的条件，但在一些具体领域、经济区域又存在着较为突出的竞争关系，协同发展具备条件，但也有一定困难。

（四）空间协同的难点在于中上游中心城市辐射带动能力不强

根据区域产业转移的一般规律，先进地区的产业不断向创新、服务的产业环节转变，次发达地区则接受先进地区的先进制造业外溢，然后是欠发达地区在传统农业和资源型产业的基础上向制造业转型。对于长江经济带和区内各个次区域而言均是如此。

从长江经济带尺度上来看，上海作为中心城市，其产业转型升级的步伐较快，已经初步形成了全国性的金融中心、航运中心、创新中心和总部经济，并辐射带动了长三角，尤其是沪宁杭甬之字形核心区域的空间协同发展。但对于广泛认可的武汉市和重庆市两个区域中心城市，以及包括成都、长沙、南昌等在内的一系列省会和中心城市，都尚处于大城市集聚，甚至虹吸发展的阶段。2015 年，武汉在省内的城市首位度高达 3.2，仅次于成都的 6.4，分列全国省会城市首位度的的第二、第一，长沙则以 2.95 紧随其后，位列第四。从产业发展阶段来看，这些区域中心城市中只有武汉第三产业比重超过 50%，重庆的第三产业产值略高于第二产业，其余城市的仍处在第二产业为主的工业化中后期发展阶段。由于长江经济带区域中心城市的高端产业的发育程度不高，既严重阻碍了区域内中心城市能级的提升和“引领、辐射、服务、示范、带动”作用的发挥，又严重挤压了周边城市中低端产业的提升空间，在区域层面上则难以形成高低错落的梯度式产业分工合作体系和分布格局。

四、大流域协同发展的国际经验借鉴

（一）美国密西西比河流域综合开发经验

密西西比河是美国最大的河流，以发源于美国西部落基山脉的密苏里河支流红石溪（Red Rock）（位于蒙大拿州）为河源计算，其全长为6021公里，居世界河流的第4位；流域面积322万平方公里，占美国本土面积的41%，河口平均年径流量为5800亿立方米（包括阿查法拉亚河）。见图2。

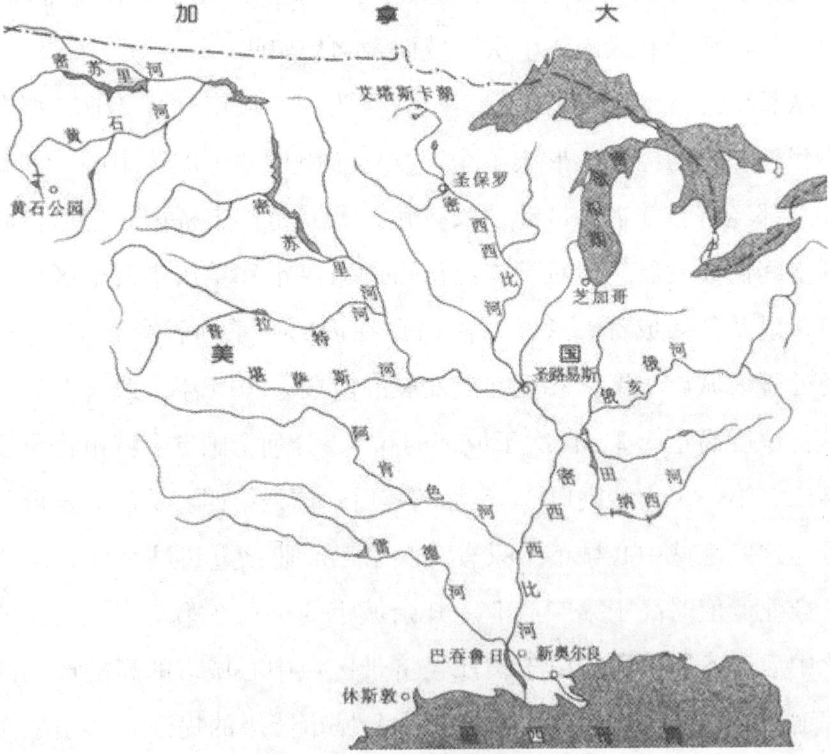

图2　密西西比河流域水系示意图

密西西比河航道是美国最大的内河航道系统，经过20世纪40年代以来的系统治理之后，通航里程约20000千米（含主要支流），其主要支流详见表2。现在密西西比河航道上的主要船队是万吨级顶推船队和千吨级机动船。

表2　　密西西比河水系主要通航河流航道里程　　单位：公里

河流名称	通航里程	2.74m以上的通航里程
密西西比河通航干流	3766	2940
伊利诺斯水道	526	526
俄亥俄河	1903	1695
密苏里河	1178	589
田纳西河	1050	1050
阿肯色河	2333	2333
田纳西—汤姆别克运河	407	107
合计	11163	9540

目前美国的内河航运主要以货运为主，约占到全国总运输量的15%，其中密西西比河水系的货运量约占全国内河货运总量的60%以上，主要以运输大量工业原料和商品等大宗散货为主。

密西西比河流域经过两百余年的开发，形成了很多可供借鉴的合作协作发展经验。

一是法律保障、权威规划和强力的执行机构共同确保了管理高效。自1820年美国国会通过发展内河航运的法令后，先后有40余项有关防洪和航运的法律或法令，以规范密西西比河水系河流开发计划的制定及工程项目的实施。在此基础上，美国于1879年成立密西西比河委员会，对密西西比河流域进行开发与管理，拥有较为独立的自主管理权。陆军工程兵团是密西西比河治理的执行机构，其制定五年规划及年度计划时，必须向国会报告，国会负责审定密西西比河水系治理的总体构想、长远目标、开发程序和实施步骤等。国会一旦发现问题，则会下令限期改正，否则停止向其拨款并终止工程实施。陆军工程兵团不仅仅负责密西西北河，实际上负责美国主要河流的防洪、航道治理、水力发电、城市和工业用水、农田灌溉和环境保护等事项。其直属国防部，不存在与社会经济部门的利益冲突。内河航运方面则由联邦运输部统一管理，该部分还负责管理铁路、公路、水运、航空及管道运输，因此能有效抑制不同运输部门间的恶性竞争和重复建设。美国的水上安全管理体制也是全国统一的，海岸警备队是美国海上（包括内河）惟一的执法力量，它隶属于国防部，经费由联邦政府预算支出。综合、统一的水上安全管理体制，也促进了内河航运的发展。

二是灵活的筹资方式保证了建设资金。密西西比河的航运投资来源主要有：财政拨款、内河基金、企业投资、私人投资等。国会每年用于内河航道的资金约为 9 亿美元，其中内河基金约 1.2 亿美元；同时，还有相当于国会资金总额的 20% ~30% 的私有资金参与航道建设。针对密西西比河流域最贫困的田纳西支流，1959 年国会通过一项法案，允许田纳西流域管理局（TVA）单独发行公债，自筹资金进行发展建设。

三是特别重视多部门的环保协作。密西西比河水系不仅驻有联邦环保署相应机构，陆军工程兵团也有专门负责环保的部门。美国在航运工程实施过程中，对环保和生态平衡的考虑非常细致，例如疏浚挖泥必须堆放在环保部门专门指定的位置，工程实施和完成后，必须设置专门的野生动物保护区，甚至施工过程中对周围居民的影响（包括噪音）亦应考虑适当的补偿和措施。为不破坏生态平衡，湿地的保护作为重要内容，由专门的部门负责管理。

（二）西欧莱茵河流域沿线国家协同治理经验

西欧第一大河莱茵河，发源于瑞士境内的阿尔卑斯山北麓，西北流经列支敦士登、奥地利、法国、德国和荷兰，最后在鹿特丹附近注入北海，全长1390公里，流域面积（包括三角洲）超过220000平方公里。自1815年维也纳会议以来，它已成为国际航运水道，通航长约869公里，其中大约700公里可以行驶万吨海轮。莱茵河还通过一系列运河与其他大河连接，构成四通八达的水运网，并形成了一个以莱茵河为轴线的工业生产区域，现有约1/5的世界化工产品是莱茵河沿岸生产的。具体见图3。

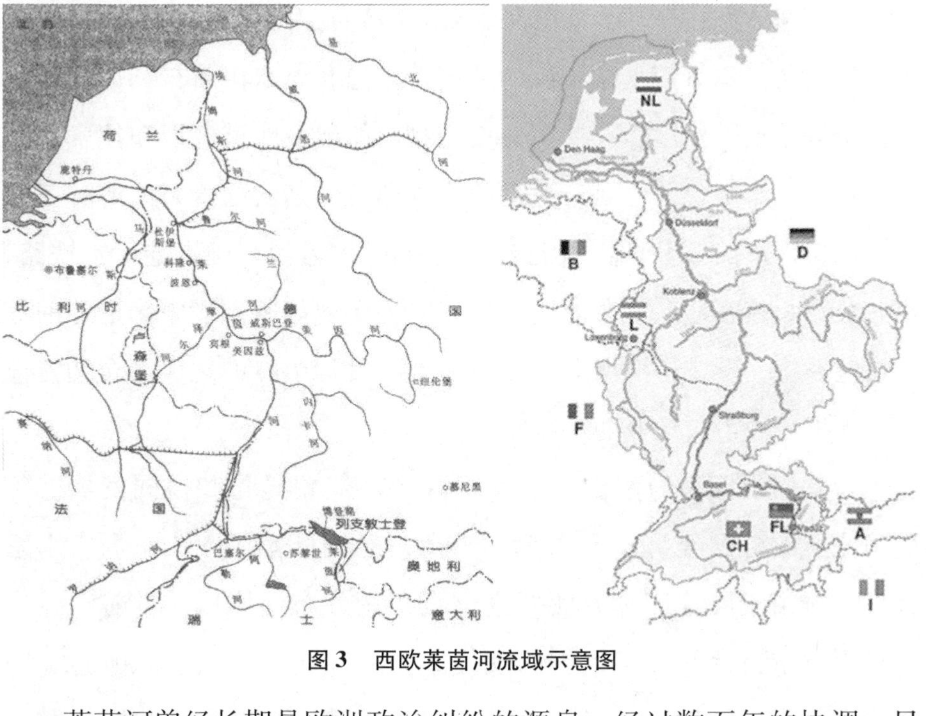

图3　西欧莱茵河流域示意图

莱茵河曾经长期是欧洲政治纠纷的源泉，经过数百年的协调，目前已经成为国际环保、航运的典范。其合作的主要成功经验包括以下几个方面。

一是通过一系列条约和协调机构，以协调航运和环保等重大问题。1815 年维也纳会议就莱茵河自由航运和取消征收通行费达成原则协议，1831 年《美因兹公约》具体付诸实施，并因之建立了莱茵河航行中央委员会（CCR）。其后于 1868 年简化和修订为《曼海姆公约》（Mannheim Convention），1918 年该公约将一切特权扩大给所有国家，而不仅限于河岸各国的船只。第二次世界大战后，莱茵河的环保问题更加突出，1950 年各方成立了莱茵河保护国际委员会（ICPR），共同形成了一系列在流域整体目标下的条约和行动计划，从法理和技术两个层面协同治理流域的环境问题。

二是特别重视国际间自由航行的标准化建设，并在此基础上构建了综合交通体系，提升了莱茵河的航运物流能力。1831 年莱茵河航行中央委员会（CCR）主持协调的莱茵河渠道化、自由航行和取消征收通行费等多项工作逐步开展，并就船型、船龄、航道规划和技术条件等进行规范。实现了内河与海运的无缝通达。其后随着莱茵河畔工业化的加快，目前莱茵河沿线已经形成了以水运为基础，港口、铁路、高速公路相连互通，整合油气管道和电力干线等基础设施廊道等的综合运输系统，形成了沿岸港口城市为主要货运节点的现代综合物流体系，支撑着城市与产业的持续发展。

三是以市场化为基础，实现了区域产业差异化和协同发展。莱茵河流域的各国经济发展水平不平衡，但很早就在产业布局、水系开发和城市发展等诸多方面探索整合协调的布局体系，目前已经形成了以下游荷兰等国家为主的现代服务业和航运业为主，中游德国等国家为核心的现代制造业体系等龙头带动、腹地支撑的区域联动布局。同时，产业结构的升级也是莱茵河环境保护治理得以取得成效的重要原因。

五、进一步提升长江经济带区域协同发展的建议

（一）在领导小组内成立重点领域的专业委员会，率先实现区域间标准体系统一

首先是明确长江黄金水道的航运标准，尤其是航道标准和船型标准。按照航道标准，设立明确的分航段标准化时间表，提高标准化拖船、集装箱运输等比例，疏通河海联运，铁海（河）联运的症结，提高黄金水道的运输效率，充分发挥以黄金水道为龙头，铁路和高速公路为支撑的综合交通运输体系全面带动中上游城市发展的能力。同时，在长江流域率先提升运输的智能化水平，充分利用现有的物联网、大数据等技术和手段，挖潜运输能力，减少运输损耗，减少航运的生态冲击。进一步提升行业监管能力，加快现代化安全监管系统建设。

其次应重点明确区域内的人才标准，对于区域内若干重要行业，尤其是上下游发展中都有重要影响力的若干行业人才标准进行统一，如制造业技工、部分服务业执业标准等，从而促进人才的区域间流动，实现中上游中低端劳动里能够适应中下游产业发展的需要，中下游的中高端人才也能够反哺中上游城市，提升中上游城市人力资本水平。

对于国家和社会上已经普遍认可的各项法规和标准，尤其是海关通关标准、产品质量标准、生态标准等，要加大实施和监察力度，确保各项法规、标准落到实处。

（二）通过财政转移支付和基金等市场化措施综合提升公共服务均等化水平

应在当前中央财政进一步提高事权比重的趋势下，强化中央财政

转移支付的力度，在基本公共服务领域，尤其是义务教育、基本医疗等领域实现全面均等化。

其次应重视基金等市场化手段，调动各省市利益主体参与协调的积极性。该基金的资金来源先期可由中央、沿线各省市、国家政策性金融机构等按照财力原则共同筹资组建，后期可将一些准公益性项目通过 PPP、发行债券等形式吸引民间资本甚至部分国外资本进入，既能够扩大融资渠道，也能弱化地区行政意识，促进资金的跨区域流动。

未来还应结合全国统一社会保障体系建设，对于跨区域流动的劳动力实行统一的社会保障体系。

（三）在提高中央统筹能力基础上，率先探索区域间生态补偿机制

长江生态环境保护的难点不在于统一标准，也不在于区域间统一执法，而在于构建区域间生态成本的分担机制，实现区域间生态补偿。

首先，流域生态问题具有极强的外部性，仅仅依靠地方政府间的协作不能从根本上解决问题，应明确中央的环保权威，成立由中央牵头的区域间统一执法机制是当前的突破点。要强化各地方政府出资治理环境污染的责任，必要时可以通过中央牵头，上中下游成立专项污染事件的联合执法组，确保污染治理落到实处。

其次，要建立明确的区域间生态补偿机制。一是要在综合考虑上游生态系统建设和保护成本，以及下游因生态环境破坏所造成经济损失的基础上，科学确定生态补偿标准，并使之制度化、规范化、常态化。二是可以成立生态保护和环境治理专项资金，专门用于治理长江流域中跨区域所产生的环境和生态问题，并可适当引入民间资本和国家政策性银行的项目贷款，确保生态环境治理工作的持续性和稳定性。

（四）以市场配置资源为基础，不断优化区域间产业协同发展

首先，要结合当前我国深化政府体制改革，加快推进政府职能的转变的工作，以简政放权为主要手段，弱化地方政府对地方经济的干预权利。同时，通过强化依法执政能力建设，规范地方政府的市场行为，破除地方政府的地方保护主义和地域性歧视政策，对于地方政府因破坏统一市场而造成的市场、企业和居民损失要进行严厉惩治。

其次，要鼓励大型龙头企业通过市场化手段跨区域采购、兼并、重组及再投资等实现某一产业的产业集聚，形成较大区域范围内具有规模经济的龙头企业及其产业集群。同时，鼓励行业内龙头骨干企业、各地区重点产业园区成立行业协会，构建产业网络，实现行业自治自律，减少恶性竞争。当前可从诸如创新联盟、物流联盟等具有现实基础的领域切入合作。

再次，在一些区域重点城市和战略性性产业的培育和发展上，国家可以通过适当的基础设施规划、战略性新兴产业规划和相应的财政、基金支持措施，引导沿线区域间主要城市在某些领域率先形成基础优势，率先成为地区增长极，并以之为支撑点和辐射源，利用区域综合交通网络，加强与经济带内其他中小城市的经济交流，促进区域分工与合作。

执笔人：黄　斌

参考文献

[1] 刘保奎．长江经济带发展战略研究．中国区域经济发展报告（2014～2015），北京：社会科学文献出版社

[2] 白洁．长江中游城市群产业分工协作的基础条件分析．湖北社会科学，2012（6）

[3] 张玉英，畅向辉．长江中游城市群产业分工协作一体化问题研究．区域经济，2015（2）

[4] 杨德才，余玮．制度创新、区域分工协作与长江经济带良性发展——基于国外流域经济带发展经验的思考．中国发展，2014（14）

[5] 夏骥，肖永芹．密西西比河开发经验及对长江流域发展的启示．重庆社会科学，2006（5）